분노 컨트롤

파괴적인 감정을 삶의 에너지로 바꾸는 실제적 방법

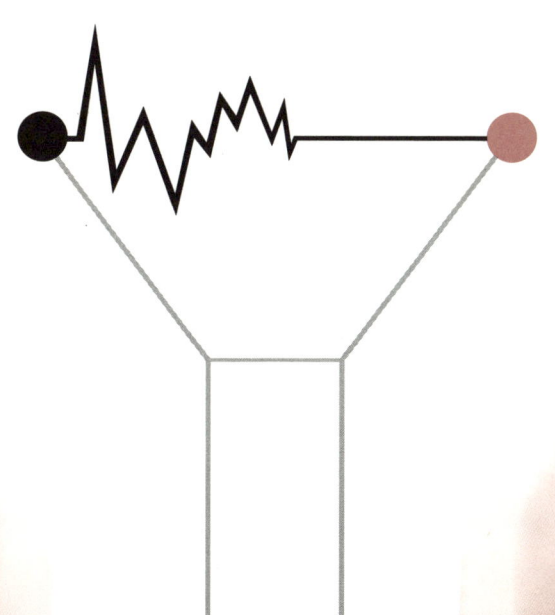

Overcoming Emotions That Destroy

Copyright ⓒ 2009 by Chip Ingram
Originally published in English under the title
Overcoming Emotions that Destroy
by Baker Books,
a division of Baker Publishing Group,
Grand Rapids, Michigan, 49516, U.S.A.

All rights reserved.

Korean Edition Copyright ⓒ 2011 by Timothy Publishing House, Inc., Seoul, Republic of Korea.

Translated and used by permission of Thomas Nelson, Inc. through arrangement of rMaeng2, Seoul, Republic of Korea.

이 한국어판의 저작권은 Baker Books와 독점 계약한 (주)도서출판 디모데에 있습니다.
신 저작권법에 의하여 한국 내에서 보호를 받는 저작물이므로 무단 전재와 무단 복제를 금합니다.

※ 본문의 성경은 한글개역개정을 사용하였습니다.

· 추 · 천 · 사 ·

"정말 좋은 책이다! 찌릿한 첫 문장에서부터 인간의 공통된 문제를 낱낱이 드러내준다. 무섭고도 신비로운 분노의 실체를 깊은 지혜와 실제적 도움으로 벗겨내 현미경으로 들여다보고, 건강한 처리법을 가르쳐준다. 시리즈 설교나 소그룹 모임의 교재 또는 부부간의 묵상집으로 사용해도 큰 도움을 받을 수 있을 것이다."

_ 게리 토마스(Gary Thomas), 「사랑과 행복, 그 이상의 결혼 이야기(좋은 씨앗)」, 「부모 학교(CUP)」의 저자

"실제적, 실제적, 실제적이다! 이 책의 힘은 거기에 있다. 분노의 아성으로 고생했거나, 고생 중이거나, 고생하게 될 모든 사람이 읽어야 할 필독서이다. 당신 자신이나 당신이 사랑하는 사람들이 분노를 어떤 식으로 다루고 있든, 이 책의 페이지를 넘길 때마다 도움과 희망을 얻을 것이다."

_ 준 헌트(June Hunt), Hope for the Heart 설립자 겸 CEO, 「성경적 상담의 열쇠」와 「아내 학대 그 치유와 소망(이상 프리셉트)」의 저자

"이런 시의 적절한 자료를 준 칩과 베카에게 감사한다. 이 책은 실제적이고 성경적이며 뿌리칠 수 없는 매력이 있다. 분노라는 위력적인 감정의 정체와 원인은 물론, 그 해결 방법까지 보여주는 책이다. 20년 전에 나오지 않은 게 아쉬울 뿐이다!"

_ 크로포드 W. 로리츠 주니어(Crawford W. Loritts Jr.) 박사 겸 강사, 「Leadership as an Identity」의 저자

차례

감사의 말 · 7

제1부 도입

1장. 우리의 분노에는 희망이 있다　11
2장. 우리의 분노를 이해하기　25

제2부 분노의 다양한 얼굴

3장. 우리가 분노에 다양하게 반응하는 이유　43
4장. 폭발형 · 53
5장. 억압형 · 63
6장. 누수형 · 73

제3부 우리가 분노로 고생하는 이유

7장. 분노는 이차 감정이다 · 85
8장. 빙산의 일각 · 95
9장. 필요를 채움받지 못할 때 오는 상처 · 103
10장. 기대가 꺾일 때 오는 좌절 · 113
11장. 자존감을 위협받을 때 오는 불안 · 125

제4부 분노를 적에서 동지로 바꾸라

12장. 분노 ABCD · 137
13장. 분노는 선택이다 · 157

제5부 분노를 관리하는 법

14장. 1단계: 듣기 · 171
15장. 2단계: 말하기 · 183
16장. 3단계: 성내기 · 193

제6부 분노를 예방하는 법

17장. 스트레스를 줄이라 · 201
18장. 하나님께 초점을 맞추라 · 221

제7부 현명하게 화내는 법

19장. 분노를 표현하라 · 237
20장. 분노를 적절히 표현하라 · 247
21장. 분노를 해결하라 · 257
22장. 뿌리 깊은 분노의 해결 · 271
23장. 분노의 더 높은 목적 · 291

부록: 우리를 향한 하나님의 분노에 바르게 반응하기 · 295
주 · 297

●감사의 말

분노는 달갑지 않고 통제 불능처럼 보이는 감정이다. 그 분노를 붙잡고 씨름하면서 겪은 고통의 사연과 승리의 사연을 들려준 많은 분들에게 감사드린다.

응원을 아끼지 않는 남편 로이드(Lloyd)와 인정하고 싶지 않을 만큼의 내 분노를 많이 참아준 대단한 내 자녀들에게 감사한다.

실제적인 가르침으로 도전과 감화를 주는 칩(Chip)에게 감사한다. 늘 올곧게 살면서 남들도 그렇게 살도록 격려해주는 것 또한 감사를 드린다.

오디오 CD에서부터 원고 편집과 출간에 이르기까지 이 책이 나올 수 있게 도와준 많은 분들에게 고마움을 표하고 싶다. 감사드린다!

끝으로, (본인의 분노이든 타인의 분노이든) 분노로 고생하는 많은 사람들에게 이 책이 희망과 도움과 치유를 가져다주었으면 좋겠다. 우리 모두가 이 책에 힘입어 분노를 하나님께 영광이 되는 방식으로 처리할 수 있게 되기를 바란다.

베카 존슨 박사(Dr. Becca Johnson)

심리학자, 상담가 그리고 저자로서 솔선하여 노고와 전문 지식을 베풀어준 베카 존슨 박사에게 감사드리고 싶다. 신앙으로나 학식으로나 이렇게 훌륭한 분과 한 팀으로 일한 것은 특권이다.

편집 솜씨가 뛰어난 내 좋은 친구 크리스 티그린(Chris Tiegreen)과 편집과 미술 양쪽에 힘써주고 협조해준 베이커 출판 팀의 채드 앨런(Chad Allen), 로버트 핸드(Robert Hand), 셰릴 밴 앤덜(Cheryl Van Andel)에게 감사하고 싶다.

이번이 내 열 번째 책인데 그동안 예이츠 앤 예이츠(Yates & Yates)가 없었다면 한 권의 책도 나오지 못했을 것이다. 하나님이 내게 주신 메시지와 나를 믿어준 커티스와 실리(Curtis and Sealy)에게 감사한다.

끝으로, 나의 가족들에게 특별히 감사한다. 그들은 분노라는 파괴적인 감정을 정복하는 여정에서, 하나님의 은혜가 우리를 채우고 성장시켜주신 수많은 실화를 공개하도록 허락해주었다.

칩 잉그램(Chip Ingram)

제1부

도입

1 우리의 분노에는 희망이 있다

● 분노에 지면 최악의 본성이 나온다.

그녀의 목소리가 떨리고 있었다. 방송을 타는 순간부터 나는 그것이 평범한 통화가 아님을 알았다. 들어보니 평범한 사연도 아니었다. 나는 스튜디오에서 그녀의 목소리를 더 잘 듣기 위해 이어폰을 조정했다.

가책의 흐느낌과 기쁨의 눈물 사이로 이 젊은 어머니는 과거에 자신이 저질렀던 폭발하는 분노와 구타의 악순환을 털어놓았다. 그녀의 손찌검 때문에 자녀들은 몸을 사렸고, 자신은 죄책감과 수치심에 시달렸었다. 하지만 요즘 신문의 아찔한 헤드라인이나 라디오 토크의 괴담과 달리 그녀의 이야기는 해피 엔딩이었다. 그녀는 감사의 마음을 전하기 위해 전화를 걸었다. 그녀는 이제 분노를 제어할 수 있게 되었다. 더 이상 자녀들에게 소리를 지르지 않았고 구타도 끝났다.

그녀의 감사는 "파괴적인 감정을 정복하라"는 제목의 설교 시리즈에 대한 것이었다. 하나님은 몇 가지 중요한 통찰을 통해 그녀의 가족을 변화시켜주셨고, 그 내용을 나누는 그녀의 목소리는 흥분으로 들떠 있었다.

그날 저녁에 나는 차를 몰고 집으로 가면서, 문득 '분노라는 문제가 얼마나 만연해 있는가'라는 생각이 들었다. 죄책감, 수치심, 좌절감 등 분노에 뒤따르는 모든 감정도 마찬가지였다. 그때까지는 그런 감정들에 대해 별로 생각한 적이 없었지만 차가 밀리는 고속도로를 기어가면서 분명히 떠오르는 기억이 있었다. 그해에 같은 주제로 설교를 한 뒤에 나누었던 한 남자와의 대화였다.

어느 주일, 기품 있게 잘 차려입은 백발의 남자가 어여쁜 부인과 함께 교회에 앉아 있었다. 그의 살갗은 구릿빛이었고 금시계를 차고 있었다. 예배가 끝나 예배당을 나가려는데 그가 내 팔을 붙잡았다. 그러고는 사람들 틈을 헤집고 한적한 구석으로 나를 데려가더니 입이 귀에 닿도록 함박웃음을 지었다. 우리 교회 교인이라 얼굴은 알고 있었지만 개인적으로는 친분이 없는 사이였다. 그가 내 왼쪽 귀에 바짝 다가와 말했다 "이번 설교 시리즈가 저한테 얼마나 도움이 되었는지 모릅니다. 저는 '폭발형'입니다. 지난 25년간 주변 사람 아무한테나 분노를 쏟아냈지요. 여러 관계를 망쳤고, 부부 관계도 망칠 뻔했고, 그런 나 자신이 싫었습니다. 별수를 다 써보았지만 거의 포기 상태였습니다. 그런데 지난주에 목사님이 분노는 이차 감정이며, 진짜 문제가 아니라 증상이라고 했을 때 깨달음이 왔습니다. 제 평생의 가장 놀라운 통찰 가운데 하나였지요."

소음 속에서 애써 남자의 이야기를 듣고 있는데, 우리가 대화하는 것을 유심히 바라보고 있는 그의 부인이 눈에 띄었다. 그녀는 우리의 대화를 좀 더 잘 듣기 위해 귀를 기울인 채 눈은 뒤쪽을 향하고 있었지만, 나는 그녀의 얼굴에 번지는 미소를 보았다. 꼭 이렇게 말하는 것 같았다. "그이가 달라질 줄은 꿈에도 몰랐어요. 평생 남에게 꼭꼭 숨겨온 문제를 이렇게 목사님께 털어놓는 건 더 말할 것도 없고요."

우리 교회와 라디오에서 "파괴적인 감정을 정복하라"는 시리즈를 전한 뒤 나에게 많은 편지가 왔고, 그 편지에는 여러 가지 사건뿐 아니라 사적인 이야기도 많이 적혀 있었다. 나는 생각에 더 깊게 잠겨 머릿속으로 그 목록들을 쭉 훑어보기 시작했다.

나를 일대 충격에 빠뜨린 한 중년 여성의 편지가 생각났다. 겉보기에 그녀는 해결되지 않은 심각한 문제들로 몇 년 동안이나 영혼이 시달릴 만한 사람이 아니었다. 그런데 남편과 시댁에 대한 깊은 실망을 몇 가지 이야기한 뒤에 만성 우울증과의 어두운 싸움을 털어놓았다. 상담과 약으로 버텨왔지만 자괴감과 낙망에서 헤어날 수 없었다. 다행히 분노에 대한 강의를 들으면서 돌파구가 열렸다. 우울증의 90퍼센트는 해결되지 않은 분노와 관계가 있을 수 있다는 말을 그녀도 들은 적은 있지만, 자신이 해당될 거라고는 미처 생각지 못했다. 사실 그녀는 아주 얌전하고 고분고분했으며, 누구에게도 소리를 지르거나 폭발해본 적이 없었다. 그래서 다른 건 몰라도 분노에 대한 문제만은 자신에게 해당 사항이 없을 줄 알았다. 그러나 강의를 통해 그녀는 자신이 '억압형'임을 알게 되었다. 그녀는 분노가 나쁜 거라고 배웠고 그래서 그때까지 분노를 꾹꾹 누르며 살았다. 분노를 억압하는 것이 경건하고 적절한 반응인 줄 알았던 것이다. 첩첩이 쌓인 해결되지 않은 분노를 들추어내 적절히 처리하고 표현하는 방법을 배웠던 여정이 편지에 자세히 적혀 있었다. 평생 달고 살았던 우울증에서 해방된 놀람과 기쁨도 표현되어 있었다.

나는 이런 반응들을 보며 마치 머릿속에서 퍼즐 조각이 맞추어지듯이 새삼 깨달은 것이 있다. 분노에 대한 무지가 우리의 삶을 망쳐놓는다는 사실이다. 처음 분노에 대한 설교를 시작했을 때부터 이 주제가 뜨거운 관심사인 줄은 알았지만, 사람들의 다양하고도 뜨거운 반응을 보며 나는 이 주제의 중요성을 다시 생각하게 되었다. 그 결과 내용을 다듬어 우리 교회에서 다시 가르치기로 했다. 강의를 시작한 지 2년쯤 지났을 때였다. 이전에 내가 깨달았던 교훈이 이번에도 유감없이 확인되었지만, 이제 신뢰감도 더 쌓이고 관계도 더 깊어진 터라 사람들의 반응이 전보다 더 솔직해졌다.

강의 시리즈가 중반쯤 이르렀을 때 한 친한 친구가 나에게 다가와 생글거리며 말했다. "와, 나도 할 일이 생겼네!"

"무슨 말이지?" 내가 물었다.

"어, 내가 '누수형'이란 걸 오늘 알았네. 아내와의 성생활이 왜 이토록 불만스러운지 그 이유를 이제야 알겠네. 아내가 나한테 거슬리는 행동들을 할 때마다, 나는 그게 무엇이고 내 기분이 어떤지 솔직히 터놓고 말하는 게 아니라 무의식중에 그걸 머릿속에 입력해두었다가 나중에 '좀 더 안전한 상황'에서 아내한테 분노를 흘리거든. 칩, 그동안 내가 얼마나 빈정대며 매사에 아내를 깎아내리고 괴롭혔는지 자네는 모를 걸세. 물론 거슬리는 행동에 대해 용케 대화는 하지만, 반은 농담처럼 한다네. 그러면 혹시 아내가 발끈해도 그냥 농담이었다며 슬쩍 웃어넘기면 되거든. 아까 분노의 누수에 대해 그리고 분노가 친밀한 관계에 장벽이 된다는 말을 듣는데, 꼭 누가 내 머릿속으로 기어 들어와 문제의 실상을 보여주는 것 같더군."

그렇다면 당신은 어떤가? 앞에서 언급한 세 사람 가운데 공감이 가는 사람이 있는가? 당신이나 당신이 사랑하는 사람에게 분노에 관한 문제가 있고, 그에 따른 여러 감정으로 인해 관계를 망치고, 죄책감을 느끼며, 기쁨을 빼앗기고 있는가? 만일 그렇다면 당신에게 희망이 있음을 아는가? 앞에서 언급한 세 사람이 참된 도움을 발견했듯이, 당신도 분노 또는 그와 관련된 파괴적인 감정의 노예가 될 필요가 없음을 아는가? 여태껏 생각 못했을 수 있지만, 분노는 못된 성질이나 어쩌다 욱하는 차원을 훨씬 벗어난다. 분노의 정체와 작동 원리 그리고 긍정적 처리법을 아는 것이 만성 우울증, 성적인 좌절, 붕괴된 관계를 극복하는 열쇠일 수 있다. 사실, 분노는 당신의 적이어야 할 필요가 전혀 없다. 분노를 선용하면 상상도 못한 방식으로 개인적, 관계적, 영적 성장에 도움이 될 수 있다. 너무 좋은 소식이어서 꿈같이 들린다면, 한 가지 분명히 밝혀둔다. 우리는 복잡한 문제에 대한 단순 논리식 즉석 처방이나 묘약을 내놓는 것이 아니다. 그러나 분노의 진실을 알게 되었을 때 개인적인 문제나 대인 관계에 해방을 얻었다는 간증은 얼마든지 있다.

앞에서 언급된 사연들은 이 시리즈를 가르쳐온 지난 10년 동안 우리에게 들어온 반응의 극히 일부일 뿐이다. 이런 이야기를 하는 이유는 내 강의 실력이 뛰어나서가 아니라 분노의 인질로 잡혀 있으면서도 빠져나올 대책을 모르는 사람들이 무수히 많기 때문이다. 많은 경우에 그들은 자신이 분노의 인질로 잡혀 있다는 사실조차 모른다.

이 책은 다른 사람들을 도우시는 하나님이 보고 싶은 우리의 소원에서 시작되었다. 세상에서 가장 위대하신 스승이 이렇게 말씀하셨다. "진리를 알지니 진리가 너희를 자유롭게 하리라"(요 8:32). 이 책의 목적은 당신과 당신이 사랑하는 사람들이 자유를 얻도록 분노의 진실(진리)을 알리는 데 있다.

당신은 다음과 같이 행동한 적이 있는가?

- 당신은 홧김에 어떤 행동을 해놓고 나중에 후회한 적이 있는가?
- 당신은 홧김에 어떤 말을 해놓고 나중에 주워 담고 싶었던 적이 있

는가?
- 당신은 홧김에 잘못된 결정을 내린 적이 있는가?
- 당신은 분노 때문에 친구 관계, 부부 관계, 가족 관계, 사역 관계, 사업 관계를 망친 적이 있는가?
- 당신은 다른 사람의 분노 때문에 신체적, 정서적, 심리적으로 상처를 입은 사람을 본 적이 있는가?

우리가 홧김에 하는 일들을 보면 정말 놀랍다. 우리는 다짜고짜 회사 사장에게 이렇게 퍼부을 수 있다. "이런 대우받는 것도 지긋지긋해! 내 일까지 다 맡아서 하시지. 난 때려치울 테니까!" 그래놓고 잠시 후에 전화통에 대고 이렇게 말한다. "어, 여보, 나 실직했어. 알지, 돈 나갈 데 많다는 거. 아니, 사장은 이 문제로 더 이상 왈가왈부하지 않겠대."

반대로 우리는 입을 꾹 다물고 침묵할 수도 있다. "여보, 왜 그래요? 제발 말 좀 해요. 나한테 말해봐요. 내가 뭐 잘못한 거라도 있어요? 뭣 때문에 그렇게 속을 끓여요?"

> 우리는 홧김에 잘못된 결정을 내릴 때가 많다.

또는 험담으로 간접적인 복수를 할 수도 있다. "그 여자가 어떻게 했는지 들었어? 그게 말이나 되는 소리야? 판단할 생각은 없지만 내가 보기에 그건 경건하지 못하고 미련한 행동이야. 걱정돼서 하는 소리지. 물론 나야 직접 피해 입은 건 없지만."

우리는 홧김에 잘못된 결정을 내릴 때가 많다. 분노의 검을 빼들어 사람들을 벤다. 밖으로 밀쳐내기도 하고 바닥에 때려 눕히기도 한다. 우리가 직간접적으로 입히는 많은 상처는 쉽사리 치유되지 않는다.

지혜롭기로 소문난 고대 왕 솔로몬은 많은 금언을 말했다. 그는 "성내는 자는 범죄함이 많으니라"(잠 29:22)고 경고했다. 화났을 때는 잘못을 저지르기가 더 쉽다. 엉뚱한 반응을 보이고 실없는 행동을 할 때도 많다. 해서는 안 될 말을 하고, 막 퍼부어 남에게 상처를 주며, 자기가 싫어하는 일을 하고, 남이 다가오지 못하게 벽을 치며, 애꿎은 사람에게 분풀이를 한다. 대체로 분노에 대한 우리의 반응은 분을 삭이기보다는 오히려 더 부채질하는 쪽으로 흐른다. 결국은 마음속에 자기혐오와 수치심(내면을 향한 분노), 아니면 적개심과 원한(바깥을 향한 분노)을 불러들인다.

흔히 분노를 유발하는 요인은 다음과 같다.

다른 사람들이 나를 고정 관념이나 편견을 품고 대하는 것 같을 때.
답답한 심정일 때.
부당한 대우를 받는 기분일 때.
내게 책임을 떠넘긴다고 느껴질 때.
누가 나를 무시하거나, 오해하거나, 하찮게 여기거나, 비하하거나, 깎아내릴 때.
당연히 얻을 줄 알았던 것을 얻지 못할 때, 기대가 꺾일 때.
괜히 누군가 나서서 충고할 때, 나를 거만한 태도로 대하는 것 같을 때.
매정하게 나를 놀릴 때.
비판당할 때.
다른 사람이 내 한계를 존중하지 않을 때.
최후통첩이나 위협을 받았을 때.
누가 나를 발로 차거나 밀거나 때릴 때.
내 공간이나 영역이 침범당했을 때.
안전하게 느껴지지 않을 때.
자기 연민을 느낄 때.
나 자신의 부족함을 인정하지 못할 때.

당신의 분노는 어떠한가

당신은 다른 사람의 분노, 격분, 고함, 학대를 무서워하거나 그 때문에 상처를 입은 적이 있는가? 당신의 기억은 분노에 찬 순간들로 가득한가? 다른 사람이 분노를 터트릴 때, 그것을 받아들이는 일은 고통스럽다.

혹시 당신은 분노를 주는 쪽일 때가 더 많은가? 분노를 자제하고 참는 데 도움이 필요한가? 이렇게 고백할 필요가 있는가? "나는 화가 나면 터진다. 그래서 늘 주변 사람들, 사랑하는 사람들에게 상처를 준다. 통제가 안 된다! 도와달라!"

당신은 분노를 억압해 겉으로 내보이지 않는가? 그래서 문제가 없는 척 하는가? 몇 년씩 감정을 속으로만 끓여 궤양, 두통, 위장병 같은 병을 얻었는가?

> 분노는 사라지지 않는다. 표출되는 방식이 다를 뿐이다.

당신은 본인이 분노하든 상대방이 분노하든 무조건 자신의 탓으로 돌리는가? 어떤 여자는 이렇게 말했다. "나는 화가 나거나 남이 나에게 화낼 때마다 내 탓으로 돌린다. 내가 뭘 잘못했고, 어떻게 상대방을 화나게 했으며, 무슨 죄를 지었는지 알아내려 한다." 모든 분노가 당신의 잘못처럼 느껴지는가?

반대로 당신은 자동으로 남을 탓하는가? 당신이나 상대방이 화를 낼 때, 물어볼 것도 없이 상대방 잘못으로 돌리는가? 자신이 분노하는 원인을 내적인 요소(자존심, 교만, 상처, 이기심)에서 찾기보다, 외적인 요소(타인, 장소, 상황)로 돌리는가?

당신은 화날 때 사람을 피하는가? 간접적으로 복수할 길을 찾는가?

자신을 탓하든 남을 탓하든, 표현하든 억압하든, 피하든 공격하든, 분노는 그대로 남아 있다. 분노는 사라지지 않는다. 표출되는 방식이 다를 뿐이다. 한 남자는 "나는 평소에는 화를 잘 참고 자제하는 편이지만, 가끔씩 터질 때는 마치 장기간 분노를 모아두기라도 한 것처럼 크게 터진다"라고 말했다.

이 책은 모든 사람을 위한 것이다. (1) 자신의 분노를 해결할 필요를 느끼는 사람, (2) 분노의 효과적인 소통을 위해 도움이 필요한 사람, (3) 과거를 떨치고 앞으로 나아가기 원하는 사람, (4) 자신의 폭발하는 분노 때문에 줄줄이 관계가 깨져 피를 흘리는 사람, (5) 분노 때문에 소외감을 느끼거나 외로운 사람, (6) 불행한 사람, (7) 자신이 통제 불능처럼 느껴지는 사람 등이 이 책을 읽어야 하는 사람들이다.

믿을 수 있는 사람들인가

이쯤해서 당신의 마음이 두근거리고 귀가 쫑긋해졌기를 바란다. 아울러 마음 한구석에 다음과 같은 회의적인 생각도 들었기 바란다. "듣기에는 좋다만 이런 조언은 어디서 온 것인가? 칩 잉그램과 베타 존슨이 누구이며 내가 왜 그들의 말을 믿어야 하는가?"

자기 계발을 하려는 독자들에게 책을 팔려면 '무엇이든 일단 약속부터 하라'는 분위기가 팽배한 세상에서, 그것은 정직한 답변을 요하는 정당한 질문이라고 본다. 칩은 산타크루즈 성서교회의 담임 목사와 워크 스루 더 바이블(Walk Thru the Bible)의 총재를 지냈고, 현재는 '리빙 온 디 에지(Living on the Edge)'의 대표 겸 티칭 강사로 섬기고 있으며, 라디오도 진행하고 있다. 대학원 과정에서 교육학과 심리학과 신학을 공부했고, 진리를 실천하여 삶과 관계 전체에 영향을 입도록 사람들을 돕는 일에 열정을 쏟고 있다. 그리고 부인과의 사이에 장성한 네 자녀를 두었다.

존슨 박사는 심리학자이며 죄책감과 아동 학대에 관한 책들을 썼다. 아내이자 네 자녀의 어머니이고 선교사이며, 세계 곳곳에서 상담자 훈련을 실시하고 있다. 부정적인 경험과 감정을 극복하여 하나님의 사랑을 더 충분히 누리도록 사람들을 돕는 것을 평생의 소명으로 삼고 있다. 그녀의 소원은 하나님의 희망으로 상처 입은 사람들의 치유를 돕는 것이다. 그래서 귀중한 통찰과 학식과 경험을 풍성히 베풀고 있다.

무엇보다 우리는 둘 다 분노 분야의 '고생 동지'다. 둘 다 부당한 대우를 받고, 계획이 틀어지며, 배반당하고, 거부당하며, 무고히 비난받은 적이 있다. 그런가 하면 고함을 지르고, 큰 실수를 저지르며, 교만과 이기심에 빠지고, 스스로 의로운 줄 알며, 정당하게 비난받은 적도 있다. 우리는 울고 슬퍼하고 투덜대고 삐쳤다. 분노 때문에 배우자, 자녀, 가족, 친구, 동료와의 관계를 힘들어했다. 둘 다 인정하고 싶지 않을 만큼 분노를 직접 경험한 일이 많다. 다른 사람들의 분노를 받기도 했고, 우리 쪽에서 주기도 했다.

이 책은 단순하지만, 단순 논리를 제시하지는 않는다. 실제적이지만, 단지 분노를 관리하는 자기 계발 도구가 아니다. 신학에 뿌리를 두고 있으며 성경적으로 정확하지만, 설교조이거나 종교적으로 진부하지 않다. 심리학적으로 탄탄하지만, 심리학 전문 용어로 가득하지 않다. 우리의 목표는 당신을 돕는 것이다! 앞서 말했듯이 우리는 마법의 공식, 간편한 지름길, 난제에 대한 즉답을 약속하지 않는다. 그러나 분명하고 실제적며 정확한 정보를 제시할 것을 분명히 약속한다. 그것을 충실히 적용하면 당신은 분노를 낭비하지 않고, 분노를 인생의 가장 강력한 변화 요인과 원동력으로 선용하는 법을 배우게 될 것이다.

이 책은 다음과 같은 질문에 답하도록 돕고자 한다.

- 나의 분노가 정당할 때는 언제인가?

- 나의 분노가 자신이나 남에게 파괴적일 때는 언제인가?
- 분노를 어떻게 표현할 것인가?
- 하나님은 분노에 대해 무엇이라고 말씀하시는가?
- 하나님은 분노에 대해 무엇이라고 권고하시는가?
- 언제 화내야 하고 언제 화내지 말아야 하는가?

책을 건너뛰어 당신의 필요에 가장 잘 맞는 부분부터 읽어도 좋다. 각 장을 구성할 때 5-10분이면 다 읽을 수 있도록, 일부러 짧고 읽기 쉽게 만들었다. 참고하기 쉽도록 배운 바를 간략하게 정리한 도표와 정보도 많이 넣었다. 당신이 적극적으로 배우고 적용하여 변화되는 것, 그리고 필요하다면 도움을 받는 것이 우리의 바람이자 기도이다.

아울러 이 책을 통해 당신이 다음과 같이 할 수 있게 되기를 바란다.

- 내가 분노에 건강하지 못하게 반응하는 방식을 파악한다.
- 내가 분노할 때 그 배후 감정을 찾아낸다.
- 분노를 하나님이 주시는 정서적으로 건강한 방식들로 처리하기로 선택한다.
- 분노를 처리하는 실제적인 제안과 연습을 자신의 삶 속에 접목한다.
- 하나님과 분노에 대한 그분의 목적을 더 깊이 이해한다.
- 하나님의 분노 감소 방안을 기뻐한다.

분노를 건설적으로 처리할 때의 유익

분노를 효과적으로 경험하고 처리할 줄 알게 되면, 관계가 더 건강해지고, 일과 관련된 스트레스가 줄며, 삶이 더 즐거워진다. 몸의 통증과 병도 줄어들고, 사람들과의 관계를 통제하거나 회피하거나 그 속에서 자신을 변호할 필요성도 적어진다. 분노를 자신이나 주변 사람에게 부정적으로 표출하는 게 아니라 유해하지 않고 유익한 방향으로 돌릴 줄 알게 된다. 자신, 하나님, 부모, 상사, 직장 동료, 배우자, 자녀, 친구를 탓하는 게 아니라 자신의 감정의 근원과 속성을 건설적으로 파악할 줄 알게 된다.

분노는 좋은 쪽으로든 나쁜 쪽으로든 막강한 위력이 있으므로 파괴적이지 않고 건설적인 방식으로 처리해야 한다. 자신의 분노를 직시하고 억지로라도 처리해야 한다. 분노를 대면하면 관계의 테두리가 더 분명해지고, 솔직하고 숨김없는 대화를 경험하게 되며, 자신의 필요와 갈망 사이의 조화를 이루게 된다.

요점

분노는 만연해 있는 문제이지만 그 처리법을 배우면 희망이 있다.

생각할 문제

1. 당신이나 당신의 주변 사람들에게 분노와 관련된 문제가 있는가?
2. 지금까지 당신이나 그 사람은 그 문제를 어떻게 처리했는가?
3. 그동안 긍정적인 변화를 낳는 데 도움이 된 것들은 무엇인가? 도움이 되지 않은 것들은 무엇인가?

실천할 행동

- 당신이 화를 냈던 때를 떠올려보라. 어떻게 다르게 반응했어야 하는지 최대

한 구체적으로 생각해보라.
- 믿을 만한 사람한테 당신이 화를 내는 모습에 대해 말해달라고 하라. 평소 당신이 분노를 어떤 식으로 표현하며, 또 가장 쉽게 화를 내는 때는 언제인지 그들에게 물어보라.
- 이 책에서 배우고 싶은 내용을 색인 카드에 몇 가지 적어보라. 카드에 서명한 다음 자주 볼 수 있게 눈에 띄는 곳에 붙여두라.

2 우리의 분노를 이해하기

● 이유 없는 분노는 없지만,
그 이유가 좋은 경우는 드물다.
_ 벤자민 프랭클린(Benjamin Franklin)

그것은 다정다감한 어머니를 자녀의 존엄성을 짓밟는 매정한 비판자로 바꾸어놓는 위력이 있다.

그것은 사랑이 애틋한 부부를 최소한의 일, 즉 한집에 공존하기 위해 꼭 필요한 일만 하는, 쌀쌀맞고 계산적이고 비판적인 배우자로 돌려놓는 위력이 있다.

그것은 친한 친구 사이도 골칫덩이 원수로 만들 수 있다.

그것은 흥겨운 가족 모임을 배알이 꼴리고 욕설이 오가는 지독한 편 가르기와, 집안 싸움으로 돌려놓는 위력이 있다. 한 번 그러고나면 여간해서 풀리지 않는다.

그것은 자상하게 챙기는 부모를 목에 핏대를 올리고 고함을 질러가며 자녀의 멍한 얼굴에 대고 같은 말을 하고 또 하는 사람으로 바꾸어놓는 위력이 있다.

그것은 차분하고 얌전하며 성실한 장기 근속 직원을 사무실 건물 층층마다 총을 들고 다니며 아무 데나 난사하는 미치광이로 만드는 위력이 있다. 자기가 해고당했다는 이유만으로 무죄한 사람들을 죽이고 불구자로 만드는 것이다.

이런 위력을 지닌 '그것'은 무엇인가? 아쉽게도 그것은 무슨 희소 병이나 이상한 심리 장애가 아니다. 그것은 당신과 우리의 삶 속에, 당신과 우리의 마음속에 살고 있다. 피할 수 없는 것이다.

그것은 바로 감정의 위력이다. 감정은 하나님이 우리에게 세상에 반응하고 세상을 누리라고 지어주신 것이지만, 또한 우리를 탈선시키고 망가뜨리는 힘도 있다. 본래의 방식대로 쓰지 않으면 그렇다. 본래 하나님이 주신 감정은 유익하고 긍정적인 것이며 축복이다. 한 상담가는 이렇게 말했다. "본래 감정이란 파괴적이거나 유해한 것이 아니다. 사실은 정반대이다…. 감정은 인간의 필요를 채워주거나 알려주는 생리적 지각이다."[1] 그러나 감정이 그 위력으로 가정을 파괴하고, 결혼을 파탄 내며, 우정을 깨뜨리고, 일터에 살인을 부르며, 사역 기관을 분열시킬 때가 너무 많다. 우리의 마음속에 풀리지 않은 감정이 많다면 얼마든지 그럴 수 있다.

> 분노는 하나님이 주신 피할 수 없는 흔한 감정이다.

가장 해로울 수 있는 감정 가운데 하나는 분노다. 분노라는 감정은 우리 모두에게 힘을 줄 수도 있고 고통을 줄 수도 있다. 분노는 하나님이 주신 피할 수 없는 흔한 감정이다. 이 책에서 우리는 성경과 심리학이 분노에 대해서 무엇이라고 말하는지 살펴볼 것이다. 놀랄지 모르겠지만, 심리학의 조언과 연구는 성경의 진리를 확증해준다. 그러나 시작하기 전에 먼저 몇 가지 생각해볼 질문이 있다.

당신은 다음과 같은 이유로 화난 적이 있는가?

- 운전 중에 누가 끼어들거나 진로를 막았다.
- 누가 당신의 말을 오해했다.
- 누가 당신의 감정을 무시했다.
- 관계가 깨졌다.
- 답답하고, 숨 막히고, 조종당하는 기분이다.
- 실패자가 된 심정이다.
- 누가 당신의 신임을 저버렸다.
- 과거에 학대당한 적이 있다.
- 누가 당신에게 거짓말을 했다.
- 가게에서 계산할 때 줄을 서서 아주 오래 기다려야 했다.
- 자녀가 말을 듣지 않았다.
- 식당 종업원이 느리거나 엉뚱한 음식을 내왔다.
- 발가락을 찧었다.
- 일을 시작하고 보니 화장지가 없다.
- 공중 화장실 줄이 아주 길다.
- 배우자가 전화도 하지 않고 아주 늦게 들어왔다.
- 입으려고 했던 옷이 아직 빨래통 속에 들어 있다.
- 배우자가 바람을 피웠다.
- 시간이 없어서 꼭 해야 할 일을 못했다.
- 모처럼 멀리까지 차를 몰고 갔는데, 가게에 당신이 찾는 물건이 없다.
- 자녀가 계속 고집스레 당신의 시간을 요구한다.
- 해야 할 일을 깜빡 잊어버렸다.

- 혼자만의 시간이 없다.
- 누가 가혹하고 매정한 말을 했다.
- 가게 점원이 불친절하다.
- 급한데 신호등마다 빨간불에 걸렸다.
- 상사가 당신을 생각만큼 알아주지 않는다.
- 깨끗이 청소해놓은 집에 누가 발에 흙을 묻히고 들어왔다.
- 앞 차가 엉금엉금 기어간다.
- 가까운 사람이 죽었다.

무슨 말인지 알았을 것이다. 우리는 화가 난다. 작은 일에도 화가 나고 큰 일에도 화가 난다. 사람에게도 화가 나고 상황, 기관, 하나님, 자신에게도 화가 난다.

분노란 무엇인가

분노가 무엇인지 정확히 꼭 집어 말하기는 어렵지만, 분노를 경험해본 사람, 그러니까 모든 사람은 그 기분이 어떤 것인지 안다. 저자 팀 잭슨(Tim Jackson)은 이렇게 말한다.

때로 분노는 속에서 솟구치는 불처럼 느껴진다. 분노는 내장을 건드린다. 살기가 돌고 열을 받아 땀이 난다. 속이 부글거리고, 혈압이 올라가며, 마치 무거운 물체에 깔려 낑낑대는 것처럼 호흡이 가빠진다. 이런 내적 활동에 대한 몸의 외적 반응은 얼굴이 붉으락푸르락해지는 것이다. 땀이 나고, 콧구멍이 벌름거리며, 턱이 굳어진다. 많은 사람들이 분노에 대한 경험을 피가 끓는다고 표현한다. 반대로, 분노는 속으로는 적개심을 품고 이를 갈면서도 겉으로는 순응하는 방법으로 나타날 수도 있다. 어린 학생은 교사가 시키는 대로 자리에 앉으면서도 속으로는 계속 서 있을 수 있다.[2]

잭슨의 말에는 분노를 경험하는 방식이 잘 표현되어 있다. 하지만 분노란 무엇인가? 분노에 대한 정의는 사회학자, 심리학자, 신학자 등에 따라 다르다. 보통은 환경에 적응하려는 자연스런 반응으로 본다. 「어메리칸 헤리티지 사전(American Heritage Dictionary)」에는 분노가 "강한 불쾌감이나 적대감"으로 나와 있다. 돈 리치몬드(Don Richmond)라는 한 동료는 분노를 "잘못을 바로잡기 위한 신과 인간의 감정으로, 지혜롭게 표현하고 신중하게 감시해야 한다"라고 말했다. 맞다. 분노는 표현과 감시 둘 다 필요하다.

분노의 비슷한 말로는 격분, 격노, 분개, 화, 흥분, 노발대발, 부아, 성남, 짜증, 성가심, 좌절, 역정, 발끈함, 성마름, 약 오름, 열받음, 신경질, 성질 급함, 욱함, 언짢음, 격앙 등이 있다.

우리가 보기에, 분노 자체는 본래 선하지도 않고 악하지도 않은 감정이다. 분노에는 긍정적인 특성도 있고 부정적인 특성도 있다. 뜻밖의 말인가? 분노는 나쁘거나 악한 게 아니다. 분노는 무언가가 불편하거나 잘못됐거나 바람직하지 못하다는 신호다. 분노는 강렬한 불쾌감이나 경멸감이나 불만족감이다. 그렇지만 분노 자체는 일반적인 생각과는 달리 나쁜 것이 아니다.

우리는 분노를 "보호와 유지를 위한 격앙되고 도덕적으로 중립된 감정 반응"으로 정의한다. 신중하게 고른 어휘들이다. 우선 분노는 힘이 잔뜩 들어가 격앙된 상태다. 분노하면 피가 솟고 심장이 두근거리며 생각이 급해진다. 분노는 또 도덕적으로 중립적인 감정이다. 선하지도 않고 악하지도 않다. 그저 감정이고, 기분이다.

분노는 크게 선용될 수도 있고 크게 오용될 수도 있다. 의욕을 고취시키

> 분노는 크게 선용될 수도 있고 크게 오용될 수도 있다.

고, 유익하며, 건설적일 수도 있지만 손해를 끼치고, 해로우며, 파괴적일 수도 있다. 분노 때문에 의욕이 생겨 불의에 맞서 싸우고 잘못된 태도와 행동을 고친다면 분노는 아주 건강한 것이다. 사람들은 대부분 화를 덜 내야 한다고 생각하지만, 우리는 화를 더 내야 할 사람들이 많다고 본다. 바른 이유, 바른 방식으로 말이다.

분노의 기본 목표는 보호와 유지다. 정서적, 신체적으로 위협을 느끼면 분노가 생존 본능을 자극한다. 분노 덕분에 옳은 것을 보호하고 유지할 수도 있지만, 애석하게도 분노는 나를 건강하지 못하게 유지, 보호하는 데 쓰일 때가 많다. 그러면 진짜 문제를 직시할 수 없다. 사람들이 가까이 오는 게 싫거든 화를 내보라. 그들에게 언성을 높이거나 마음을 닫아보라. 효과가 바로 나타날 것이다. 약한 모습을 보이기 싫거든, 인생의 깊은 문제를 나누기 싫거든, 하나님이 원하시는 내면의 작업으로 고생하기 싫거든, 그냥 입을 다물거나 폭발시켜보라. 그래도 통하지 않거든 안으로 숨어들고 인상을 쓰며, 삐치고 약속마다 지각하며, 질질 끌고 톡톡 쏘며, 빈정대고 비판하며, 흠을 잡아보라. 모두 효과 만점이다.

분노는 그 격렬성을 통해 의사를 전달하며, 전달되는 내용은 말을 초월한다. 우리가 할 일은 자신의 분노가 정말 하려는 말이 무엇인지 해독하는 것이다. 분노에 대한 올바른 생각과 잘못된 생각을 간단히 정리하면 다음과 같다.

분노에 대한 올바른 생각	분노에 대한 잘못된 생각
☐ 의사를 전달하는 도구다. ☐ 도덕적으로 중립된 감정이다. ☐ 배후 감정의 신호다.	☐ 나쁜 것이다. ☐ 죄다. ☐ 위험한 것이다.

분노의 좋은 면

'분노에 대한 잘못된 생각'을 보면서 우리는 대부분 멈칫한다. 그간 우리는 분노의 부정적인 면만 접했고, 그래서 건강하고 적절한 분노를 식별하고 선용할 줄 모른다. 몇 년 전에 나(칩)는 빨래방에서 정말 화가 난 기억이 있다. 내가 옷이 마르기를 기다리고 있는 동안 어떤 젊은 엄마와 서너 살 된 딸이 그곳에 있었다. 나는 그 여자아이가 노는 모습을 지켜보며 함께 말을 주고받기도 했다. 그런데 엄마가 딸의 어떤 행동에 짜증을 내며 갑자기 성난 야수로 돌변했다. 그녀는 딸의 한 팔만 잡고 아이를 번쩍 들어 올려 건조기에 쾅 찧은 다음, 의자에 쿵 내려놓고는 얼굴에 대고 악을 썼다.

나는 격노했다. 그래서 그녀에게 그것이 용납될 수 없는 부끄러운 행동이라고 말했고, 무언가 조치를 취하기로 했다. 나는 그녀를 강하게 지적한 뒤에 관할 주의 담당 기관을 찾았다. 그러나 관료주의적인 태도를 취하는 사람들은 많았지만, 그러한 상황에 효과적으로 대처할 수 있는 사람은 드물었다. 졸지에 내가 아동복지국의 대책 위원이 되었다. 문제를 제기한 사람이 해결 당사자로 지명되는 그런 경우였다. 결국 우리 교회와 다른 몇 교회가 힘을 합하여, 어려움에 처한 가정에 자원과 임시 보호소를 제공했다. 그것은 우리 지역 사회에서 가장 효과적인 프로그램의 하나가 되었다. 이 경우, 내 분노는 적절했고 귀한 결실을 맺었다. 사실 그러한 명백한 불의를 보고도 분노하지 않았다면 오히려 그게 잘못이었을 것이다. 하나님을 노하시게 하는 일을 보았을 때는 마땅히 우리도 그분과 똑같이 느껴야 한다. 그리고 생산적으로 처리해야 한다.

이것은 비단 나만의 경험이 아니다. 모세가 십계명을 받아서 산에서 내려오던 때가 기억나는가? 모세가 하나님을 만나는 동안 이스라엘 백성들은 하나님을 믿고 기다리기는커녕 금송아지를 만들어놓고 난장판을 벌였다. 광포한 악이었다. 모세가 어떻게 했는지 기억하는가? 노했다. 의분을 느꼈다! 그는 배짱도 좋게 혼자서 백만 백성에 맞섰다. 돌판을 밑으로 던지며 말했다. "줄을 서라. 누구든지 하나님 편은 이쪽에 서라. 이 해괴한 짓을 계속하고 싶은 사람은 저쪽에 서라"(저자 의역). 그는 문제를 다루었고 긍정적인 결과를 낳았다.

어릴 적의 다윗은 어떤가? 블레셋 백성들은 하나님을 놀리며 조롱하고 있었다. 불행히도, 이스라엘의 왕과 전사들과 다윗의 형들은 거기에 익숙해져 있었다. 하나님에 대해 감히 해서는 안 될 말을 블레셋 백성들이 했지만, 그들은 듣고만 있었다. 아침마다 골리앗은 이런 식으로 말했다. "너희 하나님이나 너희나 다 겁쟁이다. 그는 아무것도 아니다." 다윗이 대답했다. "왕이여, 형들이여, 전사들이여, 저 건방진 거인이 우리 하나님에 대해 저렇게 말하도록 다들 그냥 둘 겁니까?" 그들은 소심하게 받았다. "저 사람은 크잖아." 다윗이 대답했다. "그 자가 얼마나 크든 상관없습니다. 저 거인이 나의 하나님에 대해 저렇게 말하게 둘 수는 없습니다. 물매 하나만 주십시오. 제가 처치하겠습니다!"(이상 저자 의역). 분노에 겨워 그는 중대한 결정을 했다. 분노가 행동으로 이어졌다.

예수님도 성전이 종교를 이용해 돈을 버는 시장 판처럼 된 것을 보시고 노하셨다. 본래 성전은 지극히 높으신 하나님을 예배하고 섬기는 곳이지 돈벌이 사업을 하는 곳이 아니었다. 그분의 분노는 의분이었고 행동의 원동력이 되었다. 그분은 "내 아버지의 집을 이렇게 둘 수는 없다"고 하셨다. 그리고 탁자를 둘러엎고, 끈으로 채찍을 만들어 장사치와 짐승을 쫓아내셨다. 그분은 예배 처소의 거룩한 정신을 되살리셨다.

분노는 선을 이루는 강력한 감정과 긍정적인 에너지의 원동력이 될 수 있다.

선한 분노는 선하다

당신은 분노할 필요가 있다. 우리 모두 더 많이 분노할 필요가 있다. 우리는 이렇게 기도해야 한다. "하나님, 하나님을 노하시게 하는 일들에 저도 노하게 하소서." 당신이 잘못된 일에 화를 냈던 적이 마지막으로 언제인가? 불평에서 그치지 않고 무언가 조치를 취했던 적이 마지막으로 언제인가?

> 분노해도 괜찮다. 단, 옳은 일로 분노하고 올바르게 반응해야 한다.

분노를 긍정적으로 활용하면 몸과 마음을 보호하고, 감정을 전달하며, 사람들에게 의욕과 힘을 불어넣어주고, 사회 질서를 유지하며, 어린 자녀를 훈육할 수 있다. 분노해도 괜찮다. 단, 옳은 일로 분노하고 올바르게 반응해야 한다. 처음에는 선한 이유와 동기로 시작했다가 나중에 잘못된 행동을 하거나 완전히 과잉 반응을 보이는 사람들도 많이 있다. 동기가 선했다 해도 여전히 우리는 위험하고 해로운 반응을 보일 수 있다. 분노는 선을 이루는 강력하고 긍정적인 원동력이 될 수 있지만, 워낙 폭발하기 쉬운 감정이기 때문에 어느새 부정적인 방향으로 돌변해 우리를 엄청난 문제에 빠뜨릴 수 있다.

분노의 나쁜 면

분노는 아주 긍정적이고 건설적일 수도 있지만 또한 부정적이고 파괴적일 수도 있다. 분노는 객관적 또는 주관적인 상처, 좌절, 인신공격에서 자신을 보호하기 위한 건강하지 못한 정서 반응이 될 수 있다. 잠언 29장 22절에 보면, "노하는 자는 다툼을 일으키고 성내는 자는 범죄함이 많으니라"라고 했다. 분노는 문제를 일으킬 뿐 아니라 그 문제를 가라앉히지 못하고 계속 부글부글 끓게 만든다. 결과는 어떻게 될까? 우리는 실수하고 오해한다. 탓하고 비하한다. 비열하고 악의적으로 변한다. 파괴하고 깎아내린다. 앙심을 품고 죄를 짓는다. 화날 때 당신과 나는 쉽게 죄를 짓는다. 고삐 풀린 분노나, 동기가 옳지 못한 분노는 위험한 세력이 될 수 있다. 자존심과 사리사욕을 보호하고 유지하는 데 에너지가 집중된다. 그렇게 되면 우리의 분노는 이기적이고 독선적인 분노로 변한다.

나(베카)는 몇 년 전에 친구가 나의 잘못된 동기를 비난했을 때 화가 났다. 감히 그런 말을 하다니! 나는 즉각 내 행동을 변호했고, 내 논리에 함몰된 채 독선적인 태도를 보였다. 얼마 후 남편이 나를 한쪽으로 불러 내 행동의 잘못된 점을 사랑으로 지적해주었다. 나는 나를 비난한 사람을 무고히 비난하고 있었다. 그 사람과 똑같이 되어 악을 악으로 갚고 있었던 것이다.

화가 나면 욕이 나오고, 구타와 감정 싸움과 인신공격이 늘어난다.

다음과 같은 때에 분노는 문제가 된다.

1. 분노를 잘못된 방식으로 이용할 때.
2. 분노가 너무 자주 발생할 때.
3. 분노가 정도 이상으로 오래갈 때.
4. 분노가 부적절한 행동을 낳을 때.

분노는 바른 시점에, 바른 방식으로, 바른 이유에서, 바른 정도만큼, 바른 기간 동안 표현되어야 한다. 자칫하면 이중 하나라도 불발이 되기 쉽다. 종종 냉철한 판단보다 감정이 앞서, 상황에 맞지 않는 무리한 반응을 낳을 수 있다. 그렇게 되면 내(칩)가 빨래방에서 본 아이를 학대했던 엄마처럼, 우리도 많은 경우에 야수로 변할 수 있다. 설령 그 정도까지 극단적이지는 않더라도 경우에 맞지 않게 반응할 수 있으며, 그로 인해 큰 손해를 끼칠 수 있다.

분노를 고수하는 이유

빌(Bill)은 50대였고 아버지를 여읜 지 이미 오래되었지만, 아버지를 향한 뿌리 깊고 오랜 분노를 꼭 붙들고 있었다. 그래서 상담을 받으러 왔다. 처음 몇 번의 면담 동안 그는 자신이 분노를 버리지 못하는 여러 가지 이유를 털어놓았다. 나는 그에게 그런 일들을 경험했다면, 누구나 분노할 만하지만, 그래도 분노를 버리고 앞으로 나아가는 것이 본인에게 최선이라고 말했다. "계속 분노해서 얻는 게 무엇입니까? 왜 여태 분노를 버리지 못하고 있습니까?" 다행히 빌은 많은 사람들이 악감정을 잘 버리지 못하는 이유에 대한 내 설명을 주의 깊게 들었다.

웬만한 사람들은 파괴적이고 비생산적인 분노를 버려야 한다는 데 공감하지만, 의식 또는 무의식중에 분노를 고수하는 사람들도 많이 있다. 우리는 여러 가지 이유로 분노를 대용품으로 삼아 직간접의 이득을 얻는다. 말로는 분노를 버리고 싶다고 하지만, 실제로는 분노를 이래저래 자신에게 유리하게 이용한다.

어떻게 그렇게 할까? 어떤 사람들은 분노가 타인을 통제하는 데 효과가 좋다는 것을 알고, 분노를 관계나 환경을 조종하는 도구로 이용한다. 분노함으로써 상대방에게 내 뜻을 관철시킬 수 있음을 우리는 안다. 그래서 분노를 이용해서 주변 사람들을 조종하고 요리한다.

분노를 터뜨리면 기분이 좋아진다는 사람들도 있다. 그래서 그들은 마음의 평안을 얻으려고 남에게 분을 쏟아낸다. 그런가 하면 대인 관계가 불편한 사람들에게는 분노가 남과 거리를 두는 데 유용하게 쓰인다. 고립되어 있으면 해결할 문제도 없어진다.

분노 덕에 인생의 더 깊은 문제에 부닥치지 않을 수도 있다. 분노에 집중하고 있으면 근본 문제를 다루지 않아도 된다. 분노는 깊은 상처를 가려주는 방패 역할을 한다.

무력감을 느끼거나 불안한 사람들에게는 분노가 강력하고 사납고 위협적인 무기가 되어줄 수 있다. 다른 사람들과 거리를 두면 까다로운 시선과 비판과 지적을 피할 수 있다는 사람들이 있다. 분노를 고수하면 남들이 다가오지 않기 때문에 충돌을 피할 수 있다는 사람들도 많다. 대부분의 사람들은 걸핏하면 터지는 사람 옆에는 가지 않는다.

분노를 복수의 무기로 쓰는 사람들도 많다. 분노를 버리면 왠지 상대방을 놓아주는 것처럼 느껴진다. 부정적인 결과 때문에 피해를 입으면서도 변화가 너무 어렵고 힘들어 보여 분노를 고수하는 사람들도 있다. 그들에게는 좋은 태도 못지않게 변화의 동력과 격려가 필요하다. 비슷하게, 어떤 사람들은 단순히 분노에 익숙해져서 분노를 버리지 못한다. 분노를 해결하고나면 그 자리에 무엇이 대신 들어설지, 그 미지의 세계가 두려운 것이다.

분노하면 '도취감'을 느낀다는 사람들도 있다. 분노에 수반되는 생리적, 정서적 작용 때문에 기운이 뻗치고 힘이 나는 것이다. 그런가 하면 분노를 통해 도덕적 우월감을 느끼는 사람들도 있다. 그들은 분노를 독선이 아니라 의분으로, 교만한 것이 아니라 정당한 것으로 본다.

우리가 알게 모르게 분노를 자신한테 유리하게 이용하는 여러 이유를 정리해보면 다음과 같다.

우리는 이러한 이유 때문에 분노를 고수한다.

- 남을 통제하거나 조종한다.
- 부정적인 감정을 쏟아낸다.

- 스트레스를 푼다.
- 사람들과 안전거리를 유지한다.
- 자신의 더 깊고 고통스런 문제에 부딪힐 일을 피한다.
- 진짜 문제에서 주의를 딴 데로 돌린다.
- 깊은 상처를 숨긴다.
- 우세하고 강력하고 위협적인 기분을 얻는다.
- 복수한다.
- 남의 시선을 피한다.
- 갈등을 피한다.
- 변화를 피한다.
- 미지의 세계에 부딪힐 일을 피한다.
- 우월감을 느낀다.

당신은 이러한 이유로 분노를 오용하고 있는가? 그동안 이런 해로운 방식으로 분노를 이용하고, 유익을 얻었는가? 그렇다면 조심해야 한다. 그런 행동은 당신의 정서 건강에 해롭다! 분노를 꼭 붙들고 있으면 점점 버리기 어려워진다.

집은 두고 빈대만 잡으라!

속담에 "빈대 잡으려다 초가삼간 태운다"라는 말이 있다. 이것이 분노에도 적용된다. 우리는 지금, 분노라면 무조건 다 버리라는 게 아니라, 파괴적이고 해로운 분노만 버리라는 말을 하고 있는 것이다. 문제는 빈대와 집을 구분하기 어려울 때가 많다는 것이다! 분노에서 지켜야 할 부분은 무엇이고 버려야 할 부분은 무엇인가? 뒤에서 차차 이 질문에 답하고자 한다.

우선 지금은 우리가 분노에 반응하는 세 가지 흔한 방식부터 살펴보자.

요점

분노는 정서적 보호를 위한 격앙되고 도덕적으로 중립적인 감정 반응이다. 분노는 선을 이루는 긍정적인 원동력이 될 수도 있고, 악을 이루는 부정적인 원동력이 될 수도 있다.

생각할 문제

1. 당신을 화나게 하는 것들은 무엇인가?
2. 분노해도 괜찮은 때는 언제, 어떤 상황인가?
3. 당신은 어떤 식으로 분노를 오용하는 경향이 있는가? 당신이 분노를 고수해서 얻는 주관적인 이득은 무엇인가? 분노를 버리지 않아서 얻는 것은 무엇인가?
4. 당신은 분노 때문에 야수로 변한 적이 있는가? 있다면 그로 인해 어떤 피해가 따랐는가?

실천할 행동

- 다음의 각 항목에 해당되는 당신의 경험을 떠올려보라. 그리고 각 예에 대한 적절한 반응을 말해보라.

  다음과 같은 때에 분노는 문제가 된다.
  1. 분노를 잘못된 방식으로 이용할 때.
  2. 분노가 너무 자주 발생할 때.

3. 분노가 정도 이상으로 오래갈 때.
4. 분노가 부적절한 행동을 낳을 때.

- 분노를 고수할 때 얻을 수 있는 이득을 정리해놓은 내용을 다시 한 번 훑어보라. 당신이 곧잘 이용하는 항목들에 표시해보라. 분노를 버릴 수 있는 마음을 달라고 잠시 하나님께 기도하는 시간을 가지라.

제2부

분노의 다양한 얼굴

3 우리가 분노에 다양하게 반응하는 이유

● 불같은 성미와 싸늘한 마음으로 해결된 문제는 없다.
_ 빌리 그레이엄(Billy Graham)

대다수 사람들은 분노를 폭발시키는 사람들에게만 문제가 있다고 착각한다. 사실, 당신은 성질이 불같은 배우자나 직장 동료나 자녀를 돕고 싶어서 이 책을 읽고 있을 수 있다. 하지만 안테나를 세워두라. 읽다보면 깨달음과 도움의 순간이 당신을 기다리고 있을 수 있다. 분노를 정서적으로 건강하지 못하게 표현하는 방법은 가지각색이다.

어느 조사에 따르면, 분노를 겉으로 표현(폭발)한다고 시인한 사람은 미국인의 23퍼센트인 반면, 속에 품고 있거나 감춘다고 답한 사람은 약 40퍼센트에 달했다. 또한 홧김에 상대방을 때린 적이 있다는 사람도 거의 4분의 1(23퍼센트)에 달했고, 17퍼센트는 상대방의 기물을 파손한 적이 있다고

답했다.[1]

당신은 분노를 어떻게 하는가? 어떻게 처리하는 경향이 있는가?

분노에 반응하는 여러 가지 방식

다음은 우리가 분노에 반응하는 가장 흔한 방식들이다. 천천히 읽어보라. 그리고 최대한 솔직하게, 당신이 분노에 반응하는 특징과 가장 가까운 항목 옆에 연필로 살짝 표시해보라.

마음을 닫아건다.
힘과 권위를 행사한다.
밀어붙이거나 공격적이 된다.
악쓰고, 고함지르며, 큰소리치고, 문을 쾅 닫는다.
비하한다(폄하하고 비방한다).
남에게 겁을 준다.
우울해진다.
접근을 막는다.
남을 멀리한다.
감정을 억누른다.
억압한다.
퇴행한다.
두려워진다.
잡거나 치거나, 밀거나 때리거나, 차거나 갈기거나, 물건을 던진다.
방어적이 된다.
거만하고 교만해진다.
안으로 숨어든다.
스스로 옳다고 여긴다.
거짓말한다.

마구 쏟아낸다.
남을 윽박지른다.
적대적이 되거나 난폭해진다.
남을 탓한다.
수치심을 느낀다.
남을 조종한다.
자기혐오를 느낀다.
감정을 숨긴다.
감정이 없는 척한다.
행동이나 감정을 합리화, 정당화한다.
변명한다.
낙심, 낙담, 우울에 빠진다.
험담하고 비방한다.
이기적이고 자기중심적이 된다.
내 분노가 남에게 미치는 영향을 축소한다.
감정을 부인한다.
자기 연민을 느낀다.
비판적이고 냉소적이 된다.
빈정거린다.
'침묵 작전'으로 나간다.

악담을 한다.
애정을 거둔다.
투덜댄다.
남을 깎아내린다.
눈동자를 굴린다.
어깨를 으쓱하며 무시한다.
비웃는다.

운다.
삿대질하거나 가운데 손가락을 치켜올린다.
인상을 쓴다.
주먹이나 머리를 흔든다.
끙끙거린다.
최후 통첩을 날린다.

이 가운데 당신의 모습이 있는가? 우리 둘의 모습도 물론 있다. 몇 가지나 된다. 화날 때 우리는 상황에 따라 그때그때 반응이 달라진다. 비판적이 될 때도 있고, 험담할 때도 있으며, 변명하거나 자기 연민에 빠질 때도 많다. 마음을 닫아걸거나 교만하게 방어적이 될 때는 다반사다. 당신은 어떠한가? 잠시 멈추어 목록을 다시 보라. 분노에 대한 당신의 반응으로 가장 흔한 것 세 가지는 무엇인가?

중독도 흔히 분노와 관계가 있다. 사람들은 무감각해지거나 분노를 피하려고 마약이나 술에 손을 댄다. 분노에 휩싸일 때 음식에서 위안을 찾는 사람들도 있다. 분을 조금 누그러뜨리려고 바쁘게 일이나 오락으로 기분을 풀기도 한다. 일, 쇼핑, 쾌락, 음식, 약물 등에 중독된 사람들은 종종 분노와 그 파괴적인 힘을 회피하고 있는 것이다.

분노에 대한 여러 가지 태도

대부분 우리는 자신의 분노를 인정하지 않으려 한다. 분노란 나쁜 것이며, 따라서 어떤 희생을 치르고라도 피하거나 무시해야 한다고 배우며 자랐기 때문이다. 불행히도 그 희생은 예상 외로 클 수 있다. 우리는 분노를 제어하거나 부정(억제 내지 억압)하기 위해 엄청난 시간과 에너지를 소비한다. 분노하지 않은 척하거나 길들여지지 않았는데 길들여진 척하다보면 참담한 결과가 따를 수 있다.

반대로, 분노란 좋은 것이며 실컷 표현해야 한다고 믿는 사람들도 있다. 지난 수십 년 동안, 우리 사회는 분노를 실컷 솔직하게 표현하는 것이 마음의 짐을 털어내는 좋은 방법이라고 부추겼다. 불행히도 분노 발산에 따르는 피해를 줄이는 일보다 부정적인 분노의 해소를 더 우선시할 때가 많다. "(너한테 상처가 되더라도) 나는 발산해야겠다, 털어내야겠다." 분노를 표현하는 것이 항상 최선이고 정신 건강에 좋다는 생각이 그러한 말 속에 포함되어 있다. 하지만 그것은 부정적인 감정을 무조건 표현하는 것이 모두에게 최선이 아닐 때도 있음을 간과한 말이다.

그런가 하면 분노를 변화가 불가능한 것, 어쩔 수 없는 것으로 보는 사람들도 있다. 그들은 분노를 유전적으로 이미 결정된 것으로 본다. "내 힘으로 통제가 안 된다. 나는 원래 그런 사람이다." 흔히 이런 사람들을 가리켜 성질이 불같다든지, 욱하는 기질이 있다든지, 성미가 급하다고 하는데, 본인들도 으레 그러려니 한다. "나도 어쩔 수 없다"는 입장을 핑계 삼아 그들은 문제를 그냥 내버려둔다. 애꿎은 주변 사람들만 다친다.

분노를 해결해야 할 필요성은 심리학 연구 결과로도 그렇고, 실제로도 확인된다. 상담가들은 분노를 적절하게 표현하고, 감시할 것을 권장한다. 분노는 신호라고 할 수 있다. 도덕적으로 중립되고 정당한, 하나님이 주신 감정이다. 애초부터 하나님의 말씀에는 분노를 처리하는 방법에 대한 효과적인 답이 나와 있다. 분노는 정상적인 감정이다. 분노를 어떻게 처리하느냐가 중요하다.

분노에 반응하는 방식에 영향을 미치는 요인들

우리가 분노에 반응하신 방식은 각자의 성격, 현재 상황, 문화, 성별, 나이, 과거의 경험에 영향을 받는다. 이혼 가정 출신의 직장이 없는 30세 독신 남자와, 장애가 있는 60세 홀아비의 반응은 서로 다르다. 같은 다섯 살 소녀라도 아프리카와 남아메리카의 소녀는 각각 반응이 다르다. 사교적인 세일즈맨과 숫기 없는 회계사의 반응도 다르다. 무슨 말인지 알았을 것이다. 내가 어떤 사람이고, 어디에 있으며, 지금까지 무엇을 경험했는가가 분노에 반응하는 방식에 영향을 미친다.

> 내가 어떤 사람이고, 어디에 있으며, 지금까지 무엇을 경험했는가가 모두 분노에 어떻게 반응하는가에 영향을 미친다.

평소에 뭐든지 말로 잘 표현하는 '성격'일수록 대체로 분노도 더 잘 표출하거나 발산하기 쉽다. 내성적인 사람은 분노를 속으로 품고 억압하기 쉽다. 각자의 현재 상황도 반응 방식에 영향을 미친다. 특히 재정이나 관계의 스트레스, 만족스런 직장 생활이나 실직, 결혼 여부와 가정 형태 같은 요인을 고려할 때 그렇다.

분노를 적극적으로 표현하는 것을 용인하는 '문화'가 있는가 하면, 분노를 극복해야 할 문제로 보는 문화도 있다. "모든 문화에서 분노는 사회적 잣대의 역할을 한다. 분노는 사회적 행동을 규정하고 사회의 가치관을 보호한다. 분노에 대한 반응 방식이 어떤 때에 적합하며, 그 반응을 어떻게 표현해야 하는지는 각 문화가 정한다. 문화적 규범과 관습과 법칙에 침해되지 않으면 적절한 분노로 간주된다. 사람들을 화나게 하는 요인들을 보면 분노의 사회적 잣대로서의 기능을 알 수 있다. 분노를 일으키는 요인들, 즉 무례한 사람, 편견, 고함, 아동 학대, 남을 배려할 줄 모르는 사람 등을 판단하는 기준은 문화에 따라 다르게 설정된다. 그러므로 무례함, 배려할 줄 모르는 태도, 아동 학대의 정의가 사회마다 다르다."[2]

어린아이들은 화날 때 울고 투덜대고 삐쳐도 되지만, 나이가 들수록 그러한 행동은 부적절한 반응이라고 배운다. 분노 관리 과정을 수료하지 않았더라도, 대부분 나이가 들면 분노의 적절한 처리법을 알아야 한다는 통념이 있다.

'성별'도 반응 방식에 영향을 미칠 수 있다. 대부분의 사회에서 남자의 분노 표현이 여자보다 대체로 더 잘 용납된다. 남자가 분노하면 강하고 주관이 뚜렷하다고 보면서, 여자가 분노하면 여자답지 못하게 공격적이고 저돌적이라고 본다. "숙녀는 화내지 않는다"는 말도 있다. ['여성과 분노'에 대해 더 자세히 알고 싶으면, 해리엇 러너(Harriet Lerner)의 베스트셀러 『무엇이 여성을 분노하게 하는가(The Dance of Anger, 이화여자대학교 출판부)』를 보라.[3]]

'과거의 경험'도 반응하는 방식에 영향을 미친다. 어떤 사람들에게는 학대를 당했거나, 이혼을 겪었거나, 사랑하는 사람을 잃었거나, 배신을 당했거나, 지병을 앓았거나, 배우자가 바람을 피운 경험이 있다. 분노 표출이 과격한 가정에서 자란 사람들은 자신도 똑같이 그렇게 될 수도 있고, 정반대로 될 수도 있다. 분노를 표현하는 것을 무조건 금기시하는 가정에서 자란 사람들은 항상 화를 억제하고 참으려 하기 쉽다.

과거의 경험이 분노에 반응하는 방식을 형성하는 데 크게 영향을 미친다는 사실은 널리 인정되고 있다. 『분노 워크북(The Anger Workbook)』의 저자 로렌 빌로도(Lorraine Bilodeau)의 말이다. "유년기에 겪은 분노로 인한 고통스러운 사건들의 빈도와 강도와 기간은 당신이 분노에 부여하는 위력의 양, 분노를 두려워하는 정도에 영향을 미친다. 또한 자신이든 타인이든 분노하는 사람을 판단하는 엄격성을 결정한다."[4] 이미 겪어서 알겠지만, 이런 유년의 사건들이 당신의 인생에 두고두고 영향을 미칠 수 있다.

누가 당신에게 화낼 때 당신은 어떻게 반응하는가? 어렸을 때 당신은 상대방의 분노가 내 잘못이라고, 내가 미련하거나 못됐거나 착하지 못해서 그런 거라고 혼잣말을 했는가? 또는 상대방에게 쓴맛을 보여주거나 복수하려고 벼렸는가? 어른이 되어서도 우리는 대체로 어릴 적 반응의 성인 버전으로 반응한다. 그래서 더 열심히 애쓰고, 더 오래 일한다. 완벽을 추구한다. 시스템에 대항하여 싸운다. 정서적으로는 물론 때로는 아예 몸 깊숙이 숨어들어 묵비권을 행사한다.

지금까지 당신의 상황, 나이, 문화, 성별, 성격, 가정, 과거가 당신이 분노에 반응하는 방식에 어떤 영향을 미쳤는가? 당신의 가정에서 분노는 어떻게 표현되었고, 당신은 어떤 경험을 하며 자랐는가? 과거가 당신에게 어떻게 영향을 미쳤는가? 당신의 성격은 감정 반응에 어떤 식으로 영향을 미치는가? 분노라는 것을 형성하고 빚는 데 얼마나 많은 요인들이 작용하는지를 보면 정말 놀랍다. 자칫 조심하지 않으면 이 부분에서 지나친 내성에 빠져 문제의 복잡성에 파묻힐 수 있다. 그러면 우리가 경험하는 것은 자유가 아니라 마비다. 분노의 반응 방식에 영향을 미치는 수많은 배후 '이유'에 함몰되어서는 안 된다. 지금까지의 내용은 도움이 되라고 배경으로 제시한 것이지, 엄두조차 나지 않게 일일이 따져보아야 할 점검표는 아니다. 대신 우리 모두가 분노를 표현하는 기본적인 세 가지 주요 방식을 알아보자.

분노의 세 얼굴

대체로 우리는 세 가지 방식으로 분노에 반응한다. '폭발형'은 터뜨려서 표현하고, '억압형'은 분노가 없는 척 숨기며, '누수형'은 매번 조금씩 분노를 흘린다. 더 멋진 용어들도 있지만 이 용어들이 가장 기억하기 쉽다. 함축적이며, 잘 잊혀지지 않는 표현이다. 그래서 이 책에서는 분노의 세 얼굴을 폭발형, 억압형, 누수형으로 지칭할 것이다.

　자신이 분노를 경험하지 않는다고 생각하는 사람들은, 사실은 자신이 분노를 위장하거나 다른 감정 또는 행동으로 전환시키고 있음을 알게 될 것이다. 분노와 관련된 자신의 문제를 선뜻 인정하는 사람들은 자신이 그것을 어떻게 이용하고 있는지 더 잘 알게 될 것이다. 앞으로 세 장에 걸쳐 이 세 가지 반응을 살펴볼 것이다. 깊이 생각하면서 자세히 읽기 바란다. 우리 모두에게 해당된다. 당신이 분노를 지금처럼 처리하고 있는 이유와 경위를 알게 될 것이다.

요점

상황, 나이, 문화, 성별, 성격, 가정, 과거 등의 요인은 모두 우리가 화날 때 반응하는 방식에 영향을 미친다. 또 우리가 그동안 기른 분노에 대한 태도는 분노를 효과적으로 처리하는 능력을 해칠 수 있다.

생각할 문제

1. 당신은 화날 때 어떻게 반응하는 경향이 있는가? 이번 장 앞부분에 나오는 목록에서 당신에게 해당되는 반응은 몇 가지나 되는가?
2. 당신의 현재 상황, 성격, 성별, 나이, 과거는 당신이 화를 낼 때와 그 방식에 어떠한 영향을 미치고 있는가?
3. 분노에 대한 당신의 태도, 즉 분노를 보는 시각과 분노에 부여하는 가치는 무엇인가? 분노는 나쁜 것인가? 필요한 것인가? 항상 표현해야 하는가? 항상 참거나 자제해야 하는 것인가?

> **실천할 행동**

- 믿을 만한 친구나 가족에게 분노에 대한 당신의 태도를 말해달라고 부탁하라. 그 사람이 원한다면 당신도 분노에 대한 그 사람의 태도를 말해주라.
- 분노에 대한 다음의 각 태도에 수반될 수 있는 문제점을 잠시 생각해보라.

  분노는 나쁜 것이다.
  분노는 터놓고 겉으로 표현해야 한다.
  분노의 반응(기질)은 변화될 수 없다.

4 폭발형

● 화나면 바보짓하기 쉽다.

멋진 토요일 오후였다. 나는 햇빛을 즐기며 앞마당에서 일을 하고 있었다. 깎아낸 풀을 마저 치우고 있는데 우리 막내아들이 집으로 뛰어왔다.

"아빠, 아빠, 빨리 와보세요!" 아들을 그렇게 당황하게 만든 게 도대체 무엇인지 알아보려고 얼른 같이 뛰어갔다. 근처의 한 이웃집에 가까워지자 고함 소리와 악쓰는 소리가 들렸다. 가까이갈수록 성난 목소리, 욕과 악담, 그릇 깨지는 소리가 점점 커졌다. 아들은 눈앞의 충격적인 사건을 지켜보며 눈이 왕방울만 해졌다.

그 집 식구들은 아주 고통스러운 과거를 보낸 후, 근래에 그리스도께로 돌아온 새 신자들이었다. 그 집 아이들과 우리 아이들은 친구가 되었다. 마침 그 분노가 폭발할 때도 우리 아들들이 그 집에서 놀고 있었는데, 아이들은 한 번도 그런 모습을 본 적이 없었기 때문에 무서워서 떨고 있었다.

우리 중 어떤 사람들에게 이 장면은 흔히 있는 일이다. 수백 번도 더 본 일이다. 반면에 그것이 무섭고 이상해 보이는 사람들도 있다. 특히 그 부부가 진실로 서로 사랑하는 선량한 사람들이었다는 점을 생각하면 더 그렇다. 그들은 둘 다 아주 역기능적이고 상처가 많은 가정에서 자랐고, 그들이 배운 분노 표현법은 무조건 쏟아내는 것이었다.

나중에 아내 테레사(Theresa)와 내가 그 부부를 각각 따로 만나 고통을 쭉 정리하면서, 공격의 초점을 상대방이 아닌 문제에 두는 대화법을 배우도록 도와주었다. 사실, 우리 모두는 어렸을 때 자라면서 본 대로 분노를 처리하는 법을 익힌다. 그것이 아주 가시적이고 때로 무서운 경험으로 나타나는 가정이 많이 있다.

폭발형은 분노를 공격적으로 표현한다. 주변 사람들에게 분노를 쏟아내고, 뿜어내며, 토해내며, 터뜨린다. 그들은 무지막지하다. 꼭 터지려고 대기 중인 시한폭탄이나 막 폭발하려는 화산 같다. 악을 쓰고 고함을 지르며 비난한다. 겁을 주고 통제한다. 주변 사람들에게 두려움을 심어준다. 손찌검까지 하는 사람들도 있다. 흔히 그들은 고집이 세고, 무지막지하며, 퉁명스럽고, 요령이 없으며, 요구 사항이 많고, 노골적이다.

폭발형의 구호는 이것이다. "그래, 나 화났다. 화난 거 맞다. 열받았다! 이럴 권리도 없냐!" 그들에게 분노를 없애는 유일한 길은 밖으로 내보내는 것이다. 그들은 좀처럼 감정을 자신의 것으로 인정할 줄 모른다. "이러이러해서 나는 화가 났다"보다는 "네가 나를 화나게 만들었다"는 표현을 쓴다.

우리는 왜 폭발하는가

폭발형에도 두 부류가 있다. 그것은 각각 통제를 못하는 부류와, 통제를 하는 부류이다. 통제를 못하는 사람들은 어느 정도 분노의 노예가 된다. 분노의 줄에 묶여 있어 분노가 이끄는 데로 끌려다닌다. 그들이 분노를 마구 쏟아내는 것은 참거나 자제할 줄 모르기 때문이다. 분노를 길들이는 데 무력감이 들고, 그래서 분노가 사나워진다. 나중에는 후회나 합리화에 사로잡힌다.

통제하는 폭발형은 고의적으로 분노를 터뜨려 상대방을 조종한다. 그들은 주변 환경과 사람들을 주무르는 데 분노하는 것이 효과적이라는 사실을 알고 있다. 그래서 분노를 자기 목표를 이루어내는 힘과 권세의 무기로 사용한다. 일부러 알고서 그런다. 그들의 폭발은 계획적일 때가 많다. 계산되고 통제된 분노, 몰아세우며 깎아내리는 분노다.

나는 폭발형인가

대다수의 폭발형은 자신이 그렇다는 사실을 안다. 그러나 자신의 폭발이 사실은 통제 수단으로 사용되고 있다는 건 모르는 사람이 많다. 의심스럽거든 다음의 사항들이 당신에게 해당되는지 보라. 잘 모르겠거든 당신을 잘 아는 누군가에게 물어보라(솔직히 말해도 좋다고 안심시켜주라!).

1. 나는 화나면 쏟아내는 경향이 있다.
2. 나는 화나면 감정을 숨기지 않는다. 빙빙 돌려서 말하지 않고 남들에게 똑똑히 보여준다.
3. 홧김에 한 행동이나 말 때문에 후회할 때가 있다.

4. 나를 잘 아는 사람들은 내 성미가 급하다고 말한다.
5. 나는 화나면 언성이 높아지고 불쑥 욕이 나오려 한다.
6. 사람들이 내가 화나면 무섭다고 한다.
7. 나는 화나면 통제를 못할 때가 있다.
8. 화나면 힘이 생기는 것 같을 때가 있다.
9. 누가 어떤 일로 나를 화나게 하면 나는 방어적이 되고 복수심이 생긴다.
10. 나를 향해 고집이 세다고 할 사람들도 있을 것이다.

이 가운데 절반 정도에만 공감이 가도 당신은 폭발형이라 할 수 있다. 만일 폭발형이라면 당신만 그런 것이 아니다. 이 문제가 당신한테만 있다든지 당신이 끔찍한 인간이라고 단정하지 말라. 신실한 그리스도인에게도 여전히 폭발의 문제가 있을 수 있다. 자신을 가망 없는 공격적 존재로 볼 것이 아니라, 그냥 자신이 분노를 건설적으로 처리하는 법을 배운 적이 없음을 알면 된다. 그리고 지금부터 그 과정을 시작하면 된다.

앞에 소개한 한 부부의 사례는 끔찍한 두 사람의 이야기가 아니다. 분노 폭발이 몸에 밴 두 사람의 이야기다. 그 일 후에 두 사람은 정말 깊이 뉘우치고 회개했다. 하지만 이미 큰 피해가 발생한 후였다. 많은 폭발형 사람들이 이런 사이클을 계속 반복한다. 분노를 터뜨린 후에 진심으로 후회하고 사과한다. 당신이나 당신이 아는 사람이 그런 경우에 해당된다면, 이 책에 도움과 희망이 있음을 알기 바란다.

분노 폭발에 따르는 비싼 대가

분노를 공격적으로 표현하는 사람들은 자신의 폭발에 비싼 대가를 치른다.

정서적 대가

분노 폭발이 우리 영혼을 얼마나 피폐하게 하는지는 말로 표현하기 어렵다. 자신이 입힌 피해를 보면서, 분노가 자괴감이나 모멸감으로 변할 때가 많다. 외적인 폭발 뒤에 죄책감, 수치심, 창피함, 후회 같은 내적인 폭발이 따르는 사람들도 있다.

자기 행동을 정당화하려고 더 독선적인 태도를 취하는 사람들도 있다. "나는 그럴 권리가 있다. 그들이 나한테 이러이러하게 했다." 들끓는 노를 합리화하고 정당화하면 정서적 괴물이 된다.

> 분노 폭발이 우리 영혼을 얼마나 피폐하게 할 수 있는지는 말로 표현하기 어렵다.

분노를 통제된 무기로 사용하는 사람들은 자기에게 힘이 있다는 착각에 빠진다. 우리는 주변 사람들을 윽박질러 조종하지만, 주변 사람들이 나와의 관계를 피함에 따라 내 지배권이 점점 작아진다는 사실을 모른다. 남들에게 힘을 행사하면 자신이 더 강해지는 것 같지만, 정작 힘(자제력)을 행사해야 할 대상은 자기 자신이다.

관계적 대가

폭발의 결과는 특히 주변 사람들에게 참담할 수 있다. 몇 년 전에 직장 동료가 나한테 분노를 터뜨렸을 때, 나는 그녀의 정서적 총에 난사당한 기분이었다. 그녀는 답답한 가슴을 털어내 기분이 '한결 후련'했겠지만, 나는 온 몸에 부상을 입고 피를 흘리는 심정이었다. 그 뒤로 나는 그 사람을 조심하며 되도록 피해 다녔다.

우리는 전염병을 피하듯 폭발형 사람들을 피한다. 그들 옆에서는 조심

조심 다닌다. 어떤 화제는 일부러 입에 올리지 않는다. 스스로 주변 사람들을 밀어낸 탓에 그들은 친밀한 관계를 잃고 만다.

> 사람들에게 폭탄을 떨어뜨리면 사상자가 나오게 마련이다.

사람들에게 폭탄을 떨어뜨리면 사상자가 나오게 마련이다. 친구를 잃고 관계가 껄끄러워진다. 사람들이 거리를 둔다. 결국은 고민이나 답답함을 내게 편하게 털어놓을 친한 친구가 거의 없어진다. 남아 있는 친구들도 대개는 비참한 결과나 복수가 두려워 감히 내게 맞서지 못한다. 결과적으로 우리의 관계는 뻑뻑하고, 일방적이며, 조심스럽고, 썩 건강하지 못한 관계가 된다.

또 하나 따를 수 있는 대가는 상대방의 복수다. 우리가 분노의 폭탄을 던지면 그들도 무기를 갈고닦을 수 있다. 그들이 상처를 받은 대로 갚겠다고 나서면 우리는 앙갚음을 당할 수 있다.

신체적 대가

분노가 터지면 우리는 스스로에게 분풀이의 권한을 부여하는 경향이 있다. 그래서 자신의 행동을 합리화하고 정당화하거나, 아니면 '난 본래 그런 사람이라 어쩔 수 없다'고 단념한다. 이유야 어찌됐든 일단 자신에게 분노 표현의 권한을 부여하고나면, 거기서 신체 폭력까지는 한 치 건너다. 폭발형이 명심해야 할 말이 있다. "분노(anger)에 한 글자만 더하면 위험(danger)이다."

때리거나 차거나 밀거나 치면 사람이나 애완동물이 다칠 수 있다. 던지거나 부수거나 갑자기 잡아당기면 물건이 상할 수 있다. 우리는 문을 주먹으로 치고, 책을 집어던지고, 램프를 부순다. 사람을 떼밀고, 뺨을 갈기고, 발로 차고, 때린다. 이러한 행동은 절대로 용납될 수 없고 변명의 여지가 없다. 어떠한 상황에서도 신체적 학대를 당해야 할 사람은 없다. 당신이 만일 그 선을 넘어갔다면 당장 전문가의 도움을 받아야 한다. 문제를 축소하지 말라. 변명하지 말라. 그런 일이 없었던 척하지 말라. 가서 도움을 받으라. 지금 당장!

폭발형에게 필요한 것

폭발형 사람들은 분노를 이용해서 남을 통제할 게 아니라, 자신의 분노를 통제하는 법을 배워야 한다. 어느 저자의 말처럼, 그들은 부정적인 분노 표현의 '권한을 반납'해야 한다. 자신의 분노가 파괴적이고 해롭다는 것을 그만 부정하고 이제부터 인정해야 한다. 자신이나 주변 사람들을 파괴하지 않는 방식으로 분노를 소통할 줄 알아야 한다.

아울러 폭발형 사람들은 변화가 가능하다는 것도 알아야 한다. 분노를 요란하게 또는 과격하게 표현하는 것은 난공불락의 행동 습성이 아니다. 바른 도움과 바른 이해, 많은 기도와 지원을 통해 그들은 분노를 폭발 없이 적절히 표현하는 법을 배울 수 있다. 갈가리 찢지 않고도 속을 나누는 법, 맹공격 없이도 상대방에게 알리는 법, 그리고 과거의 폭발 때문에 망가진 관계를 재건하는 법도 배울 수 있다. 하나님과 함께라면 구속과 회복은 언제나 가능하다.

근래에 그리스도께 돌아왔지만 아직 분노로 인한 폭발을 겪고 있던 그 이웃집 부부를 테레사와 내가 도우면서 주로 다룬 문제가 하나 있다. 자신들도 어쩔 수 없다는 그들의 잘못된 생각이었다. 성날 때 감정을 처리하는 유일한 길은 쏟아내는 거라고 둘 다 굳게 믿고 있었다. 또한 둘 다 분노 폭발을 자신의 문제로 인정하기보다는 상대방이나 상황을 탓하는 버릇이 있었다. 큰 용기와 이 책에 차차 소개할 구체적인 도구들이 필요하긴 하지만, 장담컨대 나는 폭발형 사람들이 분노를 다스리는 법뿐 아니라 오히려 그것을 영적 성장의 촉진 수단으로 활용하는 법까지 배우는 경우를 많이 보았다.

폭발형 사람들은 분노 자체도 효과적으로 소통해야 하지만, 또한 자신의 필요도 잘 알려야 한다. 몇 장 뒤에서 그 내용을 살펴볼 것이다. 분노의 배후와 상처 그리고 그와 관련된 필요를 알고 있다면, 성급한 폭발로 되돌아갈 소지가 줄어든다.

요약: 폭발형

유형: 터지는 시한폭탄(통제 못함), 계산된 시한폭탄(통제함)
메시지: 분노는 꼭 필요한 것이다.
반응: "나 화난 것 맞다!" "당하기 싫거든 내가 시키는 대로 해라!"

분노를 표출하는 이유
- 나에게 힘이나 통제권이 있다는 착각이 든다.
- 응어리진 부정적인 감정을 털어낼 수 있다.
- 분노를 참거나 자제할 수 없을 것 같다(충동 통제가 약함).

폭발하는 방식
- 고함지르고, 악쓰고, 큰소리친다.
- 밀치고, 떼밀고, 치고, 발로 찬다.
- 겁을 준다.
- 공격한다.
- 지나치게 고집을 부린다.
- 지나치게 퉁명스럽거나, 무지막지하거나, 요령이 없다.
- 요구 사항이 많고, 같은 말을 자꾸 반복한다.

결과
- 자신과 남에게 상처를 입힌다.
- 자제력/ 힘을 잃는다. 또는 힘이 있다고 착각한다.
- 죄책감이 든다.
- 관계가 껄끄러워지고 건강하지 못하게 된다.
- 복수나 앙갚음을 당할 수 있다.
- 폭력 행동에 손해가 따를 수 있다.
- 후회한다.

폭발형(두 가지 유형 모두)에게 필요한 것
- 좀 더 느긋한 성격을 기른다.
- 분노를 억제하는 법을 배운다(분노 폭발의 권한을 반납한다).
- 자신이 분노를 파괴적으로 표현하고, 이용하고 있음을 인정한다.
- 분노를 효과적으로 소통하는 법을 배운다.
- 필요를 효과적으로 소통하는 법을 배운다.
- '분노의 배후'를 알아내 분노를 건설적으로 활용한다.

요점

폭발형은 분노를 공격적으로 무지막지하게 표현하는 사람들이다. 주변 사람들에게 분노를 쏟아내고, 뿜어내며, 토해내고, 터뜨린다. 꼭 터지려고 대기 중인 시한폭탄이나 언제 폭발할지 모르는 화산 같다. 분노를 이용해서 겁을 주고 통제한다. 그러나 그들은 관계를 몰라보게 개선할 수 있다. 분노를 적절하게, 건설적으로 표현하는 법을 배우면 된다.

생각할 문제

1. 당신은 폭발형인가? 만일 그렇다면 통제를 못하는 쪽인가, 아니면 분노를 이용해서 다른 사람을 통제하는 쪽인가?
2. 당신은 폭발하는 걸 어디서 배웠는가? 분노를 그렇게 표현해도 좋다고 누가 권한을 주었는가?
3. 다른 사람들에게 폭발하고나면 기분이 어떠한가?
4. 지금까지 당신의 폭발이 대인 관계와 직장 생활에 입힌 피해는 무엇인가?

실천할 행동

- '폭발형에게 필요한 것' 여섯 가지 중에서 당신에게 가장 우선적으로 필요한 것들은 무엇인가?
- 그 가운데 당신이 노력하고 싶은 부분들을 믿을 만한 사람에게 말하라. 그리고 그 사람의 감시를 받을 수 있는 실제적인 방법을 함께 계획하라.
- 당신의 폭발이 구타로 이어진 적이 있다면 되도록 빨리 전문가의 도움을 받으라. 용서받을 수 있고 하나님이 변화를 도우시겠지만, 먼저 당신이 첫걸음을 내디뎌야 한다. 필요를 인정하고 도움을 구하라.

5 억압형

● 분노를 속에 쌓아두면 곧잘 내부 연소로 이어진다.

성공한 사업가 월터(Walter)는 가족들의 '등쌀에 못 이겨' 상담을 받으러 왔다. 상담이 도움이 될 것 같지는 않지만 한번 해보기로 했다. 그는 사업에 대해 말하면서, 동업자가 '위세를 부리는' 방식이 싫다고 했다. 가족들이 동업자한테 말해보라고 몇 번이나 권했지만 그는 한 번도 그런 적이 없었다. 내(베카)가 그 이유를 물었더니 그는 "내 입에서 무슨 말이 나올지 두렵다"고 털어놓았다. 그는 동업자가 자기를 화나게 한 일에 집중하려 했으나, 나는 분노를 더 효과적으로 처리할 수 있는 방식에 집중하도록 도와주고 싶었다.

성장기에 가정이 어땠느냐는 내 질문에 그는 '그게 이거랑 무슨 상관이냐?'는 표정을 지었다. 나는 그의 부모가 분노를 어떻게 표현했고 화날 때 어떻게 했는지 다그쳐 물었다. 그가 화를 무조건 참도록 배웠다는 것이 대화 중에 분명해졌다. 그의 집에는 '화내지 말라'는 무언의 철칙이 있었다. 그 이유는 무엇이었을까? '그리스도인답지 않기 때문'이었다. 그는 분노가 죄라고 배우며 자랐다. '하나님을 경외하는 사람'이 되고 싶었던 그는 평생 화를 참으려고 힘써 싸웠다. 그런데 잔뜩 화를 돋구는 동업자 때문에 감정 조절이 어려워졌다.

억압형은 분노를 속으로 꾹꾹 누른다. 그들은 분노를 겉으로 드러내는 걸 싫어한다. 분노가 나쁜 거라는 생각 때문이다. 분노를 내보이는 건 부끄럽고 창피한 일이다. 억압하는 사람들의 목표는 분노의 뚜껑을 꼭 닫아 두는 것이다. 분노는 흉물스럽고, 한심하며, 역겹고, 남부끄러운 것이므로 그들은 무슨 수를 써서라도 분노를 피한다.

월터는 우선 화를 내도 괜찮다는 것부터 알아야 했다. 분노는 죄가 아니다. 그는 분노를 하나님이 주신 선물로 받아들이면서, 분노의 건설적인 처리법을 배우는 일에 마음이 열렸다.

월터처럼 당신도 분노를 용납할 수 없는 부적절한 감정이라고 생각할 수 있다. 분노를 보인다는 것은 약하다는 표시다. 억압형 사람들 중에는 분노를 내보이거나 품고 있는 것을 죄라고 잘못 알고 있는 그리스도인들이 많이 있다. 우리는 분노를 무시하고 없는 척한다. 분노가 흉한 얼굴을 드러내면, 나 자신까지 포함해 아무도 보지 못하기를 바라며 속에 깊이 묻으려 한다.

억압형의 두 유형

억압형도 두 부류로 다시 나눌 수 있다. 자신의 분노를 억압 내지 부정하는 사람들이 있고, 분노가 없는 척 억제하는 사람들이 있다.

억압하는 사람들은 분노 자체를 부정한다. 그들이 사는 공상의 세계에는 분노가 존재하지 않는다. 적어도 그들에게는 그렇다. 그들은 약간 '신경 쓰이는' 정도는 인정할지 모르나 그뿐이다. 그들에게 용납될 수 있는 분노는 남들이 당하는 공공의 불의, 즉 태아와 아동에 대한 학대와 무시, 굶주림과 기아, 전쟁, 종교적 박해 등에 대한 분노뿐이다. 억압 내지 부정하는 사람들은 자신의 감정 세계와 단절되어 있다. 워낙 오랫동안 부정하다보니 더 이상 분노를 바르게 인식할 줄 모르는 사람들이 많다.

　한편, 억제하는 사람들은 분노의 존재를 알면서도 분노가 없는 척하려 든다. 분노를 인정하거나 시인하기가 싫은 것이다. 그들의 목표는 분노를 참고 억제하는 것이다. 그들은 이 야수가 햇빛을 보지 못하게 감정의 벽장문을 닫아걸고는 힘을 다해 막는다. 하지만 이것은 언제나 위험한 일이다. 그 안에는 성난 새끼 고양이는 없고, 사납게 으르렁거리며 인간을 먹어치우는 굶주리고 성난 사자들만 있기 때문이다.

왜 우리는 분노를 억압하는가

　억압형은 모든 분노를 죄라고 잘못 알고 있기 때문에 분노의 여지를 일절 허용하지 않으려 한다. 흔히 그들은 어렸을 때 분노를 표현했던 결과가 너무 엄청나서 다시는 분노를 느끼지 않기로 다짐한 경우이다. 분노를 천박한 것이라고 배운 사람들도 있다. 분노는 자제력이 부족하다는 표시이며, 따라서 분노를 드러내는 것은 수준 이하라는 것이다.

　다른 사람의 비위를 맞추는 사람들이 대개 이 부류에 들어간다. 그들은 남의 기분을 좋게 하려고 자신의 기분을 무시하며, 자신의 감정 세계와 단절될 위험마저 감수한다. 거부당하여 남의 애정이나 관심을 잃게 될까봐 두려워하는 사람들도 있다. 그들이 보기에 분노는 관계를 갈라놓을 수 있는 요인 가운데 하나다.

> 억압형은 모든 분노를 죄라고 잘못 알고 있기 때문에 분노의 여지를 일절 허용하지 않으려 한다.

하나님의 반응이 두려워 분노를 억압하는 사람들도 있다. '모든 분노가 죄'라면 분노는 하나님의 진노를 부른다. 분노에 수반되는 죄책감이 싫은 사람들도 있다. 죄책감은 피해야 할 것인데 분노하면 죄책감이 드니 분노도 피해야 한다. 이런 사람은 점차 감정을 느끼는 법을 잊어버린다. 하지만 감정은 절대 죽지 않는다. 떠도는 혼령처럼 감정도 다시 돌아와 우리의 정서와 관계를 유린하고 파괴한다.

누군가가 분노를 솔직하게 표현하고 폭발시키는 것을 무서워하는 가정이 있다. 그들은 분노 앞에서 두려워했던 경험이 있다. 폭발의 결과로 감정은 물론 때로는 신체적으로도 상처와 고통을 입었다. 이러한 환경에서 자란 사람에게는 분노 표출이 무조건 섣부른 바보짓으로 비칠 수 있다. 그들의 구호는 이것이다. "냉정함을 잃으면 바보가 된다."

보복과 벌에 대한 이런 두려움만으로도 어떤 사람들은 평생 분노를 속에 쌓아둘 수 있다. 분노를 내보인 결과가 너무 극단적이고, 대가가 너무 혹독해서 분노를 무시하는 것이 몸에 밴 것이다.

나는 억압형인가

지금까지 말한 내용이 당신에게 해당되는가? 당신은 걷잡을 수 없이 혼란스럽고 압박감이 가중될 때도 '태연자약'한가? 친구들이 하는 말, 당신은 화나면 시무룩하고 말이 없어지며 뒤로 뺀다고 그러는가? 당신이 쓰고 있는 분노의 탈이 억압인지 알고 싶거든 다음 목록을 읽어보라. 그리고 "이게 내 이야기인가?" 자문해보라.

1. 나는 분노가 편하지 않다.
2. 나는 분노를 나쁜 것, 무조건 피해야 할 것으로 보는 경향이 있다.
3. 나는 성장기에 분노가 무서웠고, 지금도 누가 화를 내면 아주 불편하다.
4. 성장기에 우리 집에서는 분노가 표현된 적이 없다. 분노는 정상적인 감정이 아니라는 것이 무언의 철칙이었다.
5. 분노를 폭발시키면서 바보짓을 하는 사람들을 너무 많이 보았다. 나는 절대로 그러지 않겠다고 다짐했다.
6. 나는 화난 모습을 보이는 게 두려워 남이 나를 깔아뭉개도 가만히 있는 것 같다.
7. 흔히들 나를 태연자약한 사람으로 안다.
8. 나는 남에게 부정적인 감정을 말하는 게 불편하다.
9. 지금 내 몸에 어떤 문제가 있는데, 감정의 억압과 관계된 것일 수 있다.
10. 나는 부딪히는 걸 피한다!
11. 분노를 내보이다 어떤 일을 당할지 두렵다(거부, 격렬한 폭발 등).
12. 하나님은 우리가 화내는 걸 원하지 않으신다.

이 가운데 몇 개(절반 정도)에 공감이 간다면 당신은 아마 억압형일 것이다. 그렇다고 당신이 나쁘다는 뜻은 아니다. 당신이 끔찍한 사람이라는 뜻도 아니다. 다만, 분노가 문을 두드릴 때 당신이 그것을 정서적 벽장 속에 쟁여 넣는다는 뜻이다. 우리는 누구나 아주 어렸을 때 의식, 무의식중에 배운 방식대로 분노를 처리한다. 문제는 그중에 건강하지 못한 방식들도 있다는 것이다. 모를지 모르지만, 분노를 억압하는 것은 당신의 건강에 해로울 수 있다.

분노 억압에 따르는 비싼 대가

분노를 억압하는 사람들은 대개 어떤 희생을 치르더라도 그렇게 한다. 그 희생은 아주 클 수 있다.

정서적 대가

분노를 표현하지 않으면 그것은 대개 자신에게로 방향을 바꾸어, 쉽게 내면의 원한이나 자기혐오로 변할 수 있다. 분노는 사라지지 않고 안에서 곪는다. 분노를 묻어두는 건 자신의 영혼에 독을 먹이는 행위다. 앙다문 조개처럼 입을 다물면, 우리는 값진 진주를 품은 굴이 아니라 독이 든 조개가 된다. 우리는 분노를 느끼는 자신이 못됐다고 생각한다. 그러한 생각이 종종 우울증을 낳는다.

분노를 피하면 감정의 흐름을 막는 것이고, 그렇게 되면 자신 – 자신의 존재와 감정 – 과 단절된다. 다른 사람이 나를 이용해도 우리는 가만히 있는다. 내 정당한 주장을 펴는 것보다 분노를 내보이지 않는 것이 더 중요한 최우선이 되기 때문이다. 상대방의 비위를 거스르느니 차라리 봉이 된다. 우리가 치루어야 할 정서적 대가는 비싸다.

관계적 대가

분노를 숨겨두는 위업을 이루기 위해 우리는 시무룩해지고, 경직되며, 뒤로 빼고, 긴장하며, 굳어지고, 걸핏하면 짜증내며, 통제에 집착하게 된다. 대개 이것은 주변 사람들과의 즐거운 경험을 가로막는다. 우리는 내 안에 못마땅한 감정을 유발할 수 있는 특정한 사람과 장소와 물건을 피하게 된다. 억압된 분노는 관계의 문지기가 되어, 우리 영혼의 잠자는 거인을 깨울 수 있는 것이면 무엇이든 무조건 막아낸다. 사람들은 우리 안에 잠재돼 있는 분노를 감지하고 우리를 피하게 된다. 내면의 시한폭탄을 감지하고, 그것이 터질 때 옆에 있지 않으려 한다.

억압형은 억압에 능하지만 그래도 간혹 폭발할 수 있다. 용암이 흐르는 길목에 있는 모든 관계는 깊은 피해를 입을 수 있다.

신체적 대가

네드(Ned)는 삶의 '감당 못할' 스트레스를 해결하기 위해 상담을 받으러 왔다. 몸이 자꾸 아픈 것도 스트레스 때문인 듯했다. 그는 등과 목의 근육이 굳어져서 척추 교정 전문의도 만나보았고, 위에 통증이 있어 내과 진료도 받았으며, 신경과 전문의의 검사까지 받았다. 엑스레이, MRI, 수차례의 혈액 검사, CAT 촬영 등 여러 가지 검사를 했다. 상담이 진행되면서 그의 신체 증상들이 주로 삶의 과중한 압박감과 짐 때문이 아니라, 속에 품고 있는 사무친 원한 때문임이 분명해졌다. 그가 분노를 인정하고 근본 원인을 찾기 시작하면서부터 몸의 증상들도 차차 완화되었다.

많은 억압형 사람들이 말 그대로 신체적 대가를 치른다. 궤양, 두통, 등과 목의 통증, 소화불량, 설사, 변비, 신경과민, 근육의 긴장, 고혈압 등은 분노가 곪아터지는 현상의 일부에 지나지 않는다.

억압형에게 필요한 것

억압형의 사람들은 분노를 정당하고 정상적인, 하나님이 주신 감정으로 받아들여야 한다. 무언가가 – 나 자신이나 상황이 – 잘못되었음을 알려주는 유익한 신호로 보아야 한다. 분노는 정상적인 감정이다. 그것을 어떻게 처리하느냐가 중요하다.

그들은 또한 자신의 두려움과 감정을 인정해야 한다. 분노를 두려움의 대상이 아니라 점검 대상으로 보아야 한다. 두려움 때문에 움켜쥔 손을 풀어야 한다.

억압형은 또 자신의 필요를 효과적으로 소통할 줄 알아야 한다. 지금까지는 원하지 않는 감정을 오래오래 억압해왔지만, 이제 그것을 표현할 수 있어야 한다. 자신의 필요와 바람에 대해 자기 주장을 내세울 줄 알아야 한다. 자신이 이기적으로 비쳐지는 것이 두려울지도 모르지만, 대다수의 억압형 사람들은 정반대의 오류를 범한다. 필요시 자신의 필요를 내세우지 못하는 것이다. 소통법을 배우면 자신이 하거나 하지 않을 행동, 진짜 기분, 원하는 바를 더 명확히 밝힐 수 있다.

요약: 억압형

유형: 억압하는 부류(부정하고 피함), 억제하는 부류(없는 척 묻어둠)
메시지: 분노는 나쁜 것이다.
반응: "화났다고? 난 아니야."

분노를 두려워하는 이유

- 화내는 것을 나쁜 일, 심지어 죄로 생각한다.
- 하나님의 진노가 두렵다.
- 자제력을 잃고 바보짓을 하게 될까봐 두렵다.
- 거부당하는 게 두렵다(화내면 남들이 나를 좋아하지 않을 것이다).
- 죄책감이 싫다.
- 이전에 겪었던 분노 경험이 무서웠기 때문에 모든 분노는 두려움의 대상, 피해야 할 대상이 되었다.
- 분노를 표현했을 때 따를지도 모르는 보복, 벌, 결과가 두렵다.

분노를 억압하는 방식

- 분노를 무시한다.
- 분노를 부정한다.
- 분노를 감추거나 가장한다.
- 분노를 축소한다.
- 화나지 않은 척한다.
- 분노를 피한다.
- 분노를 속에 묻어둔다.

결과

- 다른 사람의 봉이 된다(이용당한다).
- 분노의 방향을 자신에게로 돌린다.
- 궤양, 근육의 긴장, 두통 등 몸에 병이 생긴다.
- 가끔 화산이 폭발하는 것처럼 크게 터진다.
- 사람, 장소, 상황을 피한다.
- 원한을 품는다.

억압형에게 필요한 것

- 분노가 정상적이고 괜찮은 것임을 받아들인다.
- 두려움을 인정하고 두려움의 영향력을 줄이기 위해 노력한다.
- 분노를 효과적으로 소통하는 법을 배운다.
- 자신의 필요를 더 분명하게 밝힌다.
- 자신이 하거나 하지 않을 행동과 그 시기를 더 명확히 밝힌다.

요점

억압형은 분노를 속으로 꾹꾹 누른다. 그들은 분노를 겉으로 드러내는 걸 싫어한다. 분노가 나쁜 거라는 생각 때문이다. 분노를 내보이는 건 부끄럽고 창피한 일이다. 억압하는 사람들의 목표는 분노의 뚜껑을 꼭 닫아두는 것이다. 분노는 흉물스럽고, 한심하며, 역겹고, 남부끄러운 것이므로 그들은 무슨 수를 써서라도 분노를 피해야 한다고 생각한다. 억압형 사람들에게는 분노를 정상적인 것으로 받아들이고, 자신의 감정을 인정하며, 효과적인 소통법을 배우는 것이 도움이 된다.

생각할 문제

1. 당신은 억압형인가? 만일 그렇다면, 분노란 무조건 다 나쁘다고 보는가?
2. 어떻게 하면 당신이 분노를 억압하는 것과 없는 척하는 것을 그만둘 수 있겠는가?
3. '억압형에게 필요한 것' 다섯 가지 목록 중에서 당신이 변화되기 위해 가장 필요한 것들은 무엇인가?

실천할 행동

- '억압형에게 필요한 것'을 다시 읽어보라. 믿을 만한 사람에게, 당신이 하나님께 변화시켜달라고 기도하고 있는 부분들을 말하라. 그리고 그 사람에게 지켜봐달라고 부탁하라.
- 공책을 한 권 사서 일기 쓰기를 계획해보라. 나 역시 분노를 억압하는 경향이 있는데, 내 솔직한 감정을 자세히 적는 것이 큰 도움이 되고 있다.
- 지금부터 기분이 가라앉거나 우울해지기 시작하면 자신에게 이렇게 물어보라. "내가 혹시 무언가에 대해 또는 누군가에게 화가 난 것일까?" 그리고는 2-3분 동안 조용히 앉아서 감정을 표면에 떠올려보라.

6 누수형

● 변장을 했어도
분노는 분노다.

밥(Bob)은 자신의 결혼 생활이 어디가 잘못됐는지 이해가 되지 않았다. 5년 동안은 건강하고 행복했다. 그러나 그 뒤로 아내가 멀어지면서 계속 애정이 식는 것 같았다. 캐시(Cathy)가 섹스에 관심이 부족한 걸까? 네 살 미만의 두 아이에게 시달려서 그렇다 쳐도, 단둘이 있고 기운이 되살아나 보일 때도 아내는 핑계를 대거나 건성으로 응했다.

무엇이 문제일까? 밥은 열심히 일했고, 가족을 잘 부양했으며, 아내와 가정을 사랑했다. 물론 풋볼을 많이 보기는 했다. 또 캐시는 늘 그가 '정말 마음을 열기'를, 그리고 아이들의 삶에 관여하기를 원했다. 하지만 그런 건

중대한 문제라기보다 결혼 생활에 으레 있는 일 아닌가.

사실인즉, 캐시는 밥의 어떤 성향에 의해 상처받거나 분노를 느낄 때마다 자신이 어렸을 때 배운 대로 감정을 표현했다. 표 안 나게, 천천히, 수동적으로 표현한 것이다. 캐시는 '누수형'이었고, 밥은 그걸 알 턱이 없었다.

분노의 세 번째 얼굴은 처음 두 유형만큼 얼른 눈에 띄지 않는다. 앞서 말한 폭발형(공격)과 억압형(억압과 억제 두 부류 모두) 외에도 수동적 공격이라는 게 있다. 바로 분노를 찔끔찔끔 흘리는 누수형이다. 누수형은 비판하고, 빈정대며, 뒤로 빼고, 지각하며, 경직되고, 자기를 괴롭히는 사람에게 해줄 일을 '깜빡 잊고', 습관적으로 질질 끄는 경향이 있다.

억압형처럼 누수형 사람들도 분노를 내보이는 걸 싫어한다. 이들이 자라난 가정 역시 분노를 금기시했거나, 반대로 그 표현이 지나치게 잔인하고 비인간적이었을 수 있다. 또 이들은 분노가 하나님의 진노를 부르는 죄라고 배웠을지도 모른다. 분노를 누르고 화나지 않은 척하는 것이 억압형이라면, 누수형은 화가 났다는 걸 인정하는 경우도 있다. 단, 아주 조금만이다. 분노를 인정한다 해도 애써 숨기려 한다.

누수형도 억압형과 똑같은 두려움과 염려 때문에 분노의 직접적인 표현을 주저한다. 분노를 표현하면 큰 고통을 당할 수 있다는 생각 때문에 그들은 자신의 화난 모습을 남에게 보이지 않으려 한다. 부딪히면 무조건 싸움이 될 것 같아 속마음을 털어놓지 않는다. 그들은 자신에게 이렇게 말한다. "난 이 분노를 속에 쌓아두지 않는다. 그건 내 스타일이 아니야. 그렇다고 분노를 마구 쏟아내지도 않아. 그것도 내 스타일은 아니니까. 대신 너를 괴롭히고 불편하게 하는 일들을 해주마. 그래서 나처럼 너도 상처 입게 해주마. 하지만 내 진짜 기분을 보이지는 않을 거다. 그냥 표 안 나게 분풀이를 해줄 테다." 이것이 수동 공격형의 태도이다.

누수의 방식

우리가 분노를 흘리는 방식은 두 가지다. 눈치채지 못하게 에둘러서 행동으로 표현하는 방식이 있고, 관심이나 사실 관계를 가장하여 말로 조금씩 불만을 표현하되 절대로 당사자에게는 하지 않는 방식이 있다.

> 우리는 험담하고, 여기저기서 부정적인 말을 하며, '건설적인' 비판을 내놓는다. 그러는 내내 우리의 동기는 복수다.

평소에 남보다 언어 표현을 많이 하는 사람들은 분노를 매번 조금씩 말로 표현한다. 그게 더 무난하고 적절하며 적당한 방식이라는 생각에서다. 우리는 험담하고, 여기저기서 부정적인 말을 하며, '건설적인' 비판을 내놓는다. 그러는 내내 우리의 동기는 복수다. 스스로 인정하든 인정하지 않든 그렇다. 우리는 우리를 화나게 한 사람한테 직접 가는 것이 아니라, 그 사람만 뺀 나머지 모든 사람에게 분노를 퍼뜨린다. 비방하고, 반쪽짜리 진실을 유포하며, 내 상처 입은 자존심에서 비롯된 사견에 지나지 않는 정보를 마치 복음의 진리인 양 내놓는다.

서글프게도 나(베카)는 이 얼굴을 아주 잘 안다. 한번은 내가 어떤 사람이 내린 결정에 화가 나서 씩씩거리고 있었다. 그런데 나는 내 실망과 이견을 성숙하게 사랑으로 그 사람한테 직접 가져간 게 아니라, 그때부터 잠깐 잠깐 경멸조로 빈정거릴 기회를 노렸다. 말이 너무 많으면 복수처럼 보일까 싶어 불화의 씨앗을 뿌릴 때와 장소를 치밀하게 계산했다. 누군가 이런 말을 했다. "경우에 맞게 옳은 말을 하기도 어렵지만, 유혹의 순간에 잘못된 말을 하지 않기란 훨씬 더 어렵다."[1]

"나무가 다하면 불이 꺼지고 말쟁이가 없어지면 다툼이 쉬느니라"는 말씀이 있다. 불을 꺼야 할 때, 불씨를 살려두는 것은 대개 우리의 험담이다. 사도 바울은 고린도 교인들의 행동을 슬퍼하며 이렇게 썼다. "또 (너희 중에) 다툼과 시기와 분냄과 당 짓는 것과 비방과 수군거림과 거만함과 혼란이 있을까 두려워하고"(고후 12:20).

한편, 그보다 적극적으로 되갚는 사람들도 있다. 우리는 항상 지각하고, 질질 끌고, 신의를 저버리는 행동 등으로 분노를 표출한다. 나랑 대화를 원하는 상대방 앞에서 뒤로 뺀다. 지킬 생각도 없는 약속을 한다. 상대방을 미치게 할 줄 뻔히 알면서 그 일을 한다. 순전히 상대방을 애먹이려고 보조를 달리한다. 화나면 일부러 지각해서 복수한다. 가장 곤란한 시점에 이렇게 말한다. "어, 약속한 걸 깜빡 잊었네."

누수형 사람들은 경직되거나, 냉담하거나, 나 몰라라 하거나, 기분이 안 좋거나, 헷갈리기 일쑤다. 그들은 둘러대기에 능하고 곧잘 힘없는 피해자 행세를 한다. 삐쳤으면서도 말로는 화나지 않았다고 한다. 그들의 "예"와 "아니요"는 믿을 수가 없다. 대개 남들은 모르지만 그들의 속에는 원한과 적개심이 있다. 대개 한을 품고 있다. 그들은 자신의 행동이 유용한 복수의 수단임을 알고 있다. 깊이 들어가보면, 그들의 목표는 보복이다. 그들은 에누리 없이 갚아준다. 누수형은 처음에는 잘 알아보기 힘든 얼굴이지만, 일단 이해하고나면 어디서나 식별할 수 있다.

나는 누수형인가

당신은 분노를 조금씩 흘리고 있는가? 표 안 나게 말과 행동으로 조금씩 표출하고 있는가? 다음의 내용을 읽고 그것이 당신에게 해당되는지 보라. 이번에도 역시, 그중 절반 정도에만 공감이 가면 당신이 누수형인지 알 수 있다.

1. 나는 나를 화나게 하는 대상들을 상대하기가 싫다.

2. 나는 화나면 감정을 숨기려 한다.
3. 다른 사람에게 화가 나면 일부러 그 사람을 괴롭게 하는 일을 한다.
4. 남의 잘못을 쉽게 잊어버리지 않고 속으로 꽁하는 경향이 있다.
5. 나는 평소에 험담을 한다. 다른 사람들에 대한 못된 생각을 말하고 다닌다.
6. 나는 남에게 간접적으로 복수할 기회를 노릴 때가 있다.
7. 하기 싫은 일이 있으면 할 줄 모르는 척한다.
8. 내 분노 대상에게 나쁜 영향을 줄 수 있다면, 해서는 안 될 일도 남들을 따라서 한다.
9. 내가 화났다는 사실을 인정하기가 싫다.
10. 나는 속을 알기 힘든 사람이다.
11. 나는 등 뒤에서 다른 사람의 험담을 한다.
12. 나는 비판적이며 불평불만이 많다.

우리 그리스도인들은 성경에 명한 대로, 남을 헐기보다는 세워줄 수 있는 방법으로 분노를 처리해야 한다. 분노를 은근히 흘리는 것은 정당하지 못한 일이다. 설명하거나 변호하거나 사과할 수 있는 기회가 내 분노 대상에게 주어지지 않았기 때문이다. 분노의 누수는 나(칩)를 정서적인 겁쟁이로 만든다. 부정적인 감정을 직접 소통하기가 두려운 것이다. 누수형에게는 분노를 유발하는 모든 상황이 엄두가 안 나 보이고, 그래서 우리는 가시 돋친 간접적인 언행 뒤로 달아나 숨는다. 하지만 희망이 있다. 자신의 분노와 그 배후 원인을 인식하고, 감정을 소통할 수 있는 도구들을 개발하면, 이 건강하지 못한 습성을 끊을 수 있다.

분노 누수에 따르는 비싼 대가

누수형 사람들도 비싼 대가를 치르기는 마찬가지다.

정서적 대가

누수형은 원한과 앙심과 복수심을 품게 될 위험이 있다. 그들의 비판적이고 부정적인 태도는 쉽게 뿌리 내려 자란다.

억울한 일을 당했다 싶으면 누구나 반격하고 싶어진다. 그런데 누수형은 정당하지 않은 방법으로 반격하면서, 그 간접적인 복수의 능력 때문에 자신에게 힘이 있다고 생각한다. 이렇게 나한테 힘이 있다고 착각하면, 대인 관계에는 물론 원하지 않는 감정을 처리하는 데에도 지극히 해로운 습성이 생긴다.

관계적 대가

분노를 건강하게 처리하지 않으면 배우자, 자녀, 친구, 가족, 직장 동료와의 관계가 위험해진다. 누수형은 주변 사람들의 속을 긁어놓는 경향이 있다. 말과 행동이 달라서 사람들을 헷갈리고 답답하게 만든다. 그래서 관계가 긴장되고 약해진다.

> 누수형은 주변 사람들의 속을 긁어놓는 경향이 있다. 말과 행동이 달라서 사람들을 헷갈리고 답답하게 만든다.

사람들은 험담, 불평, 비판, 비방이 누구로부터 시작되는지 금세 알게 된다. 험담은 부메랑처럼 돌아와 당신을 문다. 남을 멀리하면 내가 고립된다. 시간이 가면서 사람들은 믿을 수 없는 불평꾼 옆에 있으려 하지 않는다.

누수형에게 필요한 것

억압형처럼 누수형인 사람들도 분노를 용납 가능한 감정으로 보아야 한다. 지금까지 자신을 가두어온 두려움과 착각을 처리해야 한다. 분노를 숨길 게 아니라 내놓고 해결해야 한다. 자신의 분노를 효과적으로, 명확하게, 직접 소통할 줄 알아야 한다. 자신의 필요와 바람과 갈망에 대해 자기주장을 내세워야 한다. 또 자신이 하거나 하지 않을 행동을 명확히 밝혀야 하고, "예"일 때 "예", "아니요"일 때 "아니요"라고 해야 한다. 이런 것들을 배워나가면 분노를 내보이는 게 덜 두려워질 것이다.

요약: 누수형

유형: 간접적인 부류, 직접적인 부류

메시지: 분노를 내보이는 건 나쁜 일이다.

반응: "화났다고? 난 아니야. 어, 어쩌면 조금."

분노를 두려워하는 이유

- 화내는 걸 나쁜 일, 심지어 죄로 생각한다.
- 하나님의 진노가 두렵다.
- 자제력을 잃고 허둥대며, 바보짓을 할까봐 두렵다.
- 거부당하는 게 두렵다(화내면 남들이 나를 좋아하지 않을 것이다).
- 죄책감이 싫다.
- 이전의 분노 경험이 무서웠기 때문에 모든 분노는 두려움의 대상, 피해야 할 대상이 되었다.
- 분노를 표현했을 때 따를지도 모르는 보복, 벌, 결과가 두렵다.

분노를 누수하는 방식

- 하겠다고 한 일이나 약속을 지키지 않는다.
- "예"일 때 "예", "아니요"일 때 "아니요"라고 말하지 않는다.
- 핑계를 댄다.
- 질질 끈다.
- 일부러 보조를 달리해서 다른 사람을 애먹인다.
- 꾀를 부린다(힘없고 무지한 피해자 행세를 한다).

결과

- 나에게 힘이 있다는 착각, 또는 건강하지 못한 느낌이 생긴다.
- 주변 사람들의 속을 긁어 관계가 긴장되고 약해진다.
- 비판적, 부정적이 된다.
- 고립된다.

누수형에게 필요한 것

- 분노가 정상적이고 괜찮은 것임을 받아들인다.
- 두려움을 인정하고 두려움의 영향력을 줄이기 위해 노력한다.
- 분노를 효과적으로 소통하는 법을 배운다.
- 자신의 필요와 원함에 대해 자기 주장을 더 내세운다.
- 자신이 하거나 하지 않을 행동과 그 시기를 더 명확히 밝힌다.

생각할 문제

1. 당신은 누수형인가? 만일 그렇다면, 분노를 표현하는 것이 나쁘다는 생각에 어느 정도 공감하는가?
2. 빈정거림, 질질 끌기, 가시 돋친 말, 그밖의 것들 중에서 당신의 분노는 어떤

식으로 가장 자연스럽게 새고 있는가?
3. 가장 많이 분노의 누수 대상이 되는 사람은 누구인가? 왜 그 사람에게 분노를 많이 흘린다고 생각하는가?
4. 분노를 이런 식으로 처리하는 법을 당신은 어디서 배웠는가?

실천할 행동

- 당신이 누수형이라면 '누수형에게 필요한 것'을 읽어보라. 믿을 만한 사람에게, 당신이 하나님께 변화시켜달라고 기도하고 있는 부분들을 말하라. 그리고 그 사람의 감시를 받으라.
- 지금까지 분노의 '누수' 대상이 된 가까운 사람들 가운데 적어도 한 명을 찾으라. 그리고 그 사람에게 당신에게 그러한 성향이 있으며 고치기 위해 노력 중이라고 솔직히 말하라.
- 당신이 품고 있는 앙심이나 원한이 있는지 하나님께 보여달라고 기도하라. 과거의 불쾌한 일이 떠오를 때마다 용서하는 마음을 구하는 기도를 드리고, 하나님께 당신을 그로 인한 분노에서 해방시켜달라고 기도하라.

어느 쪽이 더 나쁠까

이렇듯 우리가 어떤 유형이냐에 따라 분노에 반응하는 경향도 달라진다. 지금까지 보았다시피, 늘 고함을 지르며 폭발하는 사람이 아니어도 여전히 분노와 관련된 문제가 있을 수 있다. 꾹 참고 안으로 삭인다고 해서 분노를 제대로 처리하고 있는 것은 아니다. 폭발형만이 부정적인 얼굴이라고 착각하는 사람들이 많이 있다. 그러나 억압형과 누수형도 똑같이 해롭다.

당신은 어떤 유형인가

　분노의 세 얼굴 중에서 당신과 가장 가까운 것은 무엇인가? 분노와 관련해서 당신이 해결해야 할 문제들은 무엇인가? 성격이나 영적 성숙도와 상관없이 분노와 관계된 문제는 우리 모두에게 있다. 다음 장부터는 분노를 선용하여 자신을 더 잘 이해하고, 대인 관계를 건강하게 하며, 하나님과 친밀하게 자라가는 법을 알아보는 흥미진진한 여정에 들어간다. 그 전에 당신이 지닌 분노 유형에 필요한 것이 무엇인지를 다시 한 번 읽고, 거기서부터 출발하면 어떨까? 이제부터 실제적인 도움을 제시할 것이다. 그것들은 유익할 것이며, 어쩌면 당신에게 전문가의 도움이 꼭 필요할지도 모른다. 질질 끌지 말라. "굳은 사람에게 새 것을 가르칠 수 없다. 난 바뀌지 않는다"고 말하지 말라. 포기하지 말라. 도움을 받으라. 하나님의 은혜로 당신은 할 수 있다.

　지금까지 몇 장에 걸쳐 당신의 분노 유형과 변화에 필요한 것들을 알아보았다. 하지만 분노를 이해하는 핵심은 다음 장에 있다. 이 책 전체에서 단 몇 장만 읽을 거라면, 다음 장을 빼놓아서는 안 된다. 분노를 정복하기 원한다면, 분노에 수반되는 파괴적인 요소들을 극복하기 원한다면, 다음 장만 알아도 그 해결책에 상당히 가까워진 것이다.

제3부

우리가 분노로 고생하는 이유

7 분노는 이차 감정이다

● 제일 먼저 기도해야 될 것 중 하나는
자신의 실상을 바로 보는 눈이다.
_ 올리브 와이언(Olive Wyon)

　　　　　　　　　　　새벽부터 저녁까지 각종 모임과 여러
'위기'로 긴 하루를 보낸 나(침)는, 벌써부터 테레사와 함께 있을 시간이 기
다려졌다. 빨리 집으로 돌아가고 싶었다. 아내는 내 친한 친구이자 상담가
다. 나는 정말 아내와 대화하며 소통하고, 아내의 일과와 그녀의 기분에 대
해 듣고, 내 생각도 몇 가지 나누고 싶었다. 내 생각에 대한 아내의 반응
과 의견도 묻고, 아이들의 상황도 들으며, 그냥 함께 있고 싶었다. 차나 커
피를 마시며 즐거운 대화를 나누리라. 아내는 나를 꼭 끌어안으며 "괜찮아
요. 하나님은 크신 분이에요. 당신을 사랑해요"라고, 그리고 그밖에 내가
듣고 싶은 모든 말을 해주리라. 나는 또 근래에 아들 라이언(Ryan)과 많은

시간을 함께 보내지 못했다는 생각도 들었다. 라이언은 언제나 재미있다. 어린 딸 애니(Annie)는 새 책들을 읽느라 신이 나 있을 텐데, 집에 늦지 않게 들어가면 책 이야기도 들을 수 있으리라.

집에 도착하니 밤 9시 15분쯤 되었다. 집 안은 이미 캄캄했다. 아주 캄캄했다. 다들 자고 있었다. 나는 테레사가 혹시 캄캄한 데 누워 나를 기다리고 있을지도 모른다고 생각하며 살금살금 방으로 들어갔다. 그러면 오붓한 대화를 나눌 수 있으리라. 하지만 아내는 기다리고 있지 않았다. 곤히 잠들어 있었다. 아쉬워하며 라이언의 방에 가보았으나 역시 곯아떨어져 있었다. 애니는 그 시간이면 이미 잠든 지 오래였다. 나는 상처받았다. 외로웠다. 슬펐다. 머릿속을 정리할 기회를 잃었다. 곁에 있어줄 사람이 필요했지만 아무도 없었다. 머리로는 내 기대가 잘못되었다는 사실이 이해가 됐다. 가족들은 그날 밤 나한테 그들이 꼭 필요하다는 사실을 모르지 않았는가! 하지만 마음은 아팠다. 상처가 되었다.

그래서 나는 어떻게 했던가? 화가 났다. 함께 있어 주지 않는 가족들에게 화가 났다. 정신없이 바빴던 한 주간에 대해 화가 났다. 그냥 화가 났다. 나는 분노를 품은 채 잠자리에 들었다. 내가 인생을 살면서 배운 게 있는데, 잠자기 전에 분노를 풀지 않고 조금이라도 품고 자면 그게 더 커진다는 것이다.

아침에 일어나서도 날이 서 있었지만 그 사실을 미처 몰랐다. 분노로 바뀐 전날 밤의 상한 감정과, 이튿날 아침의 좋지 않은 기분을 서로 연결시키지 못했던 것이다. 옷을 입고 복도로 나가니 딸이 보였다. 내 입에서 톡 쏘아붙이는 말이 나왔다. "애니, 가서 네 잠자리 정돈해!"

"여보, 애가 이제 막 일어났잖아요." 테레사가 말했다.

"그런 건 상관없어. 잠자리 정돈해! 그리고 라이언, 집안일은 했어? 경건의 시간은?"

"아빠, 저도 이제 막…" 라이언이 말을 더듬었다.

"여보!"

거기서 내가 결정타를 날렸다. "흠, 아침부터 이럴 거라면 별 수 없군. 사무실에나 가버리지 뭐. 할 일도 많은데."

나는 집을 나온 후 차에 타 문을 쾅 닫았다. 이런 생각이 들었다. '아무도 날 알아주지 않아. 내 곁에 아무도 없다고.' 몇 분 동안 씩씩거리다가 결국 내가 화났다는 걸 인정했다. 분노는 이차 감정이라고 내가 늘 하던 말이 그제야 떠올랐다. 나는 자신에게 물었다. "어떻게 된 거지? 왜 이렇게 화가 나는 거지?" 알고보니 실은 나는 상처받았고 실망했으며, 그로 인해 외로움을 느끼고 있었다.

성령이 세미한 음성으로 깨우쳐주셨다. "자, 어쩌려느냐, 칩? 해결하지 않고 그냥 가버릴 셈이냐?" 나는 10분 정도 있다가 결국 차에서 나와 다시 집 안으로 들어갔다. "여보, 아침부터 화내서 미안하오. 외로웠고 당신이 필요했소." 나는 전날 지칠 대로 지쳤던 일과, 내 필요와 상처와 기대를 설명해주었다. 아내는 돌아서서 내게 팔을 두르고 내 눈을 보며 말했다. "여보, 오늘 시간 내서 얘기하면 어때요?" 정말 기발한 생각이라는 생각이 들었다!

이어서 아들에게 갔다. "라이언, 화내서 미안하다. 너 때문이 아니야. 어젯밤 네가 자고 있어서 너무 서운했거든. 그래서 아침에 일부러 소리를 질러 분풀이를 했던 거다. 미안하다." 딸을 보고는 이렇게 말했다. "애니야, 넌 잘못한 게 없다. 그냥 애꿎은 시간에 복도에 있었던 것뿐이야." 그러고는 아이가 알아듣게 차근차근 설명해주었다. 거의 10년 전에 있었던 일인데도 어제 일처럼 기억에 선하다. 내 분노와 마음속의 해결되지 않은 깊은 문제를 연결시킨 것은 그 무렵이 처음이었다.

깊은 문제를 대면하기보다 화내기가 더 쉽다

우리가 알아야 할 중요한 사실이 있다. 분노는 우리 내면의 더 민감한 부분을 보호하기 위한 외면적 감정이다. 분노는 더 깊거나 민감한 문제를 덮어주는 이차 반응이다. 이 점만 바로 알면 분노를 건설적으로 처리하는 방법에 상당히 가까워진 것이다. 화날 때 우리는 이렇게 자문해야 한다. "왜 이런 기분이 드는 거지?" 대개 먼저 겉으로 드러나는 감정은 분노이지만, 먼저 생기는 감정은 분노가 아니다. 분노가 표면에 떠오르는 곳마다 이미 다른 감정이 존재하고 있다.

학교에 아들을 데리러 가는 걸 깜박 잊고 잔뜩 늦었을 때, 나(베카)는 학교, 신호등, 손목시계, 학교 스케줄 등에 골을 내다가 결국은 진짜 문제를 인정했다. 학교의 직원한테서 전화가 왔다는 사실이 창피했던 것이다. 나와 상담을 했던 한 사람은 상사에게 화가 났을 때, 강한 배후의 감정이 분노가 아니라 실은 불안과 두려움임을 깨달았다. 나한테 손짓으로 욕하는 운전자에게 화났을 때는, 내 일차 감정이 죄책감이었음을 나중에 깨달았다. 내가 차를 너무 앞으로 쭉 빼서 위험하게 다른 차들을 막았기 때문이다. 나를 빼놓고 어떤 결정을 내린 동료에게 화가 났을 때는, 그 배후에 상한 자존심이 있었다. 당신과 내가 자신에게 솔직하고 또 분노의 껍질을 벗길 만큼 용기가 있다면, 분노의 참 원인을 찾아낼 수 있다.

남들이 나를 버릴 때, 실망시킬 때, 약속을 어길 때, 거부당하고 소외되고 외롭고 슬프고 서운할 때, 우리는 대개 분노로 그것을 가린다. 그런 감정들이 너무 강하고 아프고 혼란스럽기 때문에 분노가 더 나은 대용품 역할을 하는 것이다. 가인은 어떻게 했던가? 슬픔과 거부당한 기분과 질투를 대면했던가? 아니다. 오히려 분노에 이끌려 동생 아벨을 죽였다. 분노는 우리가 통제력을 잃었을 때에도 통제하고 있다고, 무력할 때에도 힘이 있다고 착각하게 만든다.

분노는 문제가 아니라 경고등이다

분노는 자동차 계기판에 켜지는 빨간색 경고등과 같다. 그런데 흔히 우리는 그 경고등이 지적해주는 내용이 아니라 불빛 자체를 문제로 보는 우를 범한다. 계기판을 뜯어내고 전구를 갈아 끼워도 문제는 그대로다. 여전히 빨간불이다! 왜 그럴까? 경고등이 아니라 차에 문제가 있기 때문이다.

분노는 문제가 아니다

분노라는 이차 감정은 당신 삶의 정서적 후드, 영적 후드, 관계적 후드 밑에 무언가가 있다는 신호다. "나를 화나게 하는 내면의 문제는 무엇인가?"를 물어야 할 때에, 우리는 대부분 무조건 분노를 없애는 법만 알아내려고 혈안이 된다. 분노를 해결하려면 배후 이유를 먼저 알아내야 한다.

> 분노를 해결하려면 배후 이유를 먼저 알아내야 한다.

분노란 무언가 없거나 잘못됐거나 불편해서, 확인이나 조정이나 변화가 필요함을 알려주는 이차 반응이다.

분노는 의사 전달 도구다. 분노는 그 격렬성을 통해 의사를 전달하며, 전달되는 내용은 말을 초월한다. 우리가 할 일은 자신의 분노가 정말 하려는 말이 무엇인지를 해독하는 것이다.

큰딸이 여덟 살 무렵이던 어느 날, 내(베카)가 딸에게 무언가를 하라고 말했다. 평소 같았으면 "네, 엄마"라는 답이 돌아왔을 것이다. 그런데 그날의 반응은 "싫어요. 왜 내가 해야 돼요?"였다. 되풀이해서 요구하는 내 말투가 이번에는 썩 곱지 못했다. 딸은 화를 내며 소리를 질렀다. "싫어, 안해! 엄마는 정말 못된 엄마야!"

마치 벌건 군불에 딸이 확 부채질이라도 한 것처럼, 그쯤 되자 나도 터지기 일보 직전이었다. 나는 권위적이고 위압적인 부모가 되어 막 노발대발 되받아 소리치려다가, 잠시 멈추어 딸의 하루를 되짚어보았다. 초등학교 2학년 아이로서는 아주 길고 바쁘고 고단한 하루였다(학교, 철자 시험, 걸스카우트 모임, 축구 연습). 그렇게 빡빡하고 힘든 하루였으니 딸에게는 휴식이 필요했다. 아이는 나한테 화가 났다기보다 피곤한 거였다. 딸의 분노가 폭발된 배후를 볼 수 있게 되자, 딸이 왜 그런 식으로 말했는지도 알 것 같았다. 딸에게는 아직 이렇게 말할 수 있는 재주가 없었다. "엄마, 지금 저는 정말 녹초예요. 아주 길고 힘든 하루였거든요. 다른 사람한테 시키거나 아니면 나중에 하면 안 될까요?" 여덟 살 나이에 자신의 진짜 감정을 정리하고 소통한다는 건 어려운 일이다. 사실, 감정을 정리하고 소통하는 일은 어떤 나이에도 어렵다!

배후 이유가 무엇인가

당신이 어떤 사람이나 상황 때문에 마지막으로 화났던 때가 언제인가? 분노가 이차 감정이라면, 당신의 그 분노를 자극한 것은 무엇인가? 칩처럼 상처와 외로움과 실망이었는가? 베카처럼 창피함과 죄책감과 자존심이었는가? 베카의 딸처럼 피곤함(스트레스)이었는가? 앞에서 언급한 상담자처럼 불안과 두려움이었는가? 더 자세히 보면 후드 밑에 많은 감정들이 있을 수 있다. 대개 분노를 자극하는 감정들을 열거해보면 다음과 같다. 당신의 분노를 가장 흔히 자극하는 것들은 무엇인가?

- 상처
- 죄책감
- 수치심
- 무력감
- 배신감
- 불안
- 거부당한 기분
- 무산된 꿈과 희망
- 답답한 심정
- 절망감
- 속수무책
- 채워지지 않은 기대
- 원한
- 시기, 질투
- 자존심
- 낮은 자존감
- 실패
- 자신이 못났다는 느낌
- 외로움
- 우울
- 근심, 걱정
- 압박감, 스트레스
- 실망
- 후회
- 탈진, 피곤함

• 비통함

질투심이 들 때 우리는 화가 난다. 창피할 때도 화가 난다. 죄책감을 느낄 때도 화가 난다. 원한, 비통함, 우울, 자존심, 무력감, 배신, 거부 때문에도 화가 난다. 대다수 사람들의 경우 – 일부 억압형은 예외일 수 있지만 – 분노했다는 걸 알아채기는 쉽다. 그러나 분노의 원인을 들추어 알아내는 것은 어렵다.

분노의 배후에 깔린 필요

배후 감정을 더 열거하자면 얼마든지 많다. 그러나 그 가운데 대부분은 세 부류로 묶을 수 있다. 다음 장부터 그 내용을 더 자세히 살펴보고 신학적 통찰과 실제적 도움을 제시하겠지만, 우선 간략히 개괄해보면 이렇다.

첫째로, 분노는 우리의 필요가 채워지지 않아 상처를 받았다는 신호일 수 있다. 우리 인간에게는 여러 가지 필요가 있다. 소속감의 필요, 관계의 필요, 소통과 사랑과 지원과 격려의 필요, 자존감과 실력과 능력의 필요, 표현의 자유와 자율성과 재량과 독립의 필요 등이다. 이런 필요가 채워지지 않으면 우리는 상처를 받는다. 그리고 상처를 받으면 대개 분노를 느낀다. 그 분노는 밖으로 사람이나 장소나 상황을 향할 수도 있고, 안으로 낮은 자존감과 우울을 유발할 수도 있다. 가족들에게 화가 났던 칩의 경우처럼, 분노는 우리 내면의 상처를 드러내줄 때가 많다. 상처라면 두려움, 슬픔, 외로움, 실망, 거부당한 기분, 염려, 상실감 등 얼마든지 많이 있다.

분노가 나타나 좌절감으로 이어지는 두 번째 부분은 무산된 기대이다. 일이 뜻대로 풀리지 않으면 우리는 좌절한다. 계획이 불시에 바뀌고, 목표가 막히며, 꿈이 무산되고, 희망이 꺾이면 대번에 분노가 따라온다. 사람이나 상황에 대한 우리의 기대가 비현실적이면 실망을 자초하게 마련이다. 베카의 분노를 키우고 부채질한 것은 딸이 항상 순종하고 공손해야 한다는 비현실적인 기대였다. 좌절감이 들면 짜증, 답답함, 무서움, 창피함, 원망, 불행 등을 느낄 수 있다.

끝으로, 위협을 느낄 때 우리는 분노로 불안감을 덮을 수 있다. 위협이 객관적인 것이든 주관적인 것이든, 정서적인 것이든 신체적인 것이든, 우리는 분노로 반응한다. 자신을 보호하거나 지키는 데 분노가 유용하기 때문이다. 누군가 운전 중에 끼어들거나, 당신을 깎아내리거나, 제쳐놓거나, 의견을 무시할 때, 속에서는 어떤 일이 벌어지고 있을까? 자존감을 공격받거나 안정된 삶이 위태로워지면 우리는 불안해진다. 불안해지면 수치심, 신경질, 열등감, 모욕감, 교만, 공포를 느낄 수 있다. 속에 있는 불안감이 분노로 표출된다.

요컨대 남들이 실망시킬 때, 하나님이 나를 저버리신 것 같을 때, 상처받거나 서운하게 느껴질 때, 그것은 우리의 필요나 기대가 채워지지 않았다는 뜻이다. 그렇게 되면 우리

> 분노는 후드 밑에 문제가 있음을 알리는 계기판의 불빛이다.

는 약해지고, 상처받고, 쉽게 다칠 수 있다. 누군가가 내가 사랑하는 사람이나, 내 직장이나 생활 양식이나, 기타 중요한 것을 위협하면 우리는 불안해진다. 그럴 때 우리는 흔히 분노에 의지하여 자신을 보호하고 지킨다. 분노는 문제가 아니라 문제를 알리는 경고등이다. 문제에 주의를 기울여야 한다.

요점

분노는 더 깊은 문제를 감추고 있는 이차 감정이다. 분노는 후드 밑에 문제가

있음을 알리는 계기판의 불빛이다. 분노를 통해 우리는 상처, 좌절 그리고 불안으로부터 자신을 보호한다. 분노에는 긍정적인 잠재력도 있지만, 그냥 두면 부정적인 파장도 뒤따른다. 세 종류의 일차 감정을 정리하면 다음과 같다.

분노의 3대 주요 원인		
필요를 채움받지 못할 때 오는 상처	기대가 꺾일 때 오는 좌절	자존감을 위협받을 때 오는 불안

생각할 문제

1. 당신의 분노를 가장 자주 유발시키는 요인들은 무엇인가(예컨대 자녀, 돈, 이웃, 회사, 배우자, 운전 등)?
2. 분노가 이차 감정임을 아는 것이 왜 그렇게 중요한가?
3. 분노의 가면을 벗기고 그 배후를 들추어내는 일은 고통스럽고도 후련한 과정일 수 있다. 분노의 3대 배후 원인(상처, 좌절, 불안) 가운데 당신이 가장 쉽게 공감하는 것은 무엇인가?

실천할 행동

- 이차 감정의 긴 목록을 다시 한 번 훑어보고 당신이 분노하는 가장 흔한 원인 네다섯 가지를 찾아 표시해보라.
- 분노가 이차 감정이라는 인식은 당신 자신뿐 아니라 주변 사람들을 이해하는 데도 도움이 될 수 있다. 당신의 가족이나 친구들 중에 그러한 인식이 필요한 사람이 있다면 그것을 말해주라.
- 당신이 정말 화났던 경우를 적어도 두세 가지 떠올려보라. 그리고 이렇게 자문해보라. "그 분노 밑에 숨어 있었던 감정은 무엇이었을까?"

# 빙산의 일각

● 분노가 빙산의 일각이라면 우리가 할 일은 수면 밑의 빙산을 들여다보는 것이다.

얼마 전에 나(베카)는 알래스카 동남부의 아름다운 도시 싯카(sitka)와 주노(Juneau)에 갔었다. 야생동물과 빙하를 보러 하루 종일 배를 타고 트레이시암 피오르드에 다녀왔다. 먼 옛날 빙하의 이동으로 생겨난 암벽이 커다란 유람선 양편으로 우뚝 솟아 있었다. 최종 목적지인 소이어 빙하에 가까워지자 차가운 물 위에 떠 있는 빙산이 보였다. 특히 어떤 폭포 앞에 떠 있던 거대한 빙산 하나가 기억난다. 그 빙산의 높이는 약 7.5미터로 우리가 타고 있던 배와 비슷했다. 숨 막힐 듯 아름다운 광경이었다. 그때 선장이 우리 눈에 보이는 건 전체 빙산의 작은 부분일 뿐임을 상기시켜주었다. 수면 위로 보이는 것은 14퍼센트 정도이고,

대부분은 물속에 잠겨 있다고 했다. 그 거대한 얼음덩이가 속으로 얼마나 깊을지 대충 따져보니 우리 옆에 수중으로 20층 건물이 있는 셈이었다!

분노는 빙산의 일각과 같다. 대개 눈에 보이는 건 분노이지만, 그것이 문제의 전부는 물론 아니다. 분노를 표면으로 밀어 올리는 일차 감정들이 그 밑에 있다. 7장에서 말했듯이, 분노는 이면에 문제가 있음을 알리는 이차 신호일 뿐이다.

분노가 표면에 떠오르는 방식을 살펴보자. 앞에서 쭉 보았듯이 우리는 분노를 터뜨리거나, 억누르거나, 슬쩍 흘리는 경향이 있다. 하지만 밑으로 내려가면 채움받지 못한 필요(상처), 무산된 기대(좌절), 위협받는 자아(불안)라는 일차 원인이 숨어 있다. 당신의 노력을 대부분 쏟아야 할 곳은 바로 거기다. 뿌리에 닿을 수 있는데 무엇하러 표면상의 문제에 매달리는가? 당신의 분노 처리법은 바로 그 차원에서 변화될 수 있다.

당신이 성장하려면 이렇게 자문해야 한다. 내 삶에 채움받지 못한 필요가 있는가? 외로움이나 슬픔이 있는가? 막힌 목표가 있는가? 나는 위협이나 불안을 느끼고 있는가? 대면하기 힘든 해결되지 않은 문제들이 있는가?

하나님은 뿌리까지 내려가 초자연적인 치유를 이루기 원하신다. 당신이 분노의 노예가 되는 것이 아니라 오히려 분노가 당신의 노예가 될 수 있다. 분노는 당신의 마음속에서 벌어지고 있는, 당신이 여태 몰랐던 일들을 알려줄 수 있다.

잡초는 뿌리째 뽑아야 한다

분노의 근본 원인을 의지적으로 대면하는 일은 생각보다 힘들다. 어떤 사람들은 일차 감정이 겹겹의 분노나 부정 밑에 묻혀 있어서 대면하기 어렵다. 어떤 사람들은 감정이 표면 근처에 있더라도 너무 괴로워서 직시하지 못할 수 있다. 오랜 세월 피하거나 숨기거나 묻어두었던 것을 쳐다보기란 쉬운 일이 아니다.

어렸을 때 나(칩)는 매주 8-10개의 잔디밭에서 잔디를 깎았다. 그 일은 대개 즐거웠지만 잡초를 뽑아달라는 부탁만은 싫었다. 물론 전지가위로 잡초의 윗부분만 잘라내면 일은 금방 끝난다. 문제는 다음 주에 잡초가 또 나와 있다는 것이다.

머잖아 나는 잡초를 없애려면 물을 조금 부어 흙을 부드럽게 만드는 게 상책임을 배웠다. 그러면 흙을 푹 파서 잡초를 뿌리째 완전히 뽑기가 더 쉬워진다. 다만, 그러려면 손에 흙을 묻혀야 한다. 하지만 일단 뿌리째 뽑아내면 다시 고생할 일이 없다.

> 분노는 빙산의 일각과 같다. 대개 보이는 건 분노이지만 그것이 문제의 전부는 물론 아니다.

많은 사람들이 분노를 그렇게 대한다. 분노를 유발하는 숨겨진 이유를 해결하는 것이 아니라 곧장 질러가 성질을 죽일 방법만 찾는다. 그러면 깊은 문제는 계속 다시 떠오른다. 분노의 파괴적인 영향력을 없애려면 흙이 좀 묻더라도 깊이 파내야 한다.

밑을 보려면 용기가 필요하다

밑을 보려면 흙도 묻혀야 하지만 또한 용기가 필요하다. 이러한 이유로 그냥 표면에 남아 분노만 상대하려는 사람들이 많다. 분노는 익숙하고 이미 드러난 감정이다. 더 깊은 상처, 좌절, 불안은 내보이기 싫은 것이다. 하지만 계기판에 경고등이 들어올 때 불빛을 바꾸거나 전구를 갈아서는 안 된다. 후드 밑을 보아야 한다. 용기를 내서 문제의 실상을 보아야 한다.

여태껏 피하거나 숨겨온 문제들을 직시하려면 무서울 수도 있지만, 그것이 여정의 첫걸음이다. 격려나 지원이 필요하거든 도움을 구하라. 다른 사람에게 도움을 청하는 것을 두려워하지 말라. 나(칩)는 도움을 청하기는 고사하고, 나에게 문제가 있다는 것조차 잘 인정하지 못했다. 그런데 부부간의 갈등과 소통 부족 때문에 어쩔 수 없이 내 누수형 성향을 직시해야 했고, 그래서 아내와 함께 크리스천 결혼 상담가를 찾아갔다. 상담가는 먼저 우리의 분노를 볼 수 있게 해준 뒤에, 분노를 긍정적으로 표현하고 처리하는 실제적인 도구들을 가르쳐주었다. 힘든 일이었을까? 그렇다! 삶에 변화와 해방을 가져다주었을까? 물론이다! 우리는 분노의 진짜 이유를 감추기에 급급할 때가 많아서 배후에 무언가가 있다는 걸 잊어버리거나 아예 감정 기능을 상실한 사람들도 있다. 더 깊은 문제를 처리하면 훨씬 좋아진다.

> 여태껏 피하거나 숨겨온 문제들을 직시하려면 무서울 수 있지만, 그것이 여정의 첫걸음이다

물론 힘든 과정일 수 있지만, 필 박사(Dr. Phil, 심리학자이며 텔레비전 쇼 〈닥터 필〉의 진행자 – 역주)가 부정적인 습관에서 헤어나지 못하는 사람들을 상담할 때 하는 유명한 말마따나, "그 방법이 당신에게 얼마나 효과가 있는가?"를 생각해보아야 한다. 일차 감정을 대면하지 않으면 영영 분노의 노예로 남을 수 있다.

그러 지금부터 당신의 계기판에 '분노 경고등'이 켜질 때, 후드 밑을 살펴 진짜 문제를 찾아낼 수 있는 간단하고 실제적인 방법을 알아보도록 하자.

분노 ABCD

여기서 우리의 목표는 분노를 인정하고 그 배후를 찾아내는 것이다. 이 작업에 성공하면 문제 해결에 한결 가까워진 것이다. 우리는 우리가 직접 경험한 것과 많은 사람의 간증을 통해, '분노 ABCD'가 삶을 변화시켜줄 수 있다고 믿는다.

분노 ABCD는 문제를 처리하는 데 도움을 주는 간단하고, 기본적이며, 따르기 쉬운 단계별 장치이다. 12장에서 더 자세히 다루겠지만 우선 출발에 필요한 내용은 이렇다.

A. 화난 것을 인정하라(Acknowledge).
부정하거나 억압하지 말라. 시인하고 받아들이고 인정하라.

B. 일차 감정을 추적하라(Backtrack).

자신에게 물으라. 나는 왜 화가 났는가? 내 진짜 감정은 무엇인가? 내 분노의 배후 이유는 무엇인가?

C. 원인을 따져보라(Consider).

자신에게 물으라. 누구 혹은 무엇이 분노를 유발시켰는가? 누구 혹은 무엇이 내게 좌절을 주었는가? 누가 내게 상처를 주거나 서운하게 했는가? 어떤 계획이 수포로 돌아갔는가? 무슨 일이 있었는가?

D. 최선의 처리법을 결정하라(Determine).

자신에게 물으라. 어떻게 반응할 것인가? 언제, 어떻게, 무엇을 할 것인가?

당신의 분노 대상이 하나님일 수도 있지만, 그래도 상처와 좌절과 불안을 그분께 가져가기 바란다. 그분은 당신을 실망시키지 않으신다. 그분이야말로 당신의 모든 필요를 채우실 수 있고, 현실적인 기대를 품게 하실 수 있으며, 안전의 근원이 되실 수 있는 분이다. 당신을 망쳐놓을 수 있는 분노를 해결하는 여정 내내, 그분이 당신을 이끄시며 이면의 약한 모습과 고통을 보여주실 수 있다.

> 분노는 무언가 문제가 있음을 알려준다. 우리가 할 일은 배후의 진짜 문제를 알아내는 것이다.

요점

우리는 분노가 우리의 대인 관계에 변화를 가져다줄 가장 절박한 이슈 가운데 하나라고 믿는다. 분노는 무언가 문제가 있다는 것을 알려준다. 우리가 할 일은 배후의 진짜 문제를 알아내는 것이다. 하나님이 당신에게 분노를 대면할 용기를 주시도록 기도하라. 안에서부터 완전히 변화되는 혁명적 과정이 거기서부터 시작될 수 있다.

'분노 ABCD'는 연습을 하면 할수록 점점 잘 활용할 수 있게 된다. 위 질문들 중에 답하기 힘든 부분이 있더라도 불안해하거나 초조해할 것 없다. 화가 났을 때 먼저 그러한 질문을 할 줄 안다는 것부터가 이미 첫걸음을 뗀 것이다. 이제 석 장에 걸쳐 분노의 3대 배후 문제를 살펴볼 것이다. 당신은 자신과 자신의 필요를 볼 줄 알게 될 것이다. 우리 모두에게 있는 상처와, 채움받지 못한 필요와, 불안을 처리하는 법도 배우게 될 것이다.

생각할 문제

1. 당신은 감정을 솔직히 터놓기가 얼마나 어려운가?
2. 빙산에 관한 예화는 당신의 분노와, 그에 수반되는 감정들을 이해하는 데 어떠한 도움이 되는가?
3. 지금부터 분노를 당신이 관계를 망치지 않도록 '후드 밑에 문제가 있다는 것'을 알려주려는 '친구'로 생각한다면, 당신의 삶이 어떻게 달라지겠는가?

실천할 행동

- 최근에 당신이 어떤 사람이나 상황 때문에 정말 화났던 경우를 두 가지만 떠올려보라. 그 다음 분노 ABCD를 쭉 따라가면서 당신의 진짜 감정이 무엇이었고, 왜 그 감정이 유발됐는지 찾아보라.

분노 ABCD

A. 화난 것을 인정하라.

당신의 분노를 시인하고 받아들이라.

"나는 _____ 가(이) _____ 할 때 화가 났다."

B. 일차 감정을 추적하여 알아내라.

진짜 감정이 무엇이었는지 자신에게 물어보라.

"내 진짜 감정은 _____(상처, 좌절, 서운함 등)이었다".

C. 원인을 따져보라. (무엇이 그 감정을 유발했는가?)

무슨 일이 있었고 왜 그런 감정이 들었는지 자신에게 물어보라.

"내가 이런 감정이 든 이유는 _____이다."

D. 처리법을 결정하라.

당신은 이 상황에 어떻게 반응했는가?

이 분노 문제를 긍정적으로 해결한다면 어떤 모양이 될까?

　　－ 내 감정과 그 이유를 하나님께 아뢰는 것?

　　－ 내 반응을 평가하고, 필요하다면 사과하는 것?

　　－ 내 분노가 정당했음을 인식하고 이 선한 분노를 원동력 삼아 뭔가 긍정적인 행동을 취하는 것?

- 당신이 경험했던 두 가지 상황을 대입한 결과, 어떤 결과가 나왔는가? 'D' 부분을 다시 한 번 읽고 이번 주에 그대로 실천해보라.

 필요를 채움받지 못할 때 오는 상처

● 화내는 사람치고 먼저 상처받지 않은 사람이 없다.
_ 프랜시스 베이컨(Francis Bacon)

한 여자가 칩의 강의를 듣고 분노가 이차 감정임을 알고난 뒤에, 깊은 상처로 우울했던 자신의 경험을 쪽지에 적어주었다. 그녀는 고통스러운 시절을 보내고 있던 한 친구를 긴밀하게 돕고 있었다. 하나님이 그녀를 통해 그 친구를 강력하게 도우셨다. 친구가 정서적으로 점점 건강해져 독립되자 하나님은 친구에게 '훌륭한' 짝을 보내주셨다. 친구를 도와주던 그 여자는 친구의 치유와 행복을 위해 기도해왔으면서도 막상 상황이 이렇게 되자 화가 났다. 그 분노의 이면을 보니 슬픔과 외로움과 상처가 있었다. "이제야 모든 게 제대로 보입니다." 그녀는 그렇게 글을 맺었다. 그녀는 자기가 중요하고 꼭 필요한 존재가 되는 게 좋았는데, 이제 불필요한 존재가 된 것 같았다. 이제야 전체 그림이 보였다. 그녀는 자신의 분노를 직시하여 그 배후를 알아냈다. 잡초의 윗부분만 자른 것이 아니라 분노의 배후에 있던 이유까지 깊이 파는 법을 배웠다. 원인은 상처였다. 참 근원을 처리하자 분노가 가라앉았다.

> 분노의 파괴적인 면을 정복하는 첫걸음은 분노가 문제가 아님을 인식하는 것이다. 분노는 안에 병균이 있음을 알려주는 겉으로 보이는 증상이다.

분노의 파괴적인 면을 정복하는 첫걸음은 분노가 문제가 아님을 인식하는 것이다. 분노는 안에 병균이 있음을 알려주는 겉으로 보이는 증상이다. 분노를 이차 감정으로 보는 게 중요하다는 것을 이제 알겠는가? 당신은 속마음의 상처와 좌절과 서운함 때문에 분노를 억압하거나 터뜨리거나 흘린 적이 있는가? 8장에서 간략하게 말했듯이, 분노의 3대 배후 이유는 상처(채움받지 못한 필요), 좌절(무산된 기대), 불안(위협받는 자존감)이다. 지금부터 그 이유들을 한 장씩 살펴보면서, 도움이 될 만한 실제적인 도구들을 함께 제시하고자 한다.

요셉의 형들

요셉과 그 형들의 이야기가 기억나는가? 아버지는 어린 요셉을 편애해 특별하게 대우하고 유별난 채색옷을 입혔다. 형들은 화가 났다. 분노가 치밀었다. 이유가 무엇일까? 아버지가 그들을 실망시켰기 때문이다. 그들은 사랑받지 못하는 초라하고 시시한 존재 같았다. 거부당한 것 같아 슬프고 질투가 났다. 상처가 되었다.

상처받았을 때 남한테 그대로 말하고 약한 모습을 보이려면 용기가 필요하다. 이 형들은 아버지한테 실망했다는 말을 하기가 힘들었다. 그래서 어떻게 했는가? 분노에 이끌렸다. 분노하면 자신이 약하거나 무력하지 않고 강하게 느껴지기 때문이다. 그들은 요셉을 죽일 작정이었지만 결국은 노예로 팔았다. 분노에 이끌리면 우리 가운데 누구라도 이러한 끔찍한 행동을 저지를 수 있다.

> 화날 때 우리는 이것부터 물어야 한다. "나는 지금 상처받았는가?"

화날 때 우리는 이것부터 물어야 한다. "나는 지금 상처받았나?" 일단 상처가 있다면 더 구체적으로 들어가야 한다. "상처받은 이유가 무엇인가?" 상처의 이유가 죄책감, 질투, 거부당한 기분, 외로움, 배신감, 인정받지 못함, 사랑받지 못함, 수치심 등인가? 채움받지 못한 필요와 상한 감정을 알아내는 것은 중요하다. 그래야 그것을 더 효과적으로 치유하고 처리할 수 있다.

상처를 소통하기

구약의 시편 전체에 다윗의 다음과 같은 탄식이 나온다. "하나님, 어떻게 된 겁니까? 어째서 악한 자들은 형통하고 저는 생고생을 합니까? 이해가 안 갑니다. 정말 황당합니다. 하나님이 저를 왕으로 기름 부으셨는데 저는 사울이라는 사람의 창이나 받아내고 있습니다. 하나님, 제 인생에 대한 큰 계획이 있으시다면서 어째서 저는 이런 떠돌이 패와 함께 밤이면 굴속에서 자면서 필사적으로 도망이나 다니고 있습니까? 하나님, 참을 만큼 참았습니다. 분합니다. 언제까지 제 상황을 무시하실 겁니까? 언제까지 이렇게 두실 겁니까? 어디 계십니까? 무얼 하고 계십니까? 억울합니다, 하나님! 신경이나 쓰시는 겁니까?"

시편의 약 4분의 1은 경건한 사람이 자신의 실망과 상처를 토로하는 소위 '탄식의 시'다. 그는 어디로 가서 그것을 표현하는가? 하나님께 간다. 그분께는 우리의 상처를 표현해도 된다. 그분은 이해하신다.

그런데 그런 시들의 대부분이 하나님의 사랑과 위대하심을 인정하면서 끝난다는 사실을 알고 있는가? 처음은 고통으로 시작되지만 대개 찬송으로 끝맺는다. "하나님, 제가 주님 외에 누구한테 가겠습니까? 주님은 저의 치유자, 저의 방패, 저의 반석, 저의 구원자이십니다. 그냥 분통 터지는 마음을 토로한 것뿐입니다. 그냥 상처가 되었습니다. 그냥 실망이 되었습니다. 주님 말고 제가 갈 데가 어디 있습니까? 주님을 찬양합니다. 주님은 위대하시고 인자하시며 자비로우신 하나님이십니다. 비록 이 상황이 이해가 되지 않지만 그래도 주님을 신뢰하겠습니다."

우리도 저마다 탄식의 시를 지을 필요가 있다. 상처를 하나님께 가져가야 한다. 자신의 필요를 알려야 한다. 나(칩)는 분노의 배후에 있는 문제를 인식하고 처리하는 법을 배우는 과정에서, 도움이 될 만한 도구들이 필요하다는 것을 깨달았다. 이 책에서 우리가 권하는 질문(도구)들은 그냥 저절로 생각난 것이 아니다. 우리는 일기를 쓰기 시작했다. 거창한 건 아니고, 그냥 생각과 기분과 머릿속의 문제들을 쭉 쓰면서 안전한 데서 처리한 것이다. 지금부터 그러한 도구를 몇 가지 소개하고자 한다. 분노를 넘어 가장 중요한 관계들이 깊어지는 데 이 도구들이 도움이 될 것이다.

도구 1: 필요를 소통한다.

자신의 필요를 알리려면 두 가지가 필요하다.

- 필요가 무엇인지 알아낼 수 있어야 한다.
- 필요를 효과적으로 소통할 수 있어야 한다.

여태까지 우리가 말한 것은 첫 번째 부분이다. 우리는 내 감정이 무엇이고 왜 그런지 멈추어 물어야 한다는 것을 배웠다. 이제 내 필요를 위협적이지 않고 분명하게 남에게 소통하는 법을 배워보자.

이것은 상담가들이 오래 전부터 가르쳐온 도구이며, 사람들은 그것이 유익했고 기억하기도 쉬웠다고들 말한다. 일단 일차 감정(분노의 배후 이유)을 알았으면, 단순히 "나는 이런 기분이 든다"고 말하면 된다. "나는 이럴 때(벌어진 일) 이런 기분이 든다(일차 감정)." 간단한 두 단계다.

1. "나는 _____ 때
2. _____ 기분이 든다."

"나는 이럴 때 이런 기분이 든다"라는 문장을 사용하면 "당신 자신에 대한 두 가지 정보가 전달된다. 우선 상대방의 행동에 대한 당신의 해석과 그 해석에 대한 당신의 감정 반응이 상대에게 전해진다. 또한 당신의 해석이 정확한지의 여부를 상대방이 당신에게 알려줄 수 있는 기회가 생긴다."[2]

결혼 초기에 테레사와 나는 꽤 다투었다. 심리적으로나 정서적으로나 아내는 북극 근처에서 태어났고 나는 남극 근처에서 태어났다. 둘 다 하나님과 서로에게 온전히 헌신되어 있었지만 한동안 좌절의 시절을 보냈다. 내 신학교 교수님과 대화하면서 우리는 그간 우리가 분노를 적절히 표현하지 않았음을 알게 되었다. 서로 고함을 지르고 물건을 집어던지는 게 그리스도다운 반응이 아니라는 것쯤은 둘 다 알고 있었다(그리스도인들은 좀 더 세련된 분노 처리법들을 배운다). 나는 수동 공격형(누수형)이었다. 테레사에게 화가 날 때마다 나는 집에 늦게 들어갔다. 그게 내 복수 방법이었다. 테레사는 나한테 화가 날 때마다 뒤로 물러나 입을 다물었다(억압형).

우리의 분노 처리법이 성숙하지 못했음을 인정해야 했다. 결혼 상담을 통해서 "나는 이런 기분이 든다"는 문장을 배운 우리는, 그 도구를 색인 카드에 적어 냉장고에 2년 동안 붙여두었다. 테레사가 내게 그것을 처음 사용하던 밤이 지금도 잊혀지지 않는다. 아내가 촛불을 밝히고 단둘이 낭만적인 저녁 식사를 하자던 그 밤에 나는 집에 늦게 들어갔다. 차 안에서 방어 방법과 모든 가능한 핑계거리를 궁리했다(대개는 내용이 과장되었고 정직하지 못했다). 아울러 공격도 준비했다. 나부터 선제공격을 하면 대개 상황이 조금 나아진다는 것을 알고 있었다. 그렇게 공수 양면으로 만반의 준비를 한 나는, 아내의 잔소리나 고함이나 침묵을 예상하며 집에 들어갔다. 그런데 아내는 문 앞에서 나를 다정하게 맞이하고 촛불까지 완비된 저녁 식사를 대접한 다음, 차분히 내 눈을 보며 말했다. "칩, 당신에게 내 사랑을 표현하려고 애써 준비했는데, 당신이 늦게 들어오면 나는 몹시 서운하고 사랑받지 못하는 기분이 들어요." 어이가 없었다. 차라리 그냥 잔소리를 해주었으면 싶었다. 잔소리라면 맞서 싸울 수 있었다. 나는 이렇게 말하고 싶었다. "평소 하던 대로 일어나 싸워보시지. 바가지를 긁든, 고함을 지르든, 싸우든, 뭐든 해보시지." 하지만 아내는 폭발하지 않았다. 억압하지도 않았다. 속으로 숨어들지도 않았다. 아내는 나를 사랑했고 나를 무너뜨렸다. 자제력을 잃지 않은 상태에서 솔직히 털어놓았다. "나는 이럴 때 이런 기분이 든다." 2년쯤 지나서는 그 방법이 우리 부부의 의사소통 틀로 굳어졌다.

    감정을 그런 식으로 소통하려면 성숙해야 하고 자신의 감정을 인정해야 한다. 우리는 더 이상 "네가 이렇게 해서, 너 때문에, 내 기분이 이렇게 됐다"고 말하지 않는다. '너'를 비난하는 문장 대신 '나'를 주어로 한 문장으로 자신의 감정에 책임을 진다. "나는 당신이 집에 늦게 들어오면 서운하다." "나는 당신의 지출이 예산을 초과할 때 상처가 된다." "나는 당신이 애정을 별로 보이지 않으면 서운하다." "나는 당신이 직장 일과 남들에게 시간을 다 써서 내 몫이 별로 없을 때 상처가 된다." "나는 _____ 때

_____ 기분이 든다." 이 문장을 색인 카드에 적어서 가지고 다니라. 냉장고든 어디든 가장 잘 보이는 곳에 붙여두라. 그리고 반드시 사용하라.

이런 식으로 반응하면 서로 이해할 수 있게 되고 분노가 증폭되지 않는다. 사람을 공격하는 대신 감정과 문제를 다루게 된다. 배우기도 어렵지 않고, 조금만 연습하면 당신의 의사소통에 혁명이 일어난다. 부부간의 해결되지 않은 분노는 친밀함과 우정과 성적인 매력을 약화시킨다. "나는 _____ 때 _____ 기분이 든다" 문장을 색인 카드에 적어놓고, 위험 부담이 낮은 말로 오늘 당장 시작해보라.

"나는 이럴 때 이런 기분이 든다" 문장을 분노 ABCD와 함께 사용하기

"나는 이럴 때 이런 기분이 든다" 문장과 분노 ABCD의 첫 세 항목을 하나로 묶을 수 있다.

A. 화난 것을 인정하라.

B. 분노의 일차 감정 내지 배후 이유를 추적해 알아내라.
자신에게 물으라. "내 진짜 감정은 무엇인가?" 그러고나서 말하라. "나는 _____ 기분이 든다."

C. 원인을 따져보라.
자신에게 물으라. "무슨 일이 있었는가? 왜 이런 기분이 드는가?" 그러고나서 말하라. "_____ 때."

"나는 이럴 때 이런 기분이 든다" 문장은 공격이 없기 때문에 긴강하다. 그냥 당신의 감정을 솔직히 표현하는 말이다. 이를 통해 대화의 문이 열리고 관계가 깊어지고 성숙된다. 이제 분노는 신호가 되고 당신은 그 신호에 이렇게 반응할 수 있다. "소통의 기회, 성장의 기회가 왔구나." 이 방법은 당신의 삶에 지대한 영향을 미칠 수 있다.

우리의 상처를 이해하시는 분

당신이 상처받고 필요를 채움받지 못할 때, 어떤 상황에서도 다 이해하시고 당신 곁을 지키시는 분이 있다. 백 퍼센트 항상 기대에 부응하시는 분은 하나님뿐이며, 그분은 그것을 그리스도의 십자가와, 그분의 사랑과 긍휼을 통해 보이셨다. 당신 마음의 가장 깊은 갈망을 채우실 수 있는 분은 하나님뿐이시다. 사람들은 당신을 실망시키겠지만 그분은 절대로 그렇지 않으신다. 그분은 "내가 결코 너희를 버리지 아니하고 너희를 떠나지 아니하리라"고 말씀하신다.

요점

자신의 채워지지 않은 필요와 상한 감정을 알아내는 것이 절대적으로 중요하다. 그래야 그것을 더 효과적으로 처리할 수 있다. 우리는 분노함으로써 자신을 보호하거나 바깥과 단절될 게 아니라, 감정을 솔직하고 명확하게 소통할 줄 알아야 한다. 이것이 하룻밤 사이에 되는 일일까? 그렇지 않다. 하지만 연습하면 갈등 관계를 지속시키는 분노의 불을 끌 수 있고, 연기가 모락모락 피어나는 원한과 적개심의 불씨를 없앨 수 있다.

생각할 문제

1. "나는 이럴 때 이런 기분이 든다" 문장이 당신의 삶에 얼마나 효과가 있으리라고 보는가? 회의가 드는가? 마음이 내키지 않는가? 불안한가? 그 이유는 무엇인가?
2. 이번 장에서 배운 내용을 안심하고 나눌 수 있는 친구는 누구인가?
3. 당신이 누군가에게 이 방법을 시도할 때 따르는 위험은 무엇인가? 발생될 수 있는 최선의 결과와 최악의 결과는 각각 무엇인가?

실천할 행동

- 색인 카드에 다음과 같이 쓰라.

  1. "나는 _____ 때
  2. _____ 기분이 든다."

- 이 문장을 최근에 당신이 화났던 상황에 대입시켜 생각해보라.

  A. 화난 것을 인정하라.
  B. 일차 감정을 추적하여 알아내라.
  "나는 _____ 기분이 든다."
  C. 원인을 따져보라.
  "_____ 때."

- "나는 이럴 때 이런 기분이 든다" 문장을 사용하면 유익이 될 만한 두 가지 관계를 찾아보라.
- 그 두 관계의 치유 과정에 당신을 써달라고 하나님께 기도하라.

10 기대가 꺾일 때 오는 좌절

● 기대로 연명하는 사람에게 실현 여부를
   확인하는 일은 악몽과 같다.
   _ 엘리자베스 보엔(Elizabeth Bowen)

필리핀으로 꽤 장기간 선교 여행을 간 나(칩)는 귀국 예정일을 며칠 남겨두고 앞으로 3개월간 국제선 공항이 폐쇄된다는 소식을 들었다. 정부와 군에 무슨 문제가 있는 모양이었다. 이미 그곳에 몇 주나 있었는지라 나는 어서 아내와 아이들이 있는 집으로 가고 싶은 마음뿐이었다. 가족들이 정말 보고 싶었다.

그래서 집에 갈 수 있게 해달라고 열심히 기도했다. 3개월이나 더 그곳에 머물고 싶지는 않았다. 시편 145편을 가지고 계속 간절히 기도하던 기억이 난다. "오 하나님, 주의 능한 일을 보여주소서. 문을 열어주시고, 제 마음을 고쳐주소서. 저를 위하여 주권적으로 역사하사 가족들에게로, 교회의 제 사명으로 돌아가게 해주소서."

하루 이틀쯤 지나 상황이 안정되자 정부는 항공기 몇 대의 운항을 승낙했다. 다행히 나도 그중 하나에 탈 수 있었다. 정말이지 나는 기내식이나 중간 기착이나 수하물 분실 따위로 불평하지 않았다. 왜 그랬을까? 내 기대가 낮고 단순했기 때문이다. 나는 집에 가고 싶었다. 과정은 상관없었다. 집에 갈 수 있다는 사실로 충분했다. 내 좌석이 날개에 매달려 있었다 해도 감사했을 것이다. 비행기는 땀에 젖은 흡연자들로 만원이었다. 나는 잠도 별로 못 잤고 기내식도 형편없었다. 그런데도 감사했다. 탑승했다는 사실만으로 감사가 넘쳤다. 내 낮은 기대는 채워졌다. 마침내 집에 온 것이다.

이와 대조적으로, 우리 가족은 텍사스에 살 때 캘리포니아를 여행한 적이 있다. 돈을 아끼려고 직항 노선이 없는 저렴한 항공사를 택했다. 기내식을 주느냐고 물었더니 구간마다 관례적으로 가벼운 간식을 준다고 했다. 중간에 대여섯 개 도시에 멈추었다. 몇 번인지도 잊어버렸다. 항공기들은 정시 운항을 했고, 땀투성이 승객들로 만원도 아니었으며, 기내도 청결했다. 우리는 새벽에 떠나 밤늦게 도착했다. 그런데 '간식'이란 것이 땅콩과 음료, 과자와 음료, 다시 땅콩과 음료, 과자와 음료가 고작이었다. 세 아이를 데리고 온종일 음식다운 음식을 먹지 못했다. '가벼운 간식'이라기에 나는 샌드위치나 뭐 그런 건 줄 알았다. 아이들은 배가 고팠고, 다들 귀가 터질 것 같았고, 몸은 녹초가 됐다. 나는 피곤했고 한번은 성질이 났다. 내 기대가 충족되지 않아 화가 났다.

두 비행 경험의 차이는 무엇인가? 한번은 환경이 열악한데도 불구하고 내 기분은 마냥 좋았다. 또 한번은 환경이 좋았음에도 불구하고 내 화를 돋구었다. 유일한 차이는 나의 '기대'였다.

기대의 충족

우리는 기대감이 있다. 말로 했든 글로 썼든, 확실히 명시했든 애매하게 이해했든, 우리는 다 기대하는 것이 있다. 그래서 계획이 무산되고 희망이 꺾이고 일정이 중단되면 우리는 이렇게 말한다. "이건 아니잖아!"

결혼 생활이 문제없이 마냥 행복하기를 바랐는데 그렇지 않을 때 우리는 좌절한다. 숙제나 업무에 최선을 다했는데 교사나 상사가 다시 하라고 할 때, 슈퍼마켓 계산대 직원이 빠릿빠릿할 줄 알았는데 그렇지 않을 때, 매장에 있었으면 했던 물건이 다 팔리고 없을 때, 급히 모임에 갔는데 20분이나 늦게 시작할 때, 프로젝트를 일정 기간 안에 마치려 했는데 그보다 오래 걸릴 때도 우리는 좌절한다. 큰 일이든 작은 일이든, 심각한 일이든 사소한 일이든, 그건 중요하지 않다. 기대가 충족되지 않으면 좌절하게 마련이다.

길을 막는 장애물이 실제로 존재하든 본인이 그렇게 느끼든 관계없이, 좌절감은 종종 분노로 이어진다. 좌절감의 출처는 사건, 교통 체증, 점원, 오래 기다려야 하는 긴 줄, 경기(景氣), 사람 등일 수 있다. 원인이 무엇이든 기대했던 대우를 받지 못하면, 할 수 있을 줄 알았던 일을 못하게 되면, 우리는 좌절한다.

인생이 공평하기를 바랐는데 그렇지 않으면 원망이 싹틀 수 있다. 남들에게 존중과 존엄한 대우를 기대하면, 무례하거나 불손한 사람에게 분개하게 된다. 고생하지 않기를 바라면 삶의 문제들로 인해 늘 투덜거리게 된다. 목표가 꺾이고 삶이 내 뜻대로 풀리지 않을 때 우리는 좌절한다.

기대를 품는 데는 다음과 같은 문제점이 있다.

당신은 남들이 당신의 규칙을 당연히 알고 수용할 줄로 생각한다. 그러다 그들이 당신의 당위(기대)를 어기면 그 행동은 지성적, 합리적, 도덕적 정답을 고의로 거스르는 것처럼 보인다…. 문제는 다른 사람들이 현실을 보는 방식과 당신의 방식이 다르다는 것이다. 그들의 상황 인식은 그들 자신의 필요, 감정, 과거 등에 영향을 입는다. 그러므로 당위(기대)의 일차적 문제점은 당신의 분노 대상이 되는 사람들이 당신과 같은 생각일 때가 거의 없다는 사실이다.[1]

다른 사람의 동기나 의도를 그러려니 하고 단정할 때, 삶이 공평하기를 바랐는데 그렇지 않을 때, 내 마음을 상대방이 읽어주기를 바랄 때, 내게 어떤 소유나 행동의 당연한 권리가 있다고 느낄 때 우리의 기대는 꺾일 수밖에 없다.

> 기대와 인생에서 경험하는 일들이 일치하지 않으면 우리는 좌절한다.

30세의 한 독신 여성이 자신이 다니는 교회 목사님의 소개로 베카의 상담실을 찾아왔다. 20대 초반으로밖에 보이지 않았는데 벌써 몇 년째 우울증에 시달리고 있다고 했다. 그녀는 스물다섯에 '멋진 남자'를 만나 사랑에 빠졌다. 둘은 이듬해에 결혼할 계획이었으나 결혼식을 다섯 달 남겨두고 남자가 변심하여 점점 멀어졌다. 결국은 관계가 깨졌고 그를 지금껏 만나지 못했다. 자신에 대한 내면의 강한 분노가 여자의 우울증을 부추겼다. 그녀는 울먹이며 이렇게 설명했다. "그 사람의 마음이 다시 변하기를 기대했고, 서른 전에 결혼하게 되기를 기대했고, 내 삶이 달라지기를 기대했어요." 내면의 분노는 기대가 꺾인 결과였다.

기대와 인생에서 경험하는 일들이 일치하지 않으면 우리는 좌절한다. 삶이 약간 삐끗한 거야 견딜 수 있지만, 계획이 과녁에서 더 많이 빗나갈수록 분노도 더 커진다. 우리 시대에만 그렇다고 생각한다면 다시 생각하라.

기대와 분노의 문제는 인간 본성만큼이나 오래되었다. 구약의 유명한 본문에 확실한 예가 나온다.

나아만의 기대

열왕기하 5장에 나아만의 이야기가 나온다. 그는 아람 왕의 군대 장관으로 왕에게 큰 신임을 얻었다. 전쟁터에 나갈 때마다 승리했고 용감한 전사였다. 그런데 문제가 있었다. 그는 나병 환자였다.

왕의 어린 하녀가 그에게 엘리사라는 경건한 이스라엘 선지자에 대한 이야기를 해주었다. 엘리사의 여러 기적을 들어서 알고 있던 소녀는, 그라면 나아만의 병을 고칠 수 있을 거라는 생각이 들었다. 용감한 전사는 이스라엘 왕에게 가서 병의 치유를 요구했다. 이스라엘 왕은 걱정되었다. 나아만이 낫지 못할 경우 보복을 하거나 전쟁이 날까 두려웠던 것이다. 다행히 엘리사가 상황을 전해 듣고 왕에게 걱정하지 말라는 전갈을 보냈다. 엘리사는 나아만을 불렀다.

나아만은 은근히 기대했다. 당연히 엘리사와의 만남에 대한 선입견을 품었다. 그는 이 유명한 선지자가 공손히 예를 갖추어 자신을 직접 영접한 다음, 정성스런 치유 의식을 행하기를 기대했다. 하지만 실상은 전혀 달랐다.

"나아만이 이에 말들과 병거들을 거느리고 이르러 엘리사의 집 문에 서니 엘리사가 사자를 그에게 보내 이르되 너는 가서 요단 강에 몸을 일곱 번 씻으라 네 살이 회복되어 깨끗하리라 하는지라 나아만이 노하여 물러가며 이르되 내 생각에는 그가 내게로 나와 서서 그의 하나님 여호와의 이름을 부르고 그의 손을 그 부위 위에 흔들어 나병을 고칠까 하였도다 다메섹 강 아마나와 바르발은 이스라엘 모든 강물보다 낫지 아니하냐 내가 거기서 몸을 씻으면 깨끗하게 되지 아니하랴 하고 몸을 돌려 분노하여 떠나니 그의 종들이 나아와서 말하여 이르되 내 아버지여 선지자가 당신에게 큰 일을 행하라 말하였더면 행하지 아니하였으리이까 하물며 당신에게 이르기를 씻어 깨끗하게 하라 함이리이까 하니 나아만이 이에 내려가서 하나님의 사람의 말대로 요단 강에 일곱 번 몸을 잠그니 그의 살이 어린 아이의 살 같이 회복되어 깨끗하게 되었더라 나아만이 모든 군대와 함께 하나님의 사람에게로 도로 와서 그의 앞에 서서 이르되 내가 이제 이스라엘 외에는 온 천하에 신이 없는 줄을 아나이다"(왕하 5:9-15).

보다시피 엘리사의 집에 간 나아만에게 돌아온 것은 말 한마디뿐이었다. 엘리사가 직접 나가 그를 맞이하지 않았다. 몸을 씻고 돌아가라는 말뿐이었다. 정성스러울 것도 거창할 것도 없었다. 나아만은 분노하여 떠났다. 상황이 자기 기대에 미치지 못했기 때문이다. 엘리사는 영접하러 나오지도 않았고, 손을 흔들지도 않았으며, 하나님께 부르짖으며 의식을 행하지도 않았다. 나아만은 엘리사가 정해준 강이나 방법이나 절차가 다 싫었다. "내 생각에는"(11절)이라는 말에 그의 기대 심리가 잘 드러나 있다. 그가 화난 이유는 일이 어떻게 될 거라는, 엘리사와 하나님이 어떻게 해야 한다는 섣부른 단정 때문이었다.

다행히 나아만의 종이 담대히 말했다. "선지자가 엉뚱한 일을 시켰어도 그대로 했을 것 아닙니까? 구석에 물구나무하고 서 있으라든지 휘파람을 불며 빙빙 돌라고 했어도 그대로 했을 것 아닙니까? 그러니 그냥 선지자의 말대로 하십시오. 밑져봐야 본전 아닙니까?" 그래서 나아만은 하나님의 사람이 시킨 대로 요단 강으로 내려가 몸을 일곱 번 담갔다. 그랬더니 기적처럼 나병이 나았다. 이거야말로 우리의 기대가 쓰라린 분노를 유발할 수 있음을 보여주는 성경의 가장 생생한 예 가운데 하나다. 기대가 꺾인 분노 때문에 나아만은 하마터면 평생 따라다니던 지독한 병을 고침받지 못할 뻔했다.

당신은 어떤가

당신의 기대는 어떤가? 가족들과 친구들에게 무엇을 기대하는가? 직장 생활, 결혼 생활, 자녀, 부모님에 대해 어떤 선입견을 품고 단정 짓고 있는가? 자신의 인생에 대한 기대는 무엇인가? 결혼, 사역, 돈에 대한 계획은 무엇인가? 현실성 있으며 하나님의 인도하심을 받은 것들인가? 아니면 지나치게 엄격하거나, 고상하거나, 어려운 것들인가? 만일 후자라면 당신은 불행과 상심과 분노를 자초할 수 있다.

신앙 생활에는, 현실적인 시각과 하나님이 내 삶에 놀라운 일을 행하시리라는 믿음 사이에 늘 긴장이 존재한다. 하나님이 약속하신 것들에 대해 큰 믿음이 있으면 당연히 기대가 높아야 한다. 그러나 엉뚱한 기대 – 현실적인 근거 없이 희망만 높은 – 를 품었다가 실망으로 끝내는 사람들이 많이 있다. 바로 이것이 당신이 조심해야 할 부분이다. 기대와 현실이 맞지 않으면 분노할 수 있다. 그건 무엇인가 문제가 있다는 신호다. 잊지 말라. 문제는 분노가 아니라, 필요와 기대가 충족되지 않은 데서 오는 상처와 좌절이다.

당신의 기대를 상대에게 알려주는 것은 가장 생산적인 관계와 효율적인 기관의 특징이다. 자신에 대한 기대를 알면 사람들은 당신의 기대가 현실성 있는지, 즉 자신이 그 기대에 부응할 수 있겠는지의 여부를 확인할 수 있다. 만일 부응할 수 없다고 생각되면 그들은 자신의 입장을 설명할 수 있고, 당신과 함께 '현실적인 기대'를 설정할 수 있다. 그러면 당신은 남들에

게 현실성 없는 높은 기대를 품지 않게 되고, 불필요하고 불의한 분노를 면하게 된다.[2]

현실성 있게 기대하라. 단, 인간이 아니라 하나님이 정의하시는 '현실성'이다. 기대란 성취 가능, 실현 가능, 적용 가능해야 한다. 맞지 않다면 버리든지 딴 사람이나 상황에 적용해야 한다. 나는 우리 막내에게 맏이의 수준을 기대하지 않는다. 그건 부당한 일이다. 그런데 많은 사람들이 곧잘 그러한 우를 범한다. 어떤 사람이나 상황에 대해 부당한 기대를 품는 것이다. 당신의 기대는 적용 대상이 바르고, 현실적으로 적절해야 한다.

다른 사람뿐 아니라 자신에게도 너무 큰 기대를 하는 사람들이 많다. 어쩌면 우리들 대부분이 그렇다. 우리는 자신이 모르는 것을 알아야 하며, 못하는 일을 해야 하며, 나답지 않은 모습이 되어야 한다고 단정한다. 자신의 이상에 부합하지 못하면 자책감에 빠진다. 속으로 자학하며 자신에게 한없이 모질어진다. 물론 그리되면 곧바로 분노가 따라온다. 그 분노는 안으로 향하여 우울증을 낳을 수도 있고, 밖으로 향하여 공격적으로 변할 수도 있다.

기대는 요구가 된다

기대는 쉽게 요구로 바뀐다. "이렇게 되었으면 좋겠다"가 아니라 당연히 그렇게 될 것으로 예상할 때가 우리는 너무 많다. 일이 틀어져 요구가 무산되면 화가 난다. 관계, 성취, 직장 생활, 결혼 생활, 신앙에 대한 우리의 단정은 은근슬쩍 요구와 명령으로 변질된다.

자신이 "그래야만, 절대로, 당연히, 항상, 한번도" 같은 말을 자주 쓰고 있거든 조심하라. "너는 절대로 어떠어떠해야 된다. 당신은 당연히 더 민감해야 한다. 우리 아이들은 더 책임감이 있어야만 한다. 당신은 한 번도 나한테 신경 쓴 적이 없다. 직장 생활은 당연히 재미있어야 한다." 이런 말들은 우리의 기대가 요구로 변했다는 확실한 신호일 수 있다. 바람이 무산되면 실망하지만, 요구가 무산되면 분노한다.

50세의 한 남자가 베카의 사무실에 상담을 받으러왔다. 처음부터 그는 결과를 원한다고 못을 박았다. 그의 말은 이런 뜻이었다. "난 시간이나 돈을 낭비하고 싶지 않으니 당신, 제대로 하는 게 좋을 거요!" 그는 자신을 '좌절이 극에 달한' 사람이라고 표현하면서 '분노'라는 말을 애써 피했다. 상담 받으러온 이유를 말하는 그에게서 "기대했다, 그랬어야 한다, 그들의 책임이다" 같은 말들이 자주 나왔다. 그는 가정에서나 직장에서나 주변 사람들에게 많은 기대를 했던 것이 분명했다. 그런데 사람들은 그의 생각대로 반응하지 않았고, 그가 보기에 그들은 책임을 다하지 않았다. 그래서 그는 좌절했다. 자신의 기대를 그들에게 말해주었느냐고 물었더니, 그는 "그야 그 사람들이 당연히 알아야지. 뻔한 건데"라고 대답했다. 왜 좌절감이 드는지 알 것 같았다.

> 자신이 "그래야만, 절대로, 당연히, 항상, 한번도" 같은 말을 쓰고 있거든 조심하라.

첫 면담에서 고충을 쭉 들은 후, 나는 곧바로 나에 대한 그의 기대로 들어갔다. "저한테서 무엇을 기대하십니까? 저는 당신을 모릅니다. 당신이 어떻게 생각하고, 무엇을 원하며, 무엇이 필요한지 모릅니다. 그러니 저에 대한 당신의 기대가 어떤지 이야기해보세요." 대화 중에 나는 내가 할 수 있는 일과 할 수 없는 일, 도움이 될 수 있는 부분과 그렇지 못한 부분을 확실히 밝혔다. 기대해도 좋은 것과 그렇지 않은 것을 말했고, 혹시 나나 이 상담 시간에 대해 좌절감이 들거든 솔직히 말해달라고 권했다. 기대를 확실히 알리는 소통의 시범을 보인 셈이다. 또한 적어도 나와의 관계에서만

큼은 기대를 솔직히 표현할 수 있는 토대를 놓아주고자 했다.

도구 2: 좌절을 소통한다

기대가 꺾였을 때 좌절을 소통하는 간단한 도구는 요구의 표현을 바람의 표현으로 바꾸는 것이다. "나는 만족스런 결혼 생활을 바란다. 자녀들이 더 책임감이 있으면 좋겠다. 집이 깨끗하면 좋겠다. 학교에서 좋은 성적을 받고 싶다. 가족들이 명절에 모여 평화롭게 지내면 좋겠다." 즉, "기대한다, 그런 줄 알겠다, 요구한다" 대신 "바란다, 그러면 좋겠다, 그러고 싶다"라고 말하는 것이다.

> 기대가 꺾였을 때 좌절을 소통하는 간단한 도구는 요구의 표현을 바람의 표현으로 바꾸는 것이다.

상황이나 사람에 대한 요구는 매번 실패하게 되어 있다. 상황, 하나님, 주변 사람은 우리의 통제 소관이 아니기 때문이다. 요구를 당연시하는 태도를 단순히 바람과 희망으로 바꾸어야 한다.

앞에서 우리는 내 감정이 무엇이고 왜 그런지 멈추어 묻는 법을 배웠다. 내 필요를 위협적이지 않고 분명하게 남에게 소통해야 함도 배웠다. 이제 앞 장에서 배운 "나는 이럴 때 이런 기분이 든다"라는 표현 다음에 "이렇게 바란다"라는 말을 덧붙일 수 있다.

1. "나는 _____ 때(벌어진 일)
2. _____ 기분이 든다(배후 감정).
3. 그래서 _____ 좋겠다(바람과 희망과 소원, 달라졌으면 하는 것)."

"아무개가 나를 좋아해서 내 친구가 되고 싶어하면 좋겠다." "경제적으로 성공하면 좋겠다." "더 좋은 엄마가 되면 좋겠다." "우리 식구들이 사이가 더 좋아지기를 바란다." "더 좋은 직장을 얻고 싶다." "주님, 제 몸이 더 좋아지면 좋겠습니다." "당신이 가족들을 더 친절하게 대하면 좋겠다."

이 모두를 연결하면 우리의 입에서 이런 말들이 나올 것이다.

- "나는 당신이 집에 늦게 오면 홀대당하는 기분이 든다. 당신이 정시에 퇴근하려고 노력하면 좋겠다."
- "나는 당신이 출장을 가면 외로워진다. 당신이 직장을 바꾸면 좋겠다."
- "나는 당신이 나보다 바비(Bobby)에게 시간을 더 많이 내줄 때 질투가 난다. 우리 둘만의 시간이 더 많으면 좋겠다."
- "나는 집 청소를 충분히 못하면 창피한 기분이 든다. 당신의 기대 수준을 알면 좋겠다."

세 부분으로 이루어진 이 간단한 도구를 습득하면, 관계를 헐지 않고 세워주는 의사소통이 가능해진다.

요점

기대와 경험이 너무 다르면 화가 난다. 기대가 현실성이 있으려면 성취 가능, 실현 가능, 적용 가능해야 한다. 우리 입에서 "그래야만, 절대로, 당연히, 항상, 한번도" 같은 말이 자주 나오면 조심해야 한다. 이런 말들은 우리의 기대가 요구로 변했다는 확실한 신호일 수 있다.

생각할 문제

1. 친구, 배우자, 자녀, 상사, 직원, 목사, 지도자 등 주변 사람들에 대한 당신의 무언의 기대는 무엇인가?
2. 당신의 기대 중에 비현실적인 것이 있는가? 있다면 어떤 것들인가? 누구에 대한 기대인가?
3. "완벽해야 한다, 절대로 실수하면 안 된다, 모든 사람의 필요를 채워주어야 한다, 두 어린 자녀가 있지만 그래도 항상 새벽같이 경건의 시간을 가져야 한다 등." 당신이 자신에게 품고 있는 비현실적인 기대가 있는가?

실천할 행동

- 색인 카드에 다음과 같이 쓰라.

    1. "나는 _____ 때
    2. _____ 기분이 든다.
    3. 그래서 _____ 좋겠다(바람과 희망과 소원)."

- 당신이 화났던 어떤 상황을 이 세 가지 관점에서 생각해보라. 이와 같은 방법으로 갈등에 접근해서, (자신이나 남에 대한) 당신의 기대가 좀 더 성취 가능, 실현 가능, 적용 가능해질 수 있는 길을 찾아보라.
- 자신에게 이렇게 물어보라. "내게 정말 좌절을 주는 것은 누구 또는 무엇이며, 왜 그런가?" 기대와 경험 사이의 거리가 곧 당신의 좌절이다. 당신이 지닌 무언의 또는 무의식중의 기대를 알아내는 데, 이 질문이 어떤 도움이 되었는지 일기장이나 공책에 적어보라.

11 자존감을 위협받을 때 오는 불안

● 안전이란 위험의 부재가 아니라,
위험과 상관없는 하나님의 임재다.

나(베카)는 두 명의 어린 자녀를 둔 여자를 상담하고 있었다. 낮은 자존감 때문에 도움을 청한 그녀는 어느 주엔가 유난히 짜증이 나 보였다. 옆집 사람이 "내가 나쁜 엄마라고 돌려서 말했다"는 것이다! 옆집 여자는 그녀에게 아이들이 담장 너머 자기네 마당으로 물건을 던지지 못하게 해달라고 했다. "내가 아이들을 단속할 줄 모르고 제대로 감시하지 않는다는 거예요. 무책임하다는 거지요." 다행히 그녀는 분노의 참 원인이 자신의 불안임을 곧 인정할 수 있었다. 그녀는 옆집 여자가 자신의 양육 방식을 전혀 빗댄 바 없고, 사실은 공손하고 기분 좋게 부탁했다고 시인했다. 결국 그녀는 자신의 분노 반응을 유발한 것이 불안감임을 인정했다.

자신의 안전, 능력, 역할, 성격이 위협받거나 의심받을 때 우리는 흔히 분노로 반응한다. 하지만 근본 감정은 불안감이다. 안타깝게도 우리 모두에게 그런 면이 있다.

상사나 배우자가 나를 몰라주거나, 누가 내 실력을 깎아내리는 말을 하거나, 가족이 위험에 처하게 되면 불안감이 싹튼다. 일자리가 위태롭거나, 자녀가 몸에 해를 입거나, 인신공격을 받거나, 집을 차압당하거나, 사업이 파산하거나, 비밀이 공개되거나, 무식하다고 놀림받거나, 외모를 무시당해도 마찬가지다. 이런 일이 벌어지면 위협과 불안을 느끼게 되고, 그것은 다시 분노로 이어진다. 겉으로 드러나는 건 분노지만 그 배후에 있는 것은 불안이다.

"자아나 상황이 위협받는다"는 말은 무슨 뜻인가? 자존감이 공격받거나, 인격이 의심받거나, 실력이 과소평가될 때 그런 일이 벌어진다. 남이 나를 중시하지 않고, 존중하지 않으며, 알아주지 않을 때 그런 일이 벌어진다. 결과는 불안감이다. 나나 내가 사랑하는 사람이 정서적 또는 신체적으로 모종의 위험에 처할 때도 불안이 싹튼다. 그러므로 '위협받는 상황'이란 내가 아끼는 사람이나 재산이 공격받거나 위험에 처하는 것을 말한다.

불안을 야기하는 위협 중에는 물리적인 것도 있다. 다른 차가 위험하게 앞으로 끼어들 때, 유괴 기사를 읽을 때, 성희롱과 폭행과 강간 소식을 들을 때, 우리는 이런 통제 불능의 무서운 세상에 사는 게 불안해진다. 내면의 감정은 대개 분노로 표면화되며, 그 분노는 보호 본능과 두려움에서 비롯된다.

자존감이나 안전의 위협은 대부분 말로 이루어진다. 잠언 15장 1절에 보면, "유순한 대답은 분노를 쉽게 하여도 과격한 말은 노를 격동하느니라"고 했다. 퉁명스런 말이 분노를 끓어오르게 함을 노년의 현자 솔로몬은 알았다. 당신은 남들이 다음과 같이 말하는 것을 들어본 적이 있는가? "겨우 한다는 게 그거예요?" "그 옷을 입겠다는 거요?" "상황을 그냥 보고만 있을 건가요?" "그래도 모르겠단 말이오?" "넌 도대체 뭐가 문제니?" "난 네가 이보다는 똑똑한 줄 알았다." 당신이 사랑하는 사람이 욕을 듣거나 폄하될 때는 어떤가? "그런 일을 저지른 게 댁의 아이였나요?" "당신 아이는 다른 팀으로 가야 할 것 같군요." "당신의 배우자가 그랬다니 믿어지지 않네요. 참 바보같은 짓이잖아요." "당신 아이는 1년 유급해야 될 것 같습니다." "그가 당신한테 그렇게 했다고요?" 험담, 비난, 참지 못함, 아량 없음, 비하, 잔소리는 모두 분노를 유발한다. 나의 존재와 행위와 가치관을 위협하기 때문이다. 그런 말은 내 인격과 내가 힘쓰는 일들과 내가 아끼는 것들을 공격한다.

> 험담, 비난, 참지 못함, 아량 없음, 비하, 잔소리는 모두 분노를 유발한다. 나의 존재와 행위와 가치관을 위협하기 때문이다.

그런 과격한 말은 노를 격동한다. 어떤 사람이나 상황이 내 존재와 행위와 재산을 위협할 때마다 분노가 뛰어들어 보호, 유지하려 하기 때문이다. "몽둥이는 뼈를 부러뜨려도 말은 상처를 입히지 못한다"는 속담은 틀린 말이다. 말은 깊은 상처를 입힌다. 그 상처와 흉터는 흔히 평생 간다. 당신의 어린 자녀가 학교에서 돌아와 다른 친구들이 자신을 괴짜, 겁쟁이, 계집애 같은 놈 그리고 바보라고 놀렸다고 말할 때, 그건 쓰라린 아픔이다. 인격적인 가치에 대한 공격이다. 그래서 아이들은 놀이터에서 싸우는 것이다. 그래서 우리 어른들도 싸우는 것이다.

매정한 말은 우리를 깊이 베고 지워지지 않는 흉터를 남긴다. 우리를 불안에 빠뜨려 결국 노하게 만든다. 아쉽게도 위협이나 공격을 느낄 때 우리는 사람을 피하여 숨거나 아니면 무장하여 반격한다.

하지만 잠언은 우리에게 "노엽게 한 형제와 화목하기가 견고한 성을 취하기보다 어려운즉"(잠 18:19)이라고 경고한다. 화목하기 어려운 사람, 용서하지 않는 사람이 되지 말라는 권고다. 남을 노엽게 하지 말라는 권고이기도 하다. 용서하지 않으면 원한을 품기 쉽다. 복수의 수단으로 분노에 집착하게 된다. "네가 나한테 상처를 입힌 만큼 나도 너를 아프게 해주마." 화해를 구하는 게 아니라 분노를 고수하기로 작정한 셈이다. 이렇게 우리는 중무장을 하고 남과 소원해진다. 상대의 가치를 되받아 공격하면, 화해나 용서가 불가능할 정도로 상대를 깊이 노엽게 할 수 있다. 두 사람이 견고한 철옹성을 쌓는 악순환이 시작되고, 그러다 결국은 더 이상 서로 소통할 수 없게 된다.

도구 3: "나는 왜 위협을 느끼는가?"라고 자문한다

> 우리 모두가 지극히 불안한 존재임을 공개적으로 시인하는 것이 아주 중요하다.

군사 작전을 잘 아는 사람들은 위험이 닥쳤을 때의 행동 방침이 기억날 것이다. 그것을 '적색 경보'라고 한다. 일사불란하게 움직여 작전을 빈틈없이 준비하라는 신호다. 바짝 경계하고 주시하고 조심해야 할 때다.

우리도 위협을 느끼면 곧잘 적색 경보를 발한다. 다만 대개 위험을 제대로 평가도 하지 않고 자동으로 경보를 울린다는 게 문제다. 우리는 크고 중대한 일뿐만 아니라, 작고 사소한 일에도 경보를 발한다. 다가오고 있는 침입자가 생쥐이든 괴물이든 거의 똑같은 강도로 대응 태세를 갖추는 것이다. 운전 중에 남이 삿대질을 하고, 배우자가 바람을 피우며, 가게 점원이 불손한 말을 하고, 팀 전체의 업적을 상사가 몽땅 가로채며, 은행에 줄이 길고, 십대 자녀가 돈을 훔치면 우리는 불끈 화가 난다. 그러나 중화기를 발사하기 전에 잠시 멈추어 상황을 제대로 평가할 필요가 있다.

불안감을 처리하는 실제적인 방법으로 넘어가기에 앞서 내(칩)가 아주 중요하게 생각하는 것이 있다. 우리 모두가 지극히 불안한 존재임을 공개적으로 시인하는 것이다. 죄가 세상에 들어온 뒤로 우리는 남들이 내 '벌거벗은(내 삶에 정서적, 심리적, 신체적으로 기준 미달인 부분들이 노출된) 모습'을 볼까봐 두려워하는 습성이 생겼다. 그래서 우리는 두렵고 부끄러워 서로를 피해 숨는다.

내가 인생에서 최고의 해방감을 경험했던 일 가운데 하나는, 스위스의 심리학자 폴 투르니에(Paul Tournier)가 쓴 「누가 강자인가(The Strong and the Weak, 불꽃)」를 읽은 일이다. 거기서 그는 우리 모두가 지극히 불안한 존재이며, 그것을 강한 반응 또는 약한 반응으로 드러낸다고 역설한다. 강한 반응이란 위세, 허풍, 폭발, 연줄 들먹이기, 환심 사기 등이다. 약한 반응이란 뒤로 빼기, 자기 비하, 낮은 자존감, 실패할 게 뻔해 시도조차 하지 않기 등이다. 두 경우 다 목표는 남들과 거리를 두고 자신이 노출되지 않게 보호하는 것이다. 거기에는 자신이 기준 미달이며 거부당할 거라는 전제가 깔려 있다.

내 경우, 불안감을 솔직히 터놓고 인정하자 위협감도 훨씬 줄었고, 이번 장에 소개할 도구들도 제대로 활용할 수 있게 되었다.

어떻게 하면 당신의 삶에서 맞닥뜨릴 수 있는 폭발하기 쉬운 상황을 차분히 평가할 수 있을까? 우선, 분노의 배후에 있는 일차 감정을 알아내야 한다. "내 진짜 감정은 무엇인가?" 불안감과 위협감이 보이거든 자신에게 다음 네 가지 질문을 던져보라.

1. **위협받고 있는 것이 무엇인가? 나는 왜 불안한가?**
   (공격받고 있는 것이 무엇인가?)
   공격받고 있는 것이 무엇인가? 내 인격, 자존심, 가정, 가치관, 직업, 재산, 나 또는 사랑하는 사람의 안전, 내 자존감, 지능, 외모인가? 나는 지금 내 인간적인 약점에 대해 지나치게 방어적인가, 아니면 무고한 공격이나 억울한 대우를 당하고 있는가? 직접 위협받고 있는가, 아니면 누군가의 틀어진 기분이나 무분별한 부정적 언행에 악영향을 입고 있는가? 내 삶에 무언가 노력이 필요한 부분이 있는가? 내 불안감은 자신의 약점 때문인가? 만일 그렇다면, 불안감이 분노로 이어져 바보짓을 하지 않도록 나는 성장할 필요가 있다.

2. 관련자가 누구인가?
(나를 공격하고 있는 사람이 누구인가?)

배후 이유가 불안임을 알았으면 잠시 멈추어 이렇게 물어야 한다. 나를 공격하고 있는 사람이 누구인가? 관련자가 누구인가? 도로의 무례한 타인인가, 나를 사랑하는 친구인가? 복수심에 찬 직장 동료인가, 객관적인 외부인인가? 불친절한 점원인가? 걱정해주는 카운슬러인가?

퉁명스러운 점원에게 날마다 신문을 사는 사람이 있었다. 하루는 신문을 사러 가는 그를 동료가 따라갔다. 동료가 물었다. "자네는 저런 무례한 행동을 날마다 어떻게 참나? 화도 안 나는가?" 그러자 그 사람이 대답했다. "오래 전부터 나는 내 하루 상태의 결정권을 아무한테도 넘겨주지 않기로 작정했다네." 그는 자신의 기분을 계산대의 불평꾼에게 좌우당할 듯이 없었다.

3. 위협의 크기가 어떠한가? 중대한가, 사소한가?
(공격이 별것 아닌가? 의미심장한가?)

정말 싸울 만한 일인가? 큰 산인가, 작은 흙무더기인가? 실존하는 위협인가, 내 생각 속의 위협인가? 내가 실없이 과잉 반응을 하고 있는가? 무시하고 넘어갈 만한 일인가? 큰 관점에서 볼 필요가 있는가? 위협이 대수롭지 않고 상대가 중요하지 않다면 분노를 버려야 한다.

4. 나는 누구의 인정을 구하고 있는가? 내 안전은 어디서 오는가?
(나는 왜 공격받는 기분인가?)

나는 다른 사람의 말과 행동에 쉽게 불안해지는가? 다른 사람의 말과 생각에 많이 신경 쓰는 편인가? 나는 그리스도 안에서 안전한가, 아니면 남들의 인정을 구하고 있는가? 나는 그분의 주권과 선하심과 사랑을 확신하고 있는가? 이런 예리한 질문에 답하다보면 우리의 분노가 사라질 때가 많다. 우리는 어리석게 사소한 일에 목숨을 걸었던 자신을 발견하게 된다. 우선순위가 뚜렷해진다. 내 하루나 인생을 남들이 망치게 두지 않기로 의식적으로 결심한다. 이런 결심은 의지의 행위다. 우리는 일부러 분노를 내려놓으며, 정서적 에너지를 어디에 쏟는 게 더 좋은지 하나님께 배운다.

우리의 안전은 그리스도 안에 있다

어떻게 하면 이 미로에서 헤어나올 수 있을까? 그리스도 안에 있는 당신의 안전을 확인하면 된다. 그분은 우리 각자를 개인적으로, 인격적으로 아신다. 그분은 당신의 결함과 약점과 불안을 아시면서도 당신을 계속해서, 온전히, 무조건 사랑하신다. 그분께는 변함없는 사랑과 은혜와 자비가 있다. 사람들이 당신을 나쁘게 말하고 삶의 재앙이 당신을 에워쌀지 모르지만, 그분 안에서 당신은 안식을 얻을 수 있다. 우리가 인간이며 불안과 교만과 문제에 약하다는 것을 그분은 아신다. 그럼에도 우리를 사랑하신다.

> 우리는 일부러 분노를 내려놓으며, 정서적 에너지를 어디에 쏟는 게 더 좋은지 하나님께 배운다.

당신의 안전을 그리스도 안에서 얻으면, 자신의 약점이 덜 부담되고 다른 사람의 말이나 행동에도 신경이 덜 쓰인다. 굳이 보복에 나설 일도 줄어든다. 잠도 더 잘 자고 생각도 늘 선(善)으로 가득해진다. 성경이 명한 대로다. "무엇에든지 참되며 무엇에든지 경건하며 무엇에든지 옳으며 무엇에든지 정결하며 무엇에든지 사랑 받을 만하며 무엇에든지 칭찬 받을 만하며 무슨 덕이 있든지 무슨 기림이 있든지 이것들을 생각하라… 그리하면 평강의 하나님이 너희와 함께 계시리라"(빌 4:8-9).

> 우리 내면의 불안한 감정은 대개 분노로 표면화되며, 그 분노는 보호 본능과 두려움에서 비롯된다.

자신에게 이렇게 말할 줄 아는 것이 중요하다. "나는 그리스도 안에서 안전하다. 나에 대한 그 사람의 생각은 당치 않은 것이다. 나는 굳이 똑같이 행동하지 않겠다. 직장에서, 더 심하게는 교회에서 누가 나에 관하여 무슨 말을 해도 복수를 꾀하지 않겠다. 누가 내 험담을 하고 사실무근의 말을 해도 나는 분노의 무기를 뽑아들지 않겠다. 오히려 하나님의 마음, 사랑과 용서의 마음을 구하겠다."

사람들이 때로 당신을 공격하거나 실망시킬 것은 뻔한 일이다. 우리는 누구나 상처를 받고 누구나 좌절한다. 당신의 필요와 기대가 항상 채워지지는 않는다. 위협받고 불안해질 때도 있다. 그것은 인생의 기정사실이다. 우리의 필요를 채우시고, 우리의 상처를 치유하실 수 있는 분은 온 우주를 통틀어 한 분뿐이시다. 그분만이 우리를 향한 자신의 기대를 항상 충족시키신다. 우리가 불안하고 두려워질 때, 우리의 부족하고 모자란 모습을 다 알면서도 여전히 우리를 있는 그대로 사랑하시는 분도 그분뿐이시다. 그것이 십자가의 영광이다. 그것이 신약의 메시지다.

요점

우리 내면의 불안한 감정은 대개 분노로 표면화되며, 그 분노는 보호 본능과 두려움에서 비롯된다. 지금까지 석 장에 걸쳐 배웠듯이, 우리는 분노의 배후를 보며 이렇게 자문할 필요가 있다. "근본 원인이 무엇인가?"

내 분노의 배후는 무엇인가?

1. 필요를 채움받지 못한 상처인가?

누군가 나를 거부했는가? 나는 죄책감, 버림받은 기분, 외로움, 거부당한 기분, 배신감이 드는가?

2. 기대가 꺾인 좌절감인가?

나는 실망했는가? 실패했는가? 애썼던 일이 수포로 돌아갔는가? 내 기대는 현실성이 있었는가?

3. 위협받는 데서 오는 불안감인가?

내 자존감이 공격받았는가? 인격이 의심받았는가? 실력이 과소평가되었는가? 남이 나를 존중하거나 알아주지 않는 것 같은가? 나는 왜 불안한가? 위협받고 있는 것이 무엇인가? 관련자가 누구인가? 위협의 크기가 어떠한가? 중대한가 사소한가? 나는 누구의 인정을 구하고 있는가? 내 안전은 어디서 오는가?

생각할 문제

1. 당신이 재능이나 자존감을 위협받아 화가 났던 적이 마지막으로 언제인가?
2. 주변 사람들 중 당신이 못났다는 기분을 들게 하는 사람은 특히 누구인가? 이번 장에서 배운 원리들 중에, 당신의 자존감에 미치는 그들의 언행의 위력을 줄이는 데 가장 도움이 되는 것들은 무엇인가?

3. 당신이 그리스도 안에서 충분히 안전을 누린다면, 당신의 태도와 행동이 어떻게 달라지겠는가?

실천할 행동

- 최근에 불안감이 당신의 분노를 부추겼던 적을 떠올려보라. 그리고 이렇게 자문해보라.

    1. 위협받고 있는 것이 무엇인가? 나는 왜 불안한가? (공격받고 있는 것이 무엇인가?)
    2. 관련자가 누구인가? (나를 공격하고 있는 사람이 누구인가?)
    3. 위협의 크기가 어떠한가? 중대한가 사소한가? (공격이 별것 아닌가 의미심장한가?)
    4. 나는 누구의 인정을 구하고 있는가? (내 안전은 어디서 오는가?)

    자신에 대해 새롭게 배운 사실은 무엇인가? 당신은 위협의 경중과 관계없이, 너무 급히, 똑같은 강도로 '적색 경보'를 발하는 경향이 있는가?

- 믿을 만한 친구나 동료를 한 명 정해, 평소 당신이 자신 없어 하는 기술이나 직무를 그 사람에게 털어놓으라. 이러한 솔직함이 스트레스가 되는지 아니면 해방감을 주는지 나중에 눈여겨보라.
- 이번 주에 새로운 사고방식 하나를 연습해보자. 다른 사람들과 대화할 때마다, 인간은 누구나 근본적으로 불안하다는 사실을 수시로 떠올려보라. 그러한 사실을 인식하고 있을 때 대화 분위기가 어떻게 달라졌는지 믿을 만한 친구에게 말해보라.

제4부

분노를 적에서 동지로 바꾸라

12 분노 ABCD

● 성질은 당신의 가장 귀한 재산 가운데 하나다. 성질을 잃어버리고 화내지 말라.

7장에 말했듯이, 나(칩)는 전날 밤의 채움받지 못한 필요 때문에 아내와 아이들에게 화가 터졌다. 마침 당시에 나는 분노라는 주제를 가르치고 있었는데, 놀라운 일이 벌어졌다. 화를 낸 후에 나는 집 앞의 차 안에서 시동을 켜놓고 앉아 있었다. 내가 화난 걸 알았고, 아내에게 화난 원인이 내 외로움이라는 것도 알았다. "지금 이게 무슨 일인가?" 그 물음으로 시작해 잠시 후에 다시 물었다. "이제 나는 어찌할 것인가?" 차 안에 있던 그 몇 분 동안, 나는 불끈 화가 난 상태에서 분노의 내용과 이유를 따져보는 상태로 넘어갔다. 일단 그렇게 하자 나 스스로 자초한 사고에 대해 최선의 처리법을 찾아보자는 생각이 들었다. 분노 ABCD

의 한 사례라 하겠다.

앞서 보았듯이 분노 ABCD는 분노의 처리를 돕는 간단하고 기억하기 쉬운 장치다. 이를 통해 우리는 자신의 분노를 점검하고, 그 배후를 파악하며, 기여 요인을 따져보고, 마침내 최선의 처리법을 결정할 수 있다. 분노 ABCD의 활용은 지금까지 개인적으로는 물론 우리의 전문 사역에도 도움이 되고 있다! 분노로 힘들어하는 다른 많은 사람들도 이것을 성공리에 활용하고 있다.

분노 ABCD

분노가 생길 때 해야 할 일:
- A. 화난 것을 인정하라(Acknowledge).
- B. 일차 감정을 추적하라(Backtrack).
- C. 원인을 따져보라(Consider).
- D. 최선의 처리법을 결정하라(Determine).

마지막 단계에 주로 초점을 두어 지금부터 단계별로 살펴보도록 하자.

A. 화난 것을 인정하라

우선 자신이 화가 났다는 사실을 인정하고 받아들이고 시인한다. 분노를 억누르거나 없는 척하지 않는다. 분노의 존재를 부인하지 않고 내가 성났다는 사실을 그대로 직시한다. 분노를 끔찍한 괴물이나 죄로 보는 가정에서 자라난 사람들이나, 불쾌감을 표현하면 무조건 눈살을 찌푸리는 환경에 처한 사람들에게는 이것이 어려운 일이다. "부모가 자신들의 분노 표현을 당신에게 보이지 않았다면, 이 감정에 대한 당신의 생각은 아마 혼란스러울 것이다. 당신은 자라면서 자신의 분노를 이해할 수 있는 본보기를 본 적이 없다. 분노라는 이름도 없었다. 분노를 표현하거나 분노에 반응하는 법을 알 길이 없었다."[1] 분노를 효과적으로 처리하려면 먼저 분노의 존재를 인정하고 분노를 똑바로 쳐다보아야 한다. 더 이상 분노를 외면해서는 안 된다.

B. 일차 감정을 추적하라

분노의 흔한 배후 감정들을 앞에서 살펴보았다. 추적이란 분노에 선행되는 감정이 무엇인지 알아내려는 것이다. 뿌리를 보려면 손을 더럽혀가며 분노의 밑을 파야 한다. 이렇게 자문해야 한다. "나는 왜 화가 나는가? 내 진짜 감정은 무엇인가? 분노의 배후 이유는 무엇인가? 나에게 질투, 두려움, 수치심, 비통함, 절망, 거부당한 기분, 외로움, 근심, 자괴감, 자존심, 시기심, 답답함이 있는가?" 배후 감정을 파헤치기 위해 스스로를 성찰하는 것이다.

C. 원인을 따져보라

원인을 따져본다는 것은 지금의 감정에 기여한 요인을 모두 살펴보는 것이다. 원인을 따져보는 방식은 두 가지다. 하나는 현재와 연관되고 또 하나는 과거와 연관된다. 우선 현재 무슨 일이 있었는지 파악한다. 누군가 나를 모욕했고, 나에게 중요한 일을 망각했으며, 늦게 도착했고, 나를 빼놓았으며, 나를 위험에 빠뜨렸는가? 그리고 자기 성찰을 싫어하지 않는다면, 현재의 분노 감정에 기여한 내 과거의 요인들도 따져볼 수 있다. 3장에서 보았듯이, 우리의 반응에 영향을 미치는 요인은 많다. 각자의 성격, 과거, 문화, 현재 상황, 나이, 성별 등이 우리의 분노에 영향을 미친다. 그런 요인들로 다시 돌아가 그것이 내 현재의 감정에 기여하고 있는지 살펴보는 것도 유익할 수 있다. 과거의 어떤 사람이나 사건이 분노를 유발했는가? 지난날의 앙금을 나는 여태 품고 있는가? 나는 문화적 기대, 굳어진 성역할, 신체적 한계, 금전적 제약, 인종적 편견 따위에 화가 난 것인가?

원인을 따져보는 것은 좋지만 너무 내성에 파묻히지 않도록 조심해야 한다. 우리는 분노 ABCD의 D 부분에 대부분의 시간을 할애해야 한다.

D. 최선의 처리법을 결정하라

화났을 때 우리는 상황에 대한 최선의 처리법을 결정할 필요가 있다. 에베소서 4장 26절에 우리의 목표가 가장 잘 압축되어 있다. "분을 내어도 죄를 짓지 말며." 우리는 죄 짓지 않고 적절하게 화내는 법을 알아야 한다 (사람에 따라 D는 분노 폭발 후에 '피해의 처리법'을 결정해야 한다는 뜻일 수도 있다). 잘된 결정은 이유도 옳고 반응도 옳아야 한다. 이 과정에는 분별력과 지혜가 요구된다.

이유가 옳으려면 자신의 동기를 점검해야 한다. 내 분노는 의분인가, 독선인가? 선한 이유인가, 나쁜 이유인가? 이것을 분별하는 근본적인 방법은 하나님과 솔직하게 대화하고 정직하게 자기 성찰을 하는 것이다.

반응이 옳으려면 상대에게 말을 할 것인지의 여부와, 말을 할 거라면 언제(시기) 어떻게(방법) 말할 건지를 정해야 한다. 내 감정이나 상황에 대해 어떻게 말할 것인지 정한 다음, 최선의 행동 방침(또는 행동하지 않음)을 정해야 한다.

이런 일련의 감정은 때로 복잡하다. 벌어진 상황을 살펴볼 때 '누구, 무엇, 어떻게, 언제'를 생각하면 감정을 정리하는 데 도움이 된다. 우선 간략히 전체를 보자.

분노 처리법을 결정하는 요인 – '누구, 무엇, 어떻게, 언제'

누구? 내가 정말 화가 난 대상은 누구인가? 나 자신인가? 다른 사람인가? 상황인가? 하나님인가?

무엇? 내가 할 일은 무엇인가? 직접 표현할 것인가, 간접적으로 풀 것인가? (대면하여 말할 것인가, 숨길 것인가?) 내 계획은 사태를 더 악화시킬까, 아니면 호전시킬까?

어떻게? 상황을 어떻게 처리할 것인가? 직접 만날 것인가? 전화로 할 것인가? 편지로 할 것인가? 아니면 분노 해소 활동이 필요한가?

언제? 상황을 언제 처리할 것인가? 지금인가, 나중인가, 아니면 아예 안 할 것인가?

누구에게 화가 났는가?

내가 정말 화가 난 대상은 누구인가? 나 자신인가? 다른 사람인가? 상황인가? 하나님인가?

분노의 대상이 정말 누구인가? 특정한 사람인가, 아니면 그 사람은 그냥 희생양이나 봉인가? 내 분노의 대상이 사실은 하나님인가? 나 자신인가? 몇 년 전에, 한 젊은 여자가 상담 중에 격한 분노로 씨름하고 있었다. 그녀는 무력으로 데이트 상대에게 강간을 당했다. 분노의 진짜 초점을 생각하다가 그녀는 강간범보다 자신에게 더 화가 나 있음을 처음으로 깨달았다. 그

> 정말 화난 대상을 솔직히 직면해야만 그제야 치유가 이루어질 수 있다.

런 일은 드물지 않다. 그런 상황에 대해 하나님께 깊은 분노를 느낀다는 사람들도 있다. 뻔한 말 같겠지만, 정말 화가 난 대상을 솔직히 직면해야만 그제야 치유가 이루어질 수 있다.

그다음 관련자가 누구인지 파악한다. 상대가 내 인생에서 중요한 사람인가? 그들의 의견은 내게 중요한가? 나는 그들의 의견이나 나에 대한 생각에 지나치게 의존하고 있는가? 이 사람이 내게 거슬리는 일을 한 것은 이번이 처음인가 아니면 백 번째인가? 그들은 내가 아직도 분을 품고 있는 과거의 어떤 사람을 연상시키는가(우리는 누군가를 연상시키는 사람에게 화날 때가 많다)? 아직 해결되지 않은 이전의 반감 때문에 더 화가 나는가? 사실은 나 자신에게 화난 것은 아닌가? 그런데 애꿎은 사람에게 분풀이하고 있는가?

이 질문들을 천천히 다시 한 번 읽되, 이번에는 최근의 갈등 관계에 대입하여 읽어보라. 이런 예리한 질문을 자신에게 던지면서 마음속에 떠오르는 생각에 조용히 귀 기울여보라.

무엇을 할 것인가?

내가 할 일은 무엇인가? 내가 선택할 수 있는 방안들은 무엇인가?

상황을 어떻게 할 것인가? 내 감정을 어떻게 할 것인가? 내 관심사를 관련자(들)에게 직접 표현할 것인가(대면한다)? 아니면 방향을 다른 데로 돌려서 분노를 해소할 것인가(순응하고 숨기거나 그만둔다)? 내 계획은 상황을 확대, 지속시킬까 아니면 가라앉힐까(사태를 더 악화시킬까 아니면 호전시킬까)?

분노로 인해 원치 않는 상황에 처했을 때 우리가 택할 수 있는 길은 기본적으로 두 가지다. 내 감정을 상대에게 직접 표현할 것인가, 아니면 여러 활동을 통해 간접적으로 해소할 것인가? 관련자(들)에게 관심사를 직접 소통해야 하는 상황인가? 아니면 분노를 다른 데로 돌려 대안 – 직접 대면하지 않고, 파괴적이지 않고, 건강한 방법 – 을 찾아 표현하는 게 더 좋은가?

직접 처리한다는 것은 일부러 상황에 맞선다는 뜻이다. 우리는 상황을 바꾸려고 시도한다. 묵인하기보다 행동한다. 행동을 취하여 내 분노와 그 배후 감정, 나를 분노하게 한 요인들, 달라졌으면 하는 부분을 관련자들에게 적절하게 알린다. 상대를 비난하거나 공격하지 않고 자신의 의견을 명확히 표현하는 게 가장 좋다. 우리는 분노를 알리되 앞에서 배운 방식대로 한다. "나는 이럴 때 이런 기분이 든다. 그래서 이랬으면 좋겠다." 지혜롭고 신중하게 털어놓으며, 결과와 피해를 미리 생각해보고 충동적으로 행동하지 않는다.

분노를 간접적으로 처리할 때는 선택의 폭이 좀 더 넓어진다. 어떤 때는 상황을 있는 그대로 받아들이고(순응한다), 내 분노를 관련자들에게 말하지 않는 게(숨긴다) 최선이다. 하지만 그 동기가 상황의 불편함 때문이어서는 안 된다는 게 중요하다. 우리가 이 방안을 택하는 이유는 본래 성격이 그래서도 아니고 상황이 절망적이어서도 아니다. 이 특정한 상황, 이 특정한 시점에서는 괜히 문제를 키우거나 긁어 부스럼을 만들지 않는 게 최선이라는 신중한 결론 때문이다. 과거의 전력이나 기타 형편으로 미루어 책망이 허사일 때가 있는데(잠 9:8-9), 그럴 때는 굳이 책망하지 않는 게 지혜다. 어떤 때는 그냥 손을 떼는 게 상책이다.

우리는 새 직장을 구하거나, 다른 회사와 거래하거나, 건강하지 못한 우정을 끝내야 할 수도 있다. 우리는 대면하지 않고 그만두기로 선택한다. 이 방안은 다른 모든 방안을 신중히 저울질한 결과, 그냥 넘어가는 게 최선의 행동 방침이라는 결론이 섰을 때에만 고려해야 한다.

방향을 다른 데로 돌려서 분노를 해소한다는 것은 상대에게 알리지 않는다는 뜻이다. 이미 우리는 자신의 동기를 점검하고 상황을 심사숙고한 결과, 관련자들에게 내 감정을 소통하지 않는 것이 최선이라는 결론이 나왔다. 그렇다면 이것은 분노를 억누르거나 묻어두는 것, 즉 억제하고 억압해 없는 척하는 것과는 어떻게 다른가? 분노의 방향 전환이란 분노를 인정하고, 파괴적이지 않은 건강한 방법을 찾아 표출하는 것이다. 분노를 모종의 행위나 활동으로 전환하는 것이다.

> 분노의 방향 전환이란 분노를 인정하고, 파괴적이지 않은 건강한 방법을 찾아 표출하는 것이다.

문제를 직접 처리할 것인지 간접적으로 처리할 것인지를 결정할 때는, 내 문제 처리법이 분노를 확대, 지속시킬 것인지 아니면 가라앉혀 녹아지게 할 것인지를 따져보아야 한다. 얼마 전에 나(베카)는 지역의 한 지도자에게 격한 분노를 느끼고 있었다. 처음에는 내 좌절을 드러내지 않았다. 그러나 서서히 분노가 삐져나와 결국 내 반감을 공공연히 표출하게 되었다. 그런데 좌절을 표현할 때마다 기분이 좋아진 게 아니라 더 나빠졌다. 분노를 소통해도 카타르시스나 유익이 없고 오히려 해롭고 파괴적이었다. 주로 나 자신에게 그랬다. 속을 털어낼수록 더 화가 나서 분노가 확대, 지속되었다.

분노를 표현하면 더 악화될 때가 많다는 연구 결과도 있다. 분노를 많이 표출할수록 더 화가 나는 것이다. 물론 사람에 따라 분노를 표현하면 속이 후련하고 가뿐해질 수도 있지만, 대부분의 경우는 마음이 가라앉기보다 오히려 자극된다. 분노 처리법을 결정할 때 이 점을 고려하는 것이 아주 중요하다.

어떻게 할 것인가?

상황을 어떻게 처리할 것인가? 직접 만날 것인가? 전화로 할 것인가? 편지로 할 것인가? 아니면 다른 분노 해소 활동이 필요한가?

관련자들을 직접 상대하기로 했다면 그 일을 어떻게 풀어가는 게 최선일지 정해야 한다. 우리는 이 상황에서 무엇을 할지에 대해서는 바른 결론에 도달했는데, 그 일을 어떻게 해야 할지를 모를 때가 아주 많다. "해결되지 않은 분노의 대상을 어떻게 대면하는 게 가장 좋을까요?" 그간 내담자들이 이와 같은 질문을 할 때, 내(베카)가 그들을 도왔던 방법을 몇 가지 나누고자 한다.

직접 표현할 때

직접 만나기. 대부분의 경우는 당사자를 직접 찾아가는 것이 제일 좋다. 상대가 가까이 있고 만날 수 있다면 대개 얼굴을 맞대고 하는 게 낫다. 비록 불편할 수는 있지만 신체 동작이나 제스처를 통한 충분한 의사소통이 가능해진다. 양쪽 다 반응을 주고받고, 오해를 설명하며, 거기에 응답할 수 있다. 관심사에 대해 일방적인 소통보다는 열린 대화가 가능해진다.

내가 상담을 하면서 경험한 바로는, 실행에 나서기 전에 역할 연기를 통해 미리 대화를 연습해보는 것이 아주 유익하다. 때로 나는 그들에게 빈 의자를 향해 자신의 속을 털어놓게 한다. 자리를 바꾸어 마치 자기가 상대방인 양 반응하게 할 때도 있다. 간혹 내가 한쪽 – 화난 내담자 또는 그 분노의 대상 – 역을 맡고 내담자가 상대 역을 맡는다. 역할 연기를 통해 우리는 실제 대면을 미리 준비하고, 가능한 반응들을 예상하고, 상대가 왜 그런 말이나 행동을 했는지에 대해 공감을 키울 수 있다.

어떤 식으로든 분노를 직접 표현하기 전에, 내가 상대방의 입장이 되어보는 건 지혜로운 일이다. 그러면 대개 이해가 깊어지고 때로 긍휼도 더 많아진다. 내 관심사를 사전에 명확히 글로 써보는 것도 지혜로운 행동이다.

본의 아니게 실언하기 전에, 분노 ABCD를 쭉 거치면서 분노의 참 배후가 무엇이고, 그것의 원인이 무엇이며, 달라졌으면 하는 부분이 무엇인지 분별할 필요가 있다.

명심해야 할 중요한 사항이 또 있다. 목소리를 차분하게 하고, 감정적인 표현(욕, 비난, 무시, 빈정거림 등)을 삼가고, 이성을 잃지 말아야 한다. 사실에 입각하여 자신의 관심사를 명확히 진술해야 한다. 있었던 일과 자신의 배후 감정을 밝히되, 분노가 대화를 삼키지 않게 해야 한다.

대화하고 싶다는 뜻을 상대에게 미리 알리는 편이 좋을 때도 있다. 괜찮다면 관심사의 주제까지 알릴 수도 있다. 그렇게 되면 상대는 시간을 갖고 상황을 충분히 생각할 수 있으며, 더 나아가 방어 태세를 버릴 수도 있다. 사전 예고 없이 대면하게 되면 대개 상대는 허를 찔려 충분히 생각할 수 없으며, 방어적 자세를 취하고 상처 주는 말을 한다. 하지만 예고해봐야 그 시간에 오히려 총알만 쟁이는 사람들도 있다. 사전 예고를 할 것인지의 여부를 놓고 우리는 기도로 분별력을 구해야 한다.

전화하기. 관심사를 직접 소통하는 것이 불가능하거나, 그냥 현명하지 못한 방법이라고 생각되거나, 심지어 위험하다고 판단될 때는 전화 통화가 최선책일 수 있다. 얼굴을 마주하는 대화와 마찬가지로 전화 통화도 지속적인 주고받기가 가능하다. 상대방은 내 관심사(또는 비난)에 반응할 기회가 있다. 이 방법이 더 편하고 편리한 방법일 수 있다.

편지 쓰기. 문제를 직접 처리하는 게 안전하지 못하거나, 바람직하지 않거나, 불가능하다면 글을 통한 소통을 선택할 수 있다. 관심사를 글로 쓰면 내용이 명료해지고, 장황한 사설을 늘어놓지 않게 되며, 상대가 말을 가로채거나 삼천포로 빠질 수 없고, 분노의 파괴적인 표현을 피할 수 있다. 최종 편지가 나오기까지 초고를 몇 번 다듬어야 하지만, 이상적으로 그때쯤 되면 우리는 이미 진정되고, 문제의 내 몫도 인식하고 있으며, 비난이나 부정적인 역공도 걸러낸 뒤다.

편지를 다 쓰면 보내기 전에 객관적인 제삼자에게 미리 읽어보게 하는 것이 좋다. 그 사람에게 이 상황과 편지를 냉정하고 정직하게 평가해달라고 하라. 그들의 권고를 너그러이 받아들이라. 편지가 잘못 해석되거나 오해를 살 만한 부분은 없는지, 본론에서 벗어나 넋두리로 흐른 곳은 없는지, 너무 강경하게 요구를 내세우지는 않았는지 그들에게 물어보라.

에이브러햄 링컨(Abraham Lincoln)이 대통령으로 있을 때, 비서관 스탠턴(Stanton)은 명령을 못 알아듣고 불순종한 어떤 장교 때문에 분노가 치밀었다. 링컨이 그에게 조언했다. "지금 머릿속에 있을 때 그에게 편지를 쓰게. 이왕이면 호되게 질타하는 내용으로 신랄하게 써보게."

스탠턴은 깊이 생각할 것도 없었다. 그가 불순종한 장교를 지독하게 깎아내리는 편지를 써서 대통령에게 읽어주자 링컨이 말했다. "잘 썼군."

그러자 스탠턴이 물었다. "이 편지를 누구 편으로 보낼까요?"

"보내다니?" 링컨이 대답했다. "아니, 보내지 말고 찢어버리게. 자네의 마음을 털어냈으니 그거면 됐네. 편지는 찢어버리게. 어차피 보내고 싶지 않은 편지 아닌가? 나도 그런 편지는 보낼 마음이 없다네."

그렇다. 편지를 쓴 뒤에 그냥 버리는 게 상책일 때도 있다. 홧김에 쓴 편지는 보내기 전에 며칠 기다리는 편이 언제나 현명하다. 그때가 되면 제정신이 돌아와 편지를 보내지 않기로 마음을 고쳐먹을 수도 있고, 덜 비판적인 말로 고쳐 쓰고 싶어질 수도 있다.

간접적으로 표현할 때

내 관심사를 상대에게 직접 소통하지 않는 게 최선이라고 결정했다면, 방향을 돌리거나 분노를 해소할 길을 찾아야 한다. 응어리진 감정을 발산하기 위해 할 수 있는 일은 얼마든지 많다. 몸을 움직이는 활동과 감정을 진정시켜주는 활동을 각각 몇 가지씩 꼽자면 다음과 같다. 분노를 털어내기 위한 이러한 활동을 '분노 해소 활동'이라고 한다.

분노 해소 활동: 몸을 움직이는 활동

어렸을 때 나(베카)는 돈을 모으고, 부모님의 도움도 받아 드럼 세트를 장만했다[나는 카렌 카펜터(Karen Carpenter)의 팬이었는데, 그녀는 처음에 드럼 주자였다]. 고등학교 재즈 밴드는 물론 지역 록 밴드에서도 나는 드럼을 쳤다. 뭔가에 화가 날 때마다 신나게 드럼을 치면 부정적인 감정이 털려 나갔다. 효과가 좋았다. 대개 긴장이 줄고 기분이 좋아졌다. 대학에 들어가 드럼이 없을 때는 라켓볼 코트에 내려가 최대한 벽을 세게 때리면서 똑같은 기분을 맛보았다(실내 코트였기에 멀리까지 공을 쫓아다닐 필요도 없었다). 당시 나는 응어리진 감정을 풀려면 좀 더 몸을 움직이는 활동을 해야 했다.

이불을 때려서 터는 사람들도 있는데, 분노도 털어내고 더러운 먼지도 털어내니 일석이조다. 잡초를 뽑고, 바닥에 걸레질을 하며, 장작을 패고, 음료수 깡통을 찌그러뜨리며, 빵을 반죽하는 것도 다 일거양득이다.

달리기가 특효라는 사람들도 많다. 간편하고 쉬우며 도구도 별로 필요 없다. 사실 어떤 스포츠나 거의 다 통한다. 수영은 어떤가? 대학원 시절에 나는 스트레스 관리에 대해 두꺼운 논문을 쓴 적이 있다. 가장 기억에 남는 것 중 하나는, 물속에 들어가는 일의 신기한 위력에 대한 기사다. 기사에 따르면, 스트레스가 많거나 눈앞이 캄캄하거나 좌절감이 들 때 호수에 뛰어들면 도움이 된다는 것이다. 그냥 뛰어들기만 하든 물속을 왕복하든, 수영의 유익은 엄청날 수 있다. 기분이 상쾌해지고 기운이 난다. 물론 신체에 한해서지만, 수영이 세례를 닮아 거듭남을 상징하기 때문인지도 모른다. 어떤 사람들은 수영을 분노를 씻어주는 정화(淨化)로 보기도 한다.

몸을 움직이는 활동으로 분노를 발산하기로 했을 때는, 활동량이 너무 과하거나 자칫 위험하거나 해로울 수 있는 일을 하지 않도록 조심해야 한다. 어떤 사람들은 시속 160킬로미터로 차를 몰면서 분노를 삭일 수는 있겠지만 치명적인 결과를 부를 수도 있다. 신체 활동은 분노를 가라앉히기보다 오히려 확대시킬 수 있으므로, 폭력 성향이 있는 사람들은 다른 방법을 써야 한다.

분노 해소 활동: 감정을 진정시켜주는 활동

토머스 제퍼슨(Thomas Jefferson)은 화가 날 때 열까지 세라고 했다. 대개 그것으로 도움이 된다. 열까지 셌는데도 자신이 씩씩거리고 있다면 백까지 세라. 산책도 도움이 된다. 특히 공원, 바닷가, 전망대 근처 등 탁 트인 공간을 걸으면 좋다. 광활한 공간을 마주하면 대개 분노를 보는 시각이 바뀐다. 웅장한 광경이나 드넓은 자연을 보면 흔히 문제가 작아 보인다.

일기 쓰기도 분노를 건강하게 '털어내는' 기회가 될 수 있다. 성격상 자신의 감정과 생각을 표현하고픈 욕구가 더 큰 사람들이 있다. 안타깝게도 화난 대상에게 직접 표현해야만 '속을 털어낼' 수 있다고 생각하는 사람들이 많다. 하지만 보내지 않은 편지와 마찬가지로, 당신이 좌절한 일들과 상황을 일기장에 쓰는 것도 같은 성과를 낼 수 있다. 녹음기나 거울이나 큼직한 곰 인형에 대고 '상대에게 한바탕 퍼부어' 내 관심사를 토로하는 방법도 있다.

드라이브나 산책이 도움이 되는 사람들도 있다. 새로운 시각이 트이려면 옆방이 아니라 그보다 멀리 가야 할 때도 있다. 목욕을 해서 신경을 가라앉히거나, 감정을 진정시키거나, 부정적인 감정을 씻어내는 사람들도 있다. 온수 목욕이 통하는 사람들도 있고 냉수 샤워가 필요한 사람들도 있다. 그런가 하면 앉아서 커피나 차를 마시면 마음이 가라앉고 영혼이 쉼을 얻는 사람들도 있다.

긴장 완화와 호흡 기법도 효과가 있을 수 있다. 차분한 음악도 그렇다. 나는 아이들 때문에 정신이 없고 쉽게 짜증이 날 때면 좋아하는 차를 끓여 놓고 그레고리오 성가를 듣는다. 딱 5분만 듣고 있어도 기적이 나타날 때가 있다.

물론 이 모든 것보다 기도가 먼저다. 다음과 같이 기도할 수 있다. "하나님, 자칫하면 제가 정말 바보짓을 하고 사고를 칠지도 모르겠습니다. 하나님의 시각과 도움이 필요합니다."

분노를 파괴적이지 않고 건설적으로 털어내기 위해 당신이 취하는 방법은 무엇인가? 당신의 분노 해소에 도움이 되는 일들을 꼽을 수 있는가? 상담 중에 나는 분노를 발산할 필요가 있을 때 각자 할 수 있는 일들을 쭉 꼽아보게 한다. 목욕이나 일기 쓰기가 통하지 않는 사람들도 있다. 그들에게는 신체 활동이 필요하다. 행동이 필요한 사람도 있고 사색이 필요한 사람도 있다. 당신에게 필요한 것은 무엇인가?

분노 표현의 연속선 – "분을 내어도 죄를 짓지 말며"

다음 연속선은 분노 표현의 양극단과 바람직한 중도를 간략히 요약한 것이다.

분노를 표현하는 방법의 연속선

건강치 못한 방법	건강한 방법	건강한 방법	건강치 못한 방법
다 쏟아낸다.	표현한다.	방향을 돌려 해소한다.	억지로 웃으며 참는다.
폭발한다.	직접 소통한다.	간접적으로 발산한다.	안으로 터진다.
악 쓰고, 고함지르고, 비하한다.	직접 만나기, 전화하기, 편지 쓰기	몸을 움직이는 활동, 감정을 진정시켜주는 활동	뒤로 물러난다. 침묵 작전

주의 사항

분노를 표현하고 발산하는 것이 안팎으로 터지는 것(억압이나 폭발)보다 낫지만, 어떤 종류의 표현을 쓸 것인지 우리는 기도하는 마음으로 신중히 결정해야 한다. 하나님이 우리에게 특정한 불의에 대해 분명히 말할 것을 명하신다면, 조깅으로 분노를 털어내는 것은 잘못이다. 반대로, 침묵을 지키며 분노의 배출구를 다른 데서 찾아야 한다고 생각된다면, 상대방을 대면할 기회를 찾기보다는 발산할 길을 찾는 데 마땅히 시간을 들여야 한다.

또 하나 명심해야 할 중요한 사항이 있다. 상대에게 직접 분노를 소통한다고 해서 항상 분노가 사라지는 것은 아니다. 속을 털어놓아도 여전히 앙금이 남을 수 있다. 그럴 경우 남아 있는 분노 에너지를 해소시켜줄 활동이 필요하다.

지금까지 분노 처리법을 일부 소개했지만 그게 다는 아니다. 처리법을 아는 것은 분노 해소 과정의 일부일 뿐이다. 타이밍 감각도 좋아야 한다.

언제 행동할 것인가?

상황을 언제 처리할 것인가? 지금인가, 나중인가, 아니면 아예 안 할 것인가?

파도를 타는 서퍼를 지켜본 적이 있는가? 그들이 파도를 선택할 때는 타이밍이 완벽해야 한다. 접근 시점이 정확해야 한다. 너무 일찍 출발하면 파도가 그들을 삼켜버린다. 너무 늦게 출발하면 파도가 그냥 지나가버린다. 타이밍이 중요하다. 서퍼들은 행동할 시점을 알아야 한다. 그래야 수고와 인내의 보람이 있다.

하지만 어떤 특정한 파도를 타려고 할 때, 그 시점만 알아서는 안 된다. 그 파도를 탈 것인지의 여부도 결정해야 한다. 파도라고 다 같은 게 아니다. 서퍼들은 타야 할 파도와 그냥 보낼 파도를 분간할 줄 알아야 한다. 급한 마음에 짧은 파도를 타면 밑에서 춤추는 바람과 바다를 느낄 겨를이 없다. 때로는 파도다운 파도가 올 때까지 인내심을 갖고 기다려야 한다.

타이밍은 분노를 처리할 때도 똑같이 중요하다. 우리는 말할 때와 들을 때, 대면할 때와 침묵할 때, 앞으로 나아갈 때와 뒤로 물러날 때를 알아야 한다. 타이밍이 관계를 살릴 수도 있고 깨트릴 수도 있다. 서퍼처럼 우리도 진행 시점과, 더 중요하게는 진행 여부를 알아야 한다.

우리의 관심사를 처리할 수 있는 시점은 셋이다. 지금일 수도 있으며, 나중일 수도 있고, 아예 안 할 수도 있다. 기다려서 일이 더 악화될 것 같다면 지금 처리해야 한다. 감정이 격앙되어 있다면 사태가 가라앉도록 나중까지 기다리는 게 좋다. 경우에 따라, 상처의 치유를 세월에 맡긴 채 끝내 문제를 거론하지 않는 게 최선일 수도 있다. 그러나 대부분의 상한 감정은 찢어진 상처처럼 그냥 두면 덧나기 마련이다. 때문에 이 방법은 되도록 삼가야 한다. 상황마다 충분한 분별이 요구된다.

전도서에 보면 "범사에 기한이 있고 천하 만사가 다 때가 있나니"(전 3:1)라고 했다. 우리가 할 일은 내 관심사를 처리할 시점을(그리고 그 여부를) 분별하는 것이다.

나(베카)는 다른 사람 때문에 기분이 상하면, 그것이 시간이 갈수록 악화될 상황인지 아니면 시간이 지나면 아물 상황인지 평가해본다. 시간이 갈수록 악화될 상황의 경우, 내가 만일 말하지 않으면 내 안의 부정적인 감정이 깊어져 결국 본래의 사건보다 훨씬 크게 터질 수 있음을 안다. 이럴 때는 불쾌함을 무릅쓰고라도 문제를 처리하기로 작정한다. 내가 말을 꺼내지 않으면 갈등이 대형 참사로 변한다.

시간이 지나면서 아물 상황이라면 나 자신에게 이렇게 말한다. "이 문제는 시간이 좀 지나기를 기다렸다가 처리하자. 지금은 감정이 너무 격앙돼 있는 거 같아." 이럴 경우에는 한동안 그냥 두는 게 낫다는 걸 나는 안다. 일단 감정이 가라앉으면 문제를 극복하거나 더 잘 처리할 수 있다. 상대방과 지금 대면하면 문제가 호전되는 게 아니라 오히려 확대되고 악화될 수도

> 우리의 관심사를 처리할 수 있는 시점은 셋이다. 지금일 수도 있고, 나중일 수도 있으며, 아예 안 할 수도 있다.

있다. 때로 우리는 나뿐 아니라 상대방의 최고의 타이밍도 생각할 필요가 있다. 나야 상황을 처리할 준비가 되어 있을지 모르지만, 상대는 마음을 식히거나 정리할 시간이 더 필요할 수 있다.

내가 상담했던 한 부부가 좌절감을 털어놓았다. "우리는 싸울 때는 아예 말이 통하지 않아요." 몇 가지 질문을 통해 알아보니, 고민을 정리하고 말로 표현하는 타이밍이 남편 쪽이 더 빨랐다. 반면 아내는 부정적인 감정의 핵심을 짚어내기 위해 생각과 감정을 걸러내는 데 대체로 시간이 더 필요했다. 부부 싸움을 하면 남편은 늘 바로 풀자고 재촉했고, 아내는 매번 '정리하고 생각할 시간'을 요구했다. 아내는 즉각적인 해결을 주장하는 남편에게 화가 났고, 남편은 문제를 처리하려면 나중까지 기다려야 하는 아내 때문에 답답했다.

베카는 몰랐지만, 앞의 상황은 테레사와 나의 갈등 상황과 딱 들어맞았다. 우리의 결혼 생활에 있었던 가장 큰 갈등 가운데 하나가 바로 이 문제였다. 나는 늘 문제를 '지금'

> 갈등이 생기면 우리는 양극단으로 치닫는 경향이 있다.

풀고 싶어 했고, 아내는 처리할 '시간'이 필요했다. 우리는 서로 깊이 사랑했지만 타이밍이 달랐다. 많은 대화 끝에 우리는 양쪽 모두의 필요를 존중하는 실용적인 방안을 고안해냈다. 적기의 중요성을 과소평가하지 말라.

얼마 전부터 한 친구가 이상하게 나(베카)와 말을 하지 않았다. 아무리 내가 대화를 시도해도 매번 쌀쌀맞은 반응만 돌아왔고 이유를 알 수 없었

다. 내가 무언가 섭섭하게 한 일이라도 있나 싶어 근래의 만남과 전화 통화를 머릿속으로 되짚어보았지만 허사였다. 1년 후에 그 친구에게 편지가 왔다. 내가 깜빡 잊고 하지 않은 어떤 일 때문에 자기 기분이 상했었다는 내용이었다. 나는 그 잘못을 (또한 친구의 기대도) 전혀 몰랐고, 사과하거나 설명할 기회조차 없었다. 그렇게 1년을 끌다니 정말 타이밍이 좋지 않았다.

갈등이 생기면 우리는 양극단으로 치닫는 경향이 있다. 그 자리에서 폭발해 적을 공격하거나 아니면 대면이 두려워 뒤로 숨는다. 그 결정의 기초를 무엇이 최선인가가 아니라, 무엇이 제일 편한가에 두는 사람들이 많다. 충동적인 사람은 매번 분노의 즉각적인 처리를 택할 수 있다. 내면에 감정과 긴장이 지속되는 걸 좋아하지 않기 때문이다. 반면, 최선의 타이밍이라서가 아니라 안전하게 느껴진다는 이유로, 대면이라면 무조건 피하는 사람들도 있다. 그들은 문제를 무시하면 없어지는 줄 안다. 불행히도 이런 자동 반응은 대개 역효과를 내서 당신 자신과 당신의 관계에 더 큰 피해를 입힌다. 옳은 길이 아니라 편한 길을 택했기 때문이다.

만일 당신이 상황을 회피하는 게 아니고 갈등 처리를 나중까지 기다려야겠다고 판단했다면, 부정적인 감정을 파괴적이지 않고 건강한 방식으로 발산할 수 있는 길을 찾아야 할 것이다. 몸을 움직이는 활동이나 감정을 진정시켜주는 활동이 필요할 수 있다.

파도를 탈지의 여부와 그 시점을 결정해야 하는 서퍼처럼, 우리에게도 지혜와 분별력이 요구된다.

생각할 문제

1. 대면하는 쪽과 대면하지 않는 쪽 중에서 당신은 화날 때 어느 쪽으로 기우는 편인가? 대면해야 할 때 회피하는 경향이 있는가? 그냥 넘어가야 할 때 대면

하는 경향이 있는가?
2. 당신은 분노의 편지를 쓴 적이 있는가? 편지를 보냈는가? 왜 보내거나 보내지 않았는가? 그러기를 잘했다고 생각하는가?
3. 분노 처리의 '시점'에 관한 다음 질문에 답해보라.

나는 갈등을 피해 달아나는 경향이 있는가?
(그렇다/ 아니다/ 가끔)
나는 의견 차이가 있을 때, 상대를 즉시 공격하는 경향이 있는가?
(그렇다/ 아니다/ 가끔)
나는 문제의 처리 여부와 시점을 충분히 시간을 두고 결정하는가?
(그렇다/ 아니다/ 가끔)
나는 상대가 준비되기도 전에 상대에게 대면을 강요하는가?
(그렇다/ 아니다/ 가끔)
현재 내가 부딪쳐야 하는데 피하고 있는 갈등이 있는가?
(그렇다/ 아니다/ 가끔)
세 가지 시점 가운데 내가 가장 좋아하는 시점은 언제인가? 그 이유는 무엇인가?

실천할 행동

- 몸을 움직이는 활동과 감정을 진정시켜주는 활동을 통해 당신의 분노를 다른 데로 발산해야 할 때, 당신이 할 수 있는 활동을 적어보라.
- 당신이 몹시 화나는 대상을 떠올려보라. 그 사람에게 편지를 쓰라. 다시 고쳐 쓰라. 편지를 보내거나 버려야겠다고 생각될 때까지 은밀한 곳에 보관하라.
- 과거에 당신이 상대방을 대면했던 경우 중, 지금 후회되는 일이 있다면 누군가에게 말해보라. 그리고 지금이라면 어떻게 다르게 처리하겠는지 말해보라.

13 분노는 선택이다

● 두 사람이 동시에 화내서는 안 된다.

머릿속에 그려보라. 당신은 흥분해서 누군가 – 배우자, 십대 자녀, 친구, 룸메이트, 직장 동료 – 와 인정사정 없이 악다구니로 싸우고 있다. 1부터 10까지 점수를 매겨 10이 화산 폭발이라면, 이번 상황은 8쯤 된다. 당신은 상대의 능력에 대해 가시 돋친 공격을 내뱉고 상대의 인격에 강타를 날린다. 비난하고 공격한다. "아니, 아니지!" "뭐라고?" "흥!" "말도 안 돼!" 전면전이다. 양쪽 다 총공세다. 핏대가 서고, 언성이 높아지며, 독설이 난무한다. 우리도 누구나 다 겪어본 일이다.

그때 전화벨이 울린다. 당신은 태연한 목소리로 받는다. "여보세요, 엄마! 네, 좋아요. 엄마는요?"

당신이 자녀에게 소리를 지르고 있는데 초인종이 울리거나, 가게에서 입씨름을 벌이고 있는데 누군가가 옆으로 지나가는 경우는 어떤가? 고성이 고요로 바뀌는 그 순간 말이다. 우리는 성난 폭군에서, 사랑으로 자녀를 바로잡아주는 부모로 바뀐다. 전화벨이 울리거나 공공 장소에 있을 때 분노를 멈출 수 있다면, 언제라도 멈출 수 있다. 분노는 선택이다.

분노를 표현하는 방식은 우리의 선택이다. 공격적으로 마구 쏟아낼 수도 있고, 사랑으로 자기 주장을 내세울 수도 있다. 내가 선택하기 나름이다. 어쩔 수 없다는 말은 사실이 아니다. 우리는 미리 생각해서 적절한 말을 하고, 시간을 내서 심사숙고해야 한다. 비난할 것인지 생각할 것인지는, 내 선택에 달려 있음을 알아야 한다.

"좌절감이 들 때 분노가 유일한 반응인 줄 아는 사람들이 많다. 이 근거 없는 믿음에서 내게 선택권이 없다는 신념이 나온다. 사실, 분노는 좌절에 대한 반응 가운데 하나일 뿐이다. 자신의 필요가 막힐 때 대응할 수 있는 길과 선택의 폭은 아주 넓다."[1]

다른 문화의 분노에 관한 연구에서도 그 사실이 확인된다. 다른 문화의 사람들은 좌절에 순응, 뉘우침, 슬픔, 물러남, 결의 등으로 반응한다. 물론 한 문화 안에서도 다양한 반응이 있을 수 있다.

> 아무도 나를 화나게 만들지 않는다. 그 감정은 내 선택이다.

분노가 나의 선택임을 깨닫는 첫걸음은 분노에 책임을 지는 것이다. 분노는 내 책임이다. 어느 누구의 책임도 아니다. 아무도 나를 화나게 만들지 못한다. 그 감정은 내 선택이다. 우리는 감정의 피해자가 아니다. 분노와 그 파생 감정(죄책감, 수치심, 두려움, 좌절감)에 속수무책 휩싸여서는 안 된다. 그러므로 분노에 지배당할 것이 아니라, 분노를 지배하고 관리하는 법을 잘 살펴보자.

분노의 경로를 바꾼다

분노가 선택이라면, 분노를 부추기기보다 막는 반응을 선택할 수 있다. 우리가 하는 말의 내용과 방법과 시기는 분노의 경로를 바꾸는 힘이 있다.

우리가 선택을 잘하면 분노는 시들어 없어질 수 있다. 그런 선택의 예가 되는 대화를 몇 가지 살펴보자.

평소에 자주 그러듯이 오늘도 켄(Ken)은 퇴근이 늦었다.

"늦었네요!" 웬디(Wendy)의 말은 정보를 전달하기 위한 것이 아니라, 공격이었다.

"나도 시간쯤은 알아. 어쩔 수 없었어." 켄이 대답한다.

"한두 번도 아니고 어떻게 매번 그래요? 어쩔 수 '있을' 때도 한 번쯤은 있을 텐데."

"못살게 좀 굴지 말아요, 웬디. 오늘 바빴다고."

"전화도 못할 만큼요?"

"베이비시터한테 보고도 못할 만큼."

"켄, 바보같이 그러지 말아요."

"내가? 당신이나 잔소리 좀 그만하시지?"

문득 웬디는 자신의 선택으로 이 틀을 깰 수 있다는 것을 깨닫는다. "그래요, 그만해요. 미안해요. 당신을 정말 힘들게 하는 것이 뭐예요? 무슨 일 있는 거예요? 당신 괜찮아요?"

이제 켄도 분노를 키울 건지 막을 건지 선택할 수 있다. 계속 화내기를 택한다면 그는 이렇게 말할 것이다. "일은 무슨 일, 당신 등쌀이 지긋지긋할 뿐이지." 반면 분노 사이클을 버리기로 택한다면 켄은 이렇게 반응할 것이다. "맞아, 나도 미안해요. 오늘 직장에서 좀 안 좋은 일이 있어서…. 당신 때문이 아니에요."

다른 예가 있다.

직장 동료가 당신에게 비하 조로 말한다. "꼴이 말이 아니시군. 그래가지고 오후 회의 때 무슨 도움이 되겠나. 나도 밤마다 술판이나 벌일 시간 좀 있으면 좋겠군."

당신은 스트레스로 녹초가 된 데다 인내심이나 받아줄 마음도 별로 없어 빈정대듯 대답한다. "맞아, 그거야. 술판. 자네가 초대받지 않았으니 다행이지."

동료는 일단 물러서지만 다른 직원들에게 당신을 나쁘게 말하기 시작한다.

이 대화를 이번에는 약간 바꾸어 재현해보자.

직장 동료가 당신을 보며 말한다. "꼴이 말이 아니군. 어떻게 된 거야?"

당신이 대답한다. "아이들이 아파서 밤새 거의 한숨도 못 잤어."

우리의 어휘와 억양과 행동은 분노를 자극해 불을 붙일 수도 있고, 분노를 막아서 무산시킬 수도 있는 위력이 있다. 상대방이 배려심 없이 무례하게 굴 때 우리는 분노를 키우지 않고 가라앉히며 반응할 수 있다. '나' 하기 나름이다.

성난 사람 상대하기

다시 말하지만, 성난 사람과 함께 있는 상황일 때 당신은 선택할 수 있다. 그 자리에 남아 사태를 수습하려 할 것인가, 아니면 자리를 뜨거나 잠시 시간을 갖는 게 최선인가? 상대방이 언성을 높이면 나도 덩달아 화내기 쉽다. 당신이 첫 번째로 할 수 있는 일은 하나님의 인도하심과 지혜를 구하는 것이다. 그대로 있어야 하는가, 떠나야 하는가? 잠자코 들어주어야 하는가, 문제 해결을 위해 나서야 하는가? 당하고만 있어야 하는가, 내 생각을 강변해야 하는가? 상대를 내가 도와야 하는가, 다른 사람의 도움을 받게 해야 하는가? 아니면 이것이 나와 관계된 싸움이나 내 책임이 아님을 깨달아야 하는가?

화내기 전에 대안을 생각하라

38세의 사업가 조(Joe)는 상담을 받으러 왔을 때, 누가 보아도 화가 나 있었다. 그는 자신의 아내가 며칠 전에 했던 일을 지체 없이 나(베카)에게 말하기 시작했다. "저한테 정말 필요한 물건을 가게에서 좀 받아다놓으라고 부탁했는데 아내가 잊어버렸어요. 중요한 거라고 특별히 신경 써달라고 했는데요. 더 이상 저한테 관심조차 없는 것 같아요. 안 보이면 그만이라 그거지요. 어떤 때는 우리가 그냥 집만 같이 쓰고 있다는 기분이 듭니다." 그의 긴장이 풀리자, 나는 그들이 각자 어떻게 반응했는지 – 후회했거나 사과했거나 변호했거나 부정적이었는지 등 – 를 물어보았다. 이어 아내의 건망증을 다르게 평가할 길이 있는지 물었다. 그녀는 다른 일로 생각이 복잡했는가? 생리 중이었는가? 그날 나쁜 소식이나 슬픈 소식이 있었는가? 평소에도 잘 잊어버리는 편인가? 그런 것들이었다.

이렇게 다른 가능성을 탐색해본 후에 나는 조에게 만일 아내가 자신이 바라던 일이 무산되었다는 소식을 막 접했거나, 몸 상태가 좋지 않았거나, 몸이 열 개라도 모자랄 만큼 스트레스가 많았다면, 그랬다면 그의 반응이 어땠을지 생각해보라고 했다. 그의 평가, 즉 아내가 자신이나 자신의 필요에 신경을 쓰지 않는다는 생각이 정말 옳을 경우에 있을 수 있는 다른 감정 반응에 대해서도 대화했다. 그날 상담을 마칠 때 그가 말했다. "오늘 저한테 많을 일을 시키셨습니다만, 덕분에 사건을 평가할 수 있는 길은 하나가 아니라 여럿이며, 내 반응은 나의 선택이라는 것을 배웠습니다."

> 사건을 평가할 수 있는 길은 하나가 아니라 여럿이며 내 반응은 나의 선택이다.

우리는 내가 평가하고 느끼고 행동하는 방식은 모두 내가 선택하는 것임을 배워야 한다. 어떤 사건에 대한 내 감정 반응을 결정짓는 것은, 그 사건에 대한 나의 평가다. 예를 들어, 내 차 앞으로 어떤 차가 갑자기 끼어들 때 나는 그 상황을 여러 방식으로 평가할 수 있고, 그에 따라 감정 반응도 각각 달라진다. 내가 만일 상대방이 위급한 상황이라 어딘가 빨리 가야 된다고 생각한다면, 내 감정 반응은 '긍휼'이 될 것이다. 그러나 내가 만일 상대방을 무책임한 작자로 생각한다면, 내 감정 반응은 '분노' 혹은 '유감'으로 바뀔 것이다.

불행히도 대개 우리는 너무 급작스럽게 상황을 직면하기 때문에, 반응을 평가하고 선택할 시간이 별로 없다. 직관적인 반사작용으로 반응하게 된다. 우리의 반응은 본능적이거나 아주 습관화된 것이며, 흔히 거기서 튀어나오는 것이 분노다. 우리의 많은 감정 반응을 재조정해야 하는 이유가 거기에 있다. 비록 어렵고 시간이 걸리는 일이지만, 분노를 유발하는 상황들을 재평가하는 과정을 지금부터 시작하기 바란다. 본능적인 평가는 럭비공과 같아서 어디로 튈지 모른다. 하나님을 높이는 방식으로 평가하도록 우리의 마음과 생각을 훈련할 필요가 있다. 우리의 반응을 시험에 부쳐 그것이 적절한지 부적절한지, 용납할 만한지 아닌지, 경건한지 죄인지 따져 보아야 한다.

원리는 이렇다. 사건은 평가를 낳고, 평가는 다시 감정 반응과 행동 반응을 낳는다. 평가의 목표는 가장 좋고 지혜로운 반응을 찾아내는 것이다.

| 사건 | → | 평가 | → | 감정 반응 | → | 행동 반응 |

실속 있는 평가

그렇다면 핵심 과제는 평가다. 이 부분에 작업이 필요하다. 어떤 사건이 벌어졌을 때 우리에게 드는 감정은 그 사건에 대한 자신의 평가에 따라 달라진다. 우리는 이렇게 자문해야 한다. 사건을 다른 방식들로 평가할 수 있는가? 그때 상대방에게 무슨 일이 있었는가? 내가 상황을 지나치게 감정적으로 받아들이고 있는가? 어떻게 된 것인가? 나의 이런 시각에 기여한 요인들은 무엇인가? 내 평가를 바꿀 수 있는가? 바꾸어야 하는가?

몇 가지 예를 들어보자. 자녀가 말을 안 들었는데 내가 그 행동을 고의적인 반항과 불순종으로 평가한다면, 아마 나는 분노로 반응하여 벌을 줄 것이다. 하지만 그 행동을 다르게 평가하여, 아이가 무언가에 불만이 있어 나의 관심을 바라는 것으로 본다면, 내 감정 반응은 분노가 아니라 긍휼이 될 것이다. 나는 그 감정 반응 이후 아이와 더 많은 시간을 함께 보낼 것이다. 물론 이참에 아이의 적절하지 못한 반응을 고쳐주고 더 나은 표현 방법도 일러주겠지만, 어쨌든 배후의 필요는 채워줄 것이다. 이러한 여러 가지 시나리오를 표로 정리해보면 다음과 같다.

사건	가능한 평가	감정 반응	행동 반응
자녀가 말을 안 듣는다.	"고의로 반항하는 거다."	분노	징계
	"무언가 불만이 있어 관심을 바라는 거다."	긍휼	아이와 함께 시간을 보낸다.
애인이 바람을 맞혔다.	"무책임한 처사다."	분노	복수를 꾀한다.
	"내가 매력이 없는 거야."	나 자신에 대한 분노	자학, 우울
	"뭐 안 됐지만, 다른 일을 할 자유 시간이 생겼네."	즐거움	가서 즐겁게 지낸다.
가게에 내가 원하는 물건이 없다.	"지금 당장 필요한데!"	분노	가게를 비방하고 보이콧한다.
	"저쪽의 다른 가게로 가야겠군."	짜증	다른 가게로 간다.
	"그냥 없이 지내지 뭐."	짜증	그 물건 없이 적응한다.
상사가 내 보고서에 누락된 부분이 있다고 한다.	"나는 무능해."	두려움, 분노	회피, 복수
	"알려주어서 고맙다."	감사	보고서를 고친다.
	"다시 확인해보라, 분명히 제대로 했다."	자신감	상사와 함께 보고서를 다시 검토한다.
친구가 내 험담을 한다.	"치사하게시리!"	분노	복수
	"본인의 심리적 불안 때문이야."	연민	다가간다.
가족이 나를 탓한다.	"틀린 말이다!"	분노	방어, 복수
	"맞는 말이다."	뉘우침, 자백	변화
	"내 탓이 아니라 자기 탓이다!"	분노	복수
	"자기 탓인데 너무 괴로워 인정하지 못하는 거다."	긍휼	다가간다.

함부로 꼬리표를 붙이거나, 지나치게 일반화하고, 틀에 맞추거나 단정하며, 기대하거나 예측하고, 지나치게 축소하거나 확대하면, 평가가 틀어질 수 있고 실제로 그렇게 된다. 우리의 평가는 문화적 규범, 과거의 경험, 주위

> 내 불의한 분노는 결코 하나님의 목적을 이루지 못하며, 결국 자신과 남에게 상처만 입힌다.

의 모본, 자신의 편견, 기분, 지각, 신념, 가치관의 영향을 받는다. 다른 사람의 말을 다양하게 해석할 수 있는 시각을 기를수록 애먼 분노의 소지가 줄어든다.

어떻게 하면 더 좋은 평가자가 될 수 있을까? 행동하기에 앞서 잠시 생각할 줄 알아야 한다. 엉뚱한 결론으로 비약하지 않도록 조심해야 한다. 사실, 예수님의 동생 야고보는 함께 어려움을 겪고 있는 사람들에게 지혜롭게 평가하기 위해서는 혀와 감정을 다스려야 한다고 했다. "사람마다 듣기는 속히 하고 말하기는 더디 하며 성내기도 더디 하라 사람이 성내는 것이 하나님의 의를 이루지 못함이라"(약 1:19-20). 다음 장부터 이 구절을 더 자세히 살펴보겠지만, 여기서는 나(칩)의 충동적인 성격을 '견제하는' 수단으로써, 이 구절을 암송한 것이 큰 도움이 되었음을 말하고 싶다. 내 불의한 분노는 결코 하나님의 목적을 이루지 못하며, 결국 자신과 남에게 상처만 입힌다. 요컨대 우리는 다 객관적으로 보려고 힘써야 하며, 사건에 대한 다른 가능한 해석이나 반응에 마음을 열어야 한다.

서약

'학대 행동을 극복하는 남자들(MOAB, Men Overcoming Abusive Behavior)'이라는 그룹의 회원들은 모임을 시작하고 끝낼 때마다 외우는 서약이 있다. 변화에 대한 그들의 선택과 각오가 잘 담겨 있는 말이다. 몇 가

지 핵심 소절은 우리 모두의 일상생활에 적용해도 좋은 다짐이다.

나는 폭력을 행사하지 않겠다.
나는 홧김에 누구에게도 손대지 않겠다.
나는 윽박지르지 않겠다.
나는 기물을 파손하거나 애완동물에게 폭력을 행사하지 않겠다.
나는 자신에게 좋은 일을 한 가지 하겠다.

변화를 위한 실천

분노가 선택이라면, 우리가 남에게 반응하고 사건을 평가하는 방식에 어떤 변화가 필요하다. 우리는 지혜롭고 건강하고 경건한 선택을 해야 한다. 우선 변화하려는 의욕이 있어야 한다. 없다면 그런 의욕을 달라고 하나님께 구하라. 다음은 내 분노 반응을 바꾸겠다는 각자의 의식적인 결단이 있어야 한다. 변화가 지속되려면, 무엇을 어떻게 바꿀 것인지 구체적인 계획을 세워야 한다. 끝으로 단호히 실천에 힘써야 한다. 계속 버티기로, 힘들어도 포기하지 않기로, 하나님의 도우심에 힘입어 시도하고 또 하기로 다짐하는 것이다.

요점

분노를 공격적으로 터뜨릴 것이냐, 자기 주장을 내세울 것이냐는 우리의 선택이다. 심사숙고하기로, 즉 미리 생각해서 적절한 말을 하기로 선택하면, 하나님이 반드시 개입하시어 우리를 도우시고 인도하시며 분노를 그분의 방식대로 처리할 수 있는 능력을 주신다. 쉽지 않겠지만 – 새로운 습성을 기르는 일은 본래 쉽지 않다 – 그분께서는 우리를 현재의 자리에서, 꼭 있어야 할 자리로 데려다주실 의향이 얼마든지 있다.

생각할 문제

1. 분노의 방향을 돌리고 경로를 바꾸는 것에 대해 이번 장에서 배운 내용은 무엇인가?
2. 우리는 왜 종종 다른 사람들의 동기를 쉽게 최악이라고 단정 짓는가?
3. 당신의 관계에서 가장 힘든 부분은 무엇인가? 당신은 함부로 꼬리표를 붙이고, 섣부르게 일반화하며, 틀에 맞추거나 단정하고, 기대하며, 지나치게 축소하는 경향이 있는가? 더 건강한 평가를 하기 위해 당신이 취할 수 있는 구체적인 조치는 무엇인가? 한 가지만 말해보라.

실천할 행동

- 최근에 있었던 언쟁을 떠올려보라. 대화의 내용과 전달 방식을 떠올려보라. 분노를 적절히 처리했더라면 대화가 어떻게 진행되었을지, 당신의 생각을 바탕으로 가상의 대화를 써보라. 상대가 공감할 수 있도록 어조에 특히 중점을 두라.
- 최근에 당신이 분노했던 상황을 떠올려보라. 상대의 언행에 대한 여러 다른 평가, 즉 당신의 시각을 바꿔주고, 분노를 줄이거나 없애주었을 평가를 머릿속으로 쭉 떠올려보라. 이렇게 자신을 늦추고 분노 유발 요인에 대한 다른 가능한 해석을 숙고하는 연습을 하면, 미래의 상황에 도움이 될 만한 심리적 습관들을 기를 수 있다.

- '변화를 위한 실천' 단락의 제안을 실행에 옮겨보라.

    1. 변화하려는 의욕이 별로 강하지 못하다면 하나님께 의욕을 달라고 구하라.
    2. 당신의 분노 반응을 바꾸기로 굳게 결단하라. 결단의 내용을 글로 써서 서명하면, 그 결심을 고수하는 데 도움이 된다.
    3. 변화되고 싶은 내용과 방법에 대해 구체적인 계획을 세우고 종이에 기록하라.
    4. 실천에 대한 각오를 믿을 만한 친구에게 말하라. 2번에서 기록한 글을 눈에 잘 띄는 곳에 붙여두면 도움이 된다.

제5부

분노를 관리하는 법

14 1단계: 듣기

● 신이 인간을 지을 때 입 하나에 귀 둘을 주신 것은, 말하기보다 듣기를 두 배로 하라는 뜻이다.
_ 중국 속담

야생마를 상상해보라. 멋지고 힘센 말이 있다. 이번에는 그 말에 올라타는 노련한 카우보이를 상상해보자. 말은 몸을 비틀며 날뛴다. 자칫하면 그 막강한 힘으로 카우보이를 죽게 할 수도 있다. 그러나 카우보이는 끈기와 인내를 가지고 노련하게 조심조심 계속한다. 며칠 후에는 말 등에 안장이 놓이고 입에 재갈이 물려 있다. 멋지고 힘센 야수가 길들여진 것이다. 여전히 강하고 위험한 짐승이지만 이제 그 힘이 제어되어 선용된다.

분노는 야생마다. 우리는 그것을 길들여서 선용해야 한다. 분노는 활력과 위력과 힘이 막강한 감정이다. 그것은 아주 파괴적인 잠재력을 지니고

> 분노에 재갈을 물리지 않고 그냥 두면 우리는 물론 주변 사람들까지 망칠 수 있다.

있지만 선을 위한 잠재력도 크다. 분노에 재갈을 물리지 않고 그냥 두면 우리는 물론 주변 사람들까지 망칠 수 있다. 우리는 분노에 지배당할 게 아니라 분노를 지배할 줄 알아야 한다. 그렇지 않으면 분노가 장벽을 쌓고 우리 마음과 생각을 옥죌 수 있다. 화를 하나님의 의도대로 사용할 줄 모르는 한 그것은 늘 우리 삶의 문제가 된다. 우리는 분노를 알아야 하고 선용해야 한다. 하나님이 분노에 대해 뭐라고 말씀하시는지 알아야 한다. 분노는 악한 것이 아니다. 다만 길들여야 할 뿐이다.

어떻게 하면 화내고, 복수하고, 우울해지는 수준을 벗어날 수 있을까? 분노가 하나님의 원안대로 작용하도록 성령의 인도를 받아 사는 법을 어떻게 배울 것인가? 삶 속에서 분노의 파괴적인 부분을 극복하기 위해 우리에게 필요한 실제적인 조언은 무엇인가? 어떻게 분노의 긍정적인 힘은 선용하고 부정적인 닦달에는 재갈을 물릴 것인가? 야생마를 어떻게 길들일 것인가?

하나님이 가르쳐주신 분노를 관리하는 법

야고보서는 힘든 시절을 지나고 있는 사람들에게 쓴 편지다. 야고보는 자칫 그들이 나중에 후회할 만한 언행을 할 수 있음을 알았다. 그가 격려하는 중에, 하나님은 그를 감화하셔서 세 부분으로 된 분노 관리 방안을 기록하게 하셨다. 간단하면서도 도전적인 내용이다. (1) 듣기는 속히 하고 (2) 말하기는 더디 하며 (3) 성내기도 더디 하라(약 1:19). 이 방안은 옛날에 기록된 것이지만 오늘 우리의 정곡을 찌른다. 우리 모두가 스트레스를 받으면 미련하고 실없는 언행으로 죄를 짓기 쉽다는 것을 하나님은 익히 아신다. 1세기의 그리스도인들처럼 우리도 압박을 받으면 노하기 쉽다.

하지만 거기서 끝나지 않는다. 다음 구절에 우리가 이 방안을 따라야 하는 이유가 나온다. "사람이 성내는 것이 하나님의 의를 이루지 못함이라" (약 1:20). 분노가 사납게 날뛰도록 계속 두면, 하나님이 가장 좋게 여기시는 생활 양식을 우리는 결코 이룰 수 없다. 분노가 길을 막고 방해함으로써 우리의 삶은 엉뚱한 방향으로 가게 된다.

그간 내(베카)가 심리학자로서 전문적인 연구와 경험을 통해 발견한 바로는, 대부분의 분노 관리 기법과 자료는 하나님이 옛날에 말씀하신 이 세 가지 기본 분야와 일치한다고 볼 수 있다.

1. 우리는 적극적으로 경청해야 한다.
2. 우리는 입을 열기 전에 생각해야 한다.
3. 우리는 반응 속도를 늦추어야 한다.

하나님의 조언은 시대를 초월한다. 그분은 우리 인간의 성향과 부족함을 아시고 우리에게 아주 귀하고 실제적인 도움을 베푸신다.

우리의 삶, 가정, 직장, 운전대에서 성질을 길들인다는 것은 어떤 것일까? 지금부터 석 장에 걸쳐 하나님의 분노 관리 방안을 알아볼 것이다. 각 명령을 좀 더 자세히 살펴보면서, 당신이 오늘부터 당장 활용할 수 있는 몇 가지 유익하고 실제적인 도구를 제시하려 한다. 첫 번째 도전은 "듣기는 속히 하라"는 것이다.

1단계: 듣기는 속히 하라

원어로 이 말은 '열심히 듣는다, 마음을 연다'는 뜻이다. '준비되어 있다,

> 하나님의 조언은 시대를 초월한다. 그분은 우리 인간의 성향과 부족함을 아시고 우리에게 아주 귀하고 실제적인 도움을 베푸신다.

곁에 있다, 들을 마음이 있다'는 뜻이다. '듣다'로 번역된 단어는 '이해한다, 알아듣는다'는 뜻이다. 성경에 들으라는 권고가 나올 때는 언제나 또한 순종하라는 도전이기도 하다. 야고보는 화가 났을 때 하나님과 사람들과 상황에 대한 우리의 즉각적인 반응이 경청이어야 한다고 말한다. 무턱대고 반응하지 말고 순순히 들으라는 것이다. 우리는 열린 마음, 준비된 마음으로 상대의 말을 이해하고 알아듣기 위해 곁에서 열심히 힘써야 한다. 이것은 우리의 본능에 어긋나는 일이다. 상처받고 좌절되고 속상할 때면, 우리는 깊이 생각하기보다 일단 반응하는 경향이 있다. 멈추어 상대의 말, 분노의 배후 감정, 하나님의 음성을 듣지 않는다. 대신 분노에 휩쓸려 야생마처럼 사납게 날뛴다. 야고보는 분노에 재갈을 물리는 유일한 길은 반응을 멈추고 순순히 하나님의 진리를 듣는 것이라고 말한다. 그의 권고대로, 감정이 격앙된 중에도 우리는 들으려는 자세를 기르고 이 말씀을 적용해야 한다.

경청하는 것은 쉽지 않다

화가 나면 경청 능력이 급속도록 떨어진다. 상처나 좌절이나 불안에 사로잡히기 때문이다. 강하게 분노할수록 듣는 기술은 줄어든다는 사실을 기억하면 좋다. 심장이 피를 흘리고 생각이 어지러울 때는 다른 사람의 말이 잘 들리지 않는다.

잘 들어주는 일은 평소에도 쉽지 않지만, 갈등 관계 속에서는 엄청나게 어려워진다. 그렇기 때문에 더 열심히 노력해야 한다.

'속히 듣는 법'을 배우는 일은 평생의 목표가 되어야 한다. 노력과 에너지, 힘과 지구력을 요하는 일이다. 진지한 의욕과 일관된 의지가 필요하다. 하나님의 도움이 필요하다.

경청을 배우려는 의욕

어떤 여자가 칩에게 이런 편지를 보냈다. "제가 분노하는 방법은 진짜 문제가 있어요. 저는 화가 나면 폭발합니다. 집에 십대 아들이 있는데, 문제가 끊일 날이 없어요. 죄책감과 처참한 기분이 듭니다. 분노에 대한 목사님의 강의를 듣고나서부터 속히 듣는 법을 배우고 있습니다. 분노 문제를 해결하는 법을 배우고 있어요." 이어서 그녀는 자신이 아들에게 쓴 편지를 동봉했다.

> 사랑하는 탐(Tom)에게
>
> 우선 너를 무지무지 사랑한다는 말부터 하고 싶다. 너한테 화내고 소리도 많이 지른다는 걸 알아. 하지만 엄마 마음은 그렇지 않다는 걸 알아주었으면 좋겠구나. 솔직히 엄마는 이 분노 문제를 극복할 지식과 힘을 달라고 계속 기도했어. 그런데 봐라, 하나님은 늘 신실하신 분이지. 요즘 교회 설교 주제가 '분노와 격노'야. 목사님이 분노 감정을 극복하는 법을 최선을 다해 가르쳐주셔. 최고의 교사는 예수님이시란다. 최고의 무기는 기도이고. 엄마가 더 좋은 엄마가 되고 더 이상 화내지 않게 해달라고 꼭 기도해주렴. 말로 너한테 상처주는 죄도 짓지 않게 해달라고. 사랑한다. 엄마는 네가 아주 자랑스럽다.
>
> 사랑하는 엄마가

그녀는 듣기를 속히 한다는 게 무슨 의미인지 배우고 있다. 자신의 분노 배후에서 실제로 일어나는 일을 듣고, 아들의 필요를 더 잘 들으며, 분노에 대해 하나님이 하시는 말씀을 듣기를 원한다. 아주 좋은 출발점이다!

무엇을 들어야 하는가

우선 물어야 할 게 있다. "나는 무엇을 들어야 하는가?" 경청하는 귀가 필요한 분야는 다음 세 가지다.

1. 나의 분노를 부추기는 배후 감정을 알려면 나 자신의 진짜 감정을 들을 줄 알아야 한다.
2. 경청 기술을 잘 개발해서 다른 사람들이 하는 말을 들을 줄 알아야 한다.
3. 감정적으로 격앙된 상황에서도 하나님의 음성과, 그분이 내게 원하시는 바를 들을 줄 알아야 한다.

분노의 일차 감정 내지 배후 이유를 듣는다

속히 들으려면 잊지 말고 자신에게 던져야 할 핵심 질문이 있다. "이 분노가 나에게 하려는 말이 무엇인가?" 우리는 이러한 배후의 감정이 들릴 때까지 분노를 충분히 경청하는 법을 배울 수 있다. 분한 생각을 품고 거기에 집착하는 게 아니라 일차 감정을 힘써 찾아낼 수 있다. 잊지 말라, 분노는 후드 밑에 문제가 있음을 알리는 당신 영혼의 계기판의 불빛이다. 자신의 마음에 귀를 기울여 정말 어떤 상태인지 들으라. 당신은 질투, 상처, 오해, 창피함, 죄책감, 두려움, 불안, 슬픔, 답답함을 느끼고 있는가? 필요를 채움받지 못한 데서 오는 상처가 있는가? 기대가 꺾인 데서 오는 좌절이 있는가? 위협받는 느낌에서 오는 불안이 있는가? '듣기를 속히 한다'는 것은 자신의 마음을 경청하여 분노의 배후 이유를 밝혀내는 것이다.

다른 사람들의 말을 듣는다

프랭클린 D. 루즈벨트(Franklin D. Roosevelt)는 숱하게 열리는 백악관 연회에서 많은 내빈을 함박웃음으로 맞이하곤 했다. 한번은 그가 사람들이 자신의 말을 제대로 듣고 있는지 알아보기로 했다. 그는 손을 내밀며 다가오는 사람들한테 "오늘 아침에 내가 우리 할머니를 죽였소"라고 말했다. 사람들은 자동으로 다음과 같이 반응했다. "정말 대단하십니다!", "계속 잘 해주시기 바랍니다!" 아무도 그의 말을 제대로 듣고 있지 않았다. 한 외국인 외교관만 예외였다. 대통령이 "오늘 아침에 내가 우리 할머니를 죽였소"라고 말하자, 그 외교관은 이렇게 대답했다. "할머니가 그럴 만한 일을 하셨겠지요."

여러 연구에 따르면, 우리는 깨어 있는 시간의 무려 80퍼센트를 의사소통에 들인다고 한다. 그중 듣는 데 쓰는 시간이 45퍼센트쯤 된다. 이런 굉장한 시간을 소비함에도 불구하고, 이 중요한 기술을 가르치는 곳은 거의 없다. 학교 교육의 초점은 주로 읽기, 쓰기, 수학에 있다. 사실, 읽기와 쓰기보다는 듣기와 말하기가 가장 널리 쓰이는 의사소통 기술이지만, 교육 프로그램들은 후자보다 전자를 가르치는 데 훨씬 많은 시간을 쏟고 있다.

경청 기술이 향상되면 많은 불화가 사전에 해결된다. 대개 분노는 남의 비판이나 애매한 말에 대한 반응인데, 경청을 통해 우리는 분노가 유발되는 횟수를 줄일 수 있다. 어떻게 줄일 수 있을까? 듣는 귀가 열리면, 어떤 분노는 단순히 말뜻이 와전되거나 오해, 감정 실린 어휘의 사용 때문임을 알게 된다.

> 경청은 개발해야 할 기술이다.

경청은 개발해야 할 기술이다. 선천적으로 타고나는 능력이 아니라 작심하고 길러야 하는 기술이다. 듣기와 경청은 동의어가 아니므로 의식적인 노력이 필요하다. 말하는 내용을 귀로 듣고도 실제로는 경청하지 않을 수 있다. 예수님이 자주 하신 말씀이 있다. "들을 귀 있는 자는 들을지어다."

> 상대의 의도와 그렇게 느끼는 이유를 의지적으로 이해하려고 노력하면, 내 반응 방식이 달라진다.

무리를 향하여 귀로만 듣지 말고 머리와 가슴으로 들으라고 하신 권고다.

경청은 분노 관리의 필수 요소다. 우리는 상대의 말뿐만이 아니라, 더 중요하게 그 배후의 감정을 들어야 한다. 상대의 마음과 상처를 들으면 나의 분노 반응이 줄어든다. 입 밖에 낸 말 이상의 것을 들으면 상대의 언행을 부추기는 요인을 더 잘 이해할 수 있다. 분노 반응을 가장 확실히 억제해주는 것 중 하나는 공감이다. 상대의 의도와 그렇게 느끼는 이유를 의지적으로 이해하려고 노력하면, 내 반응 방식이 달라진다. 상대방이 하는 말의 내용에는 전혀 동의하지 않을지라도 전처럼 쉽게 노하지는 않는다. 그만큼 상대방이나 나 자신의 약점에 대해 관용과 은혜와 이해가 많아지기 때문이다.

잘 듣는 사람이 되기 위한 열 가지 제안

대부분의 사람들에게 경청은 거저 되는 것이 아니다. 당신은 쉬지 않고 말하는 사람, 쉽게 산만해지는 사람, 남이 말할 때 집중하기 어려운 사람일 수 있다. 많은 사람과 상황이 지루하게 느껴질 수도 있다. 상상력이 부족해서 대화 이면에 깔려 있는 배후의 감정을 잘 파악하지 못할 수도 있다. 당신이 어떤 사람이든, 강점과 약점이 무엇이든, 잘 듣는 사람이 되기 위한 다음의 몇 가지 유익하고 실제적인 제안은 도움이 될 것이다.

1. 말을 그치라(자신이 말하고 있는 동안에는 상대방의 입장을 경청하거나 이해할 수 없다).
2. 방해 거리를 최대한 줄이라(텔레비전, 라디오, 전화, 컴퓨터, 스테레오가 켜져 있거나, 손에 신문을 들고는 경청하기 어렵다).
3. 마음이 분산되지 않게 집중하라. 경청은 힘든 일이며 훈련을 요한다.

4. 자신의 사고 속도를 조절하여 상대가 하는 말에 초점을 맞추라. 당신의 생각이 상대의 말보다 빠르기 때문에 자칫 경청에 집중하는 걸 잊어버리고 공상에 빠지기 쉽다. 두뇌의 사고 과정을 조절하여, 자신의 다음번 (방어) 반응보다는 상대가 하고 있거나 하려는 말에 집중하라.
5. 시종 눈을 맞추라. 경청 기술도 향상되고, 당신이 듣고 있다는 것을 상대가 알게 된다.
6. 말하지 않는 말을 들으라. 배후의 감정에 주목하라. 행동에 비치는 단서나 기타 비언어적인 단서를 찾으라. 상대의 생각과 기분을 이해하려고 노력하라.
7. 중간에 말을 끊지 말라. 가끔씩 수긍의 말을 해주면 당신이 듣고 있다는 확인이 되지만, 그 때문에 대화가 곁길로 빠져서는 안 된다.
8. 상대가 감정 실린 어휘를 사용해도 집중력을 흩뜨리지 말라(흔히 우리는 상대가 욕이나 '싸움을 거는 말'을 하면 집중력을 잃고 산만해진다).
9. 상대방이나 대화가 재미없거나 '실없다'고 속단하지 말라. 주파수를 충분히 맞추기도 전에 채널을 딴 데로 돌리지 말라.
10. 상대의 말을 충분히 이해하기 위해 필요하다면 확인 질문을 하라. 그냥 알아들었다고 단정하기보다 물어보는 게 낫다.

우리의 목표는 적극적으로 경청하고 공감하는 사람이 되는 것이다. 지금부터 위의 경청 기술 가운데 두세 가지를 골라 가정이나 직장에서 시도해보라. 상대방의 말을 더 잘 들어줄 때 당신의 분노 지수가 얼마나 내려가는지 살펴보라.

하나님의 음성을 듣는다

끝으로 가장 중요하게, 우리는 늘 하나님과 그분이 내게 바라시는 바를 속히 들으려 해야 한다. 얼마 전에 나(베카)는 내가 정말 원하는 일을 사람들이 나에게 맡기지 않아 화가 났다. 실망했고 실망이 분노로 변했다. 담당자들에게 퍼부을 방어적인 비난을 궁리하고 있는데, 기도해야겠다는 생각이 들었다. 화날 때 늘 기도할 생각부터 나는 것은 아니지만, 기도할 마음이 있든 없든 기도는 늘 적절한 일이다. 기도하는데 하나님이 큰소리로 똑똑히 말씀하시는 것 같았다. "이것이 내 뜻이니 나를 신뢰하라." 하나님의 관점이 생기면서 내 분노는 서서히 씻겨나갔다. 멈추어 들었기 때문에 가능한 일이었다.

> **하나님의 음성을 들으면 내 분노 반응이 느려진다.**

하나님의 음성을 어떻게 듣는가? 그분의 말씀을 읽으면서 듣는다. 그분께 발언의 기회를 드리는 셈이다. 말씀을 읽노라면 종종 새로운 깨달음도 얻고, 그분의 인도하심도 받으며, 현재 상황에 딱 맞는 말씀에 깜짝 놀라기도 한다. 기도를 통해서도 하나님의 음성을 들을 수 있다. 기도 중에 성령이 우리의 마음과 머리에 생각을 넣어주실 수 있다. 영적으로 성숙한 제삼자에게 문제를 정리할 수 있도록 도와달라고 신앙 상담을 청할 수도 있다. 내 영혼의 창조주께 귀를 기울이면 내 시각이 달라진다. 극적으로 달라질 때도 있다. 하나님의 음성을 들으면 내 분노 반응이 느려진다.

요점

분노라는 야생마를 길들이려면 우선 '듣기를 속히' 해야 한다. 그것은 우리가 이런 사람이 된다는 뜻이다.

- 내 분노를 부추기는 요인을 속히 듣는다.
- 상대의 말을 속히 듣는다(적극적으로 경청한다).
- 하나님의 음성을 속히(언제라도 준비되어 있다가) 듣는다(하나님이 하시려는 말씀을 경청한다).

생각할 문제

1. 당신은 성장기에 다른 사람과 대화로써 의사소통을 하고, 그들의 말을 경청하는 일을 훈련하는 데 얼마나 의식적인 노력을 기울였는가? 그런 기술을 애써 길렀는가, 아니면 대부분의 사람들처럼 그냥 무의식중에 터득했는가?
2. 당신이 경청할 때 가장 방해가 되는 요소는 무엇인가? 두세 가지만 말해보라.
3. 당신이 경청하기 가장 힘든 사람은 누구인가? 이유는 무엇인가?

실천할 행동

- 잘 듣는 사람이 되기 위한 열 가지 제안을 다시 보라. 당신이 가장 잘 하는 것들 옆에는 '+'를, 더 노력이 필요한 항목들 옆에는 '−'를 표시해보라.
- 당신의 분노 대상이 되는 사람이나 장소나 상황을 하나 떠올려보라. 다음 세 가지 경청 분야를 머릿속으로 쭉 생각해보라.

    1. 내 분노를 부추기는 요인을 듣는다. 배후에 무엇이 있는가?
    2. 상대의 말을 듣는다. 상대의 생각과 기분이 어떤 것 같은가?
    3. 하나님의 음성을 듣는다. 하나님은 내가 이 일을 어떻게 처리하기를 원하시는가? 내가 무엇을 하기를 원하시는가?

- 이번 주에는 날마다 대화를 하나씩 선택해 경청의 기술을 연습해보라. 그 대화에 충돌의 소지가 있든 없든 상관없다. 집중하기, 눈 마주치기, 말 배후의 감정에 주목하기, 말 끊지 않기 등을 연습하라. 이런 모습이 당신에게 습관이 될 때까지 해보라.

15 2단계: 말하기

- 말 많은 사람치고 말 잘하는 사람 없다.
  _ 카를로 골도니(Carlo Goldoni)
- 언어 구사력이 좋아야 침묵을 지킬 수 있다.
  _ 작자 미상

처음에는 저녁 식사를 하며 즐겁게 대화를 시작했으나, 에피타이저를 다 먹기도 전에 분위기가 썰렁해졌다. 일행 중 다섯은 서로 잘 아는 사이였고 나머지 한 명은 새로 온 사람이었다. 그는 어떤 심각한 사회 문제에 대한 경박한 말을 듣고는 – 마침 그 문제는 그가 지닌 사명의 핵심이자 그의 격정에 불을 붙이는 주제였던 모양이다 – 발언자를 맹비난했으며, 그의 경박성을 책망했다. 남은 저녁 시간 내내 분위기가 푹 가라앉고 말았다.

알고보니 일행은 그 심각한 사회 문제에 대해서 모두 동일한 의견을 갖고 있었으며, 경박한 말은 '잘못된' 의견을 지닌 반대편 사람들을 살짝 놀리려던 것뿐이었다. 새로 온 사람이 만일 그들을 더 잘 알았더라면, 그리고 "그 말 진심입니까?"라든지 "이 문제에 대한 당신의 진짜 입장은 무엇입니까?" 같은 간단한 질문을 한두 가지 던졌더라면, 자신이 뜻이 맞는 친구들 속에 있으며 그들이 서로 파격적인 농담에 익숙해져 있을 뿐임을 알았을 것이다. 그는 발언자를 강하게 비난할 필요도 없었을 것이고, 저녁 시간은 쭉 재미있었을 것이다. 대신 그날 밤 식당을 나설 때, 그는 새 친구들이 자기를 유머라고는 모르는 답답한 인간으로 보지는 않을지, 앞으로 또 저녁 식사에 초대받게 될지 의문이 들었다.

많은 사람들이 공감할 수 있는 이야기다. 당신은 종종 급히 분노를 표현한 쪽일 수도 있고, 그 분노를 받은 쪽일 수도 있다. 안타까운 것은 '반응 기제'가 조금만 느려도 이런 상황을 쉽게 피할 수 있다는 것이다. 몇 마디의 정중한 질문, 싸움의 손익을 머릿속으로 따져보는 대차대조표, 단순히 몇 분 더 기다리는 능력 등만 있으면 대개 오해를 막을 수 있고 즐거운 관계를 유지할 수 있다. 문제는 이런 유익한 도구들의 사용법을 배우지 못했거나 아예 있는지조차 모르는 사람들이 많다는 것이다.

14장부터 우리는 하나님의 분노 관리 방안을 살펴보고 있다. 분노가 사납게 날뛰지 못하도록 우리를 도우시려는 그분의 전략이다. 간단하면서도 도전적인 과정이다. (1) 듣기는 속히 하고 (2) 말하기는 더디 하며 (3) 성내기도 더디 하라. 이번에는 경건한 조언의 두 번째 부분, 즉 "말하기는 더디 하라"를 살펴보면서 분노 길들이기의 기초를 계속 배워보자.

2단계: 말하기는 더디 하라

대부분 우리는 말해놓고 후회될 때가 말하지 않아서 후회될 때보다 훨씬 많다. 침묵을 후회할 때보다 발언을 후회할 때가 훨씬 많다. 말하기를 더디 한다는 것은 말하기 전에 생각하고, 말하기 전에 신중하게 저울질한다는 뜻이다. 흔히들 하는 말처럼, "보통 사람은 말하고나서 생각하지만 보통 이상인 사람은 말하기 전에 생각한다."

말하기를 더디 한다는 것은 슬로모션처럼 말을 천천히 한다는 뜻이 아니다. 말을 조심하고 입을 다문다는 뜻이다. 그리스어 원어로 이 말씀의 문자적인 의미는 말을 입 밖에 내기 전에 멈추어 생각 내지 숙고하는 것이다.

> 보통 사람은 말하고나서 생각하지만 보통 이상인 사람은 말하기 전에 생각한다.

나중에 후회가 될 말은 금하거나 삼가고, 전달하려는 말을 심사숙고한다는 뜻이다. 홧김에, 충동적으로 말하는 게 아니라 멈추어 생각하는 것이다.

최소한 잠깐만이라도 입을 다물면, 모진 비판과 상처의 말로 상대방의 마음을 찌르지 않게 된다. 잠언에 나오는 말씀이다. "입을 지키는 자는 자기의 생명을 보전하나 입술을 크게 벌리는 자에게는 멸망이 오느니라"(잠 13:3). "네가 말이 조급한 사람을 보느냐 그보다 미련한 자에게 오히려 희망이 있느니라"(잠 29:20). 말을 조급하게 하는 것은 어리석은 일이다. 말하기 전에 저울질을 해야 한다. 우리의 목표는 말하기 전에 생각하는 것, 반응하기보다 숙고하는 것이다. 그렇지 않으면 우리의 언행에 거짓이 섞여들 위험이 있다. 임시방편의 거짓말을 할 수도 있으며, 나와 뜻이 다른 사람을 내 편으로 둔갑시킬 수도 있으며, 악한 의도로 비방할 수도 있다.

우리는 흔히 말을 별로 심각하게 여기지 않지만, 하나님은 우리의 입에서 나오는 말에 대해 아주 강경하게 말씀하신다. 말에 대한 그분의 관점을 갖지 않는 한, 우리는 무분별한 부정적인 결과를 계속 거두게 될 것이다. 다음의 구절들을 천천히 뜻을 생각하며 읽기 바란다. 그리고 지금부터 당신도 그분처럼, 말하는 것을 심각하게 여기게 해달라고 기도하라.

"나의 행위를 조심하여 내 혀로 범죄하지 아니하리니… 내가 내 입에 재갈을 먹이리라"(시 39:1).

"명철한 자는 잠잠하느니라"(잠 11:12).

"입과 혀를 지키는 자는 자기의 영혼을 환난에서 보전하느니라"(잠 21:23).

"네 혀를 악에서 금하며 네 입술을 거짓말에서 금할지어다"(시 34:13).

"미련한 자라도 잠잠하면 지혜로운 자로 여겨지고 그의 입술을 닫으면 슬기로운 자로 여겨지느니라"(잠 17:28).

"칼로 찌름 같이 함부로 말하는 자가 있거니와 지혜로운 자의 혀는 양약과 같으니라"(잠 12:18).

"죽고 사는 것이 혀의 힘에 달렸나니"(잠 18:21).

이 말씀들에 보듯이, 우리가 말을 함부로 하면 환난, 거짓말, 악 심하면 정서적 죽음까지 부를 수 있다. 반면에 혀에 재갈을 물리면 명철, 지혜, 치유, 생명이 온다.

누군가 당신에게 말을 함부로 쏟아낸 기억이 있는가? 당신 쪽에서 되는 대로 퍼부은 적은 없는가? 그때 관계에 피해를 입지 않았는가? 어떤 관계는 지금도 아프거나 껄끄럽지 않은가? 그런 경험을 떠올리면 새삼 입을 다물어야겠다는 각오가 설 수 있다.

"모진 말은 결국 독이 되어 돌아온다"는 말이 있다. 어떻게 하면 혀를 놀리기 전에 생각을 다잡을 수 있을까?

분노의 홍수를 제어한다

자신의 분노를 제어할 수 없다고 진심으로 믿는 사람들이 많이 있다. "그냥 끓어오른다. 생각할 겨를조차 없다. 그냥 입으로 터져나온다." 당신은 허구한 날 시끄럽게 싸우는 불화한 가정에서 자랐을지 모른다. 평생 동안 보고 자란 본보기가 그것뿐이라서, 이제 너무 물들어 길들여질 수 없다고 생각할지 모른다. 그 거짓말 뒤에 숨지 말라! 당신은 달라질 수 있다! 분노는 유전이 아니라 선택이다.

자동차가 과열되면 어떻게 하는가? 멈추어 식힌다. 화날 때도 일단은 흥분된 상황에서 잠시 벗어나 시간을 벌어야 한다. 그래야 하는 이유는 무엇인가? 내 진짜 감정이 무엇인지 파악하고, 후회할 말을 삼가기 위해서다. 앞서 말했듯이, 분노가 끓어오르기 시작하면 잠시 멈추어 이렇게 물으라. "무슨 일인가? 지금 내 감정은 무엇인가?"

> 분노는 유전이 아니라 선택이다.

타임아웃을 갖는다

하나님이 목사의 길로 부르시기 전에 나(칩)는 학교 교사이자 농구 코치였다. 농구를 아주 좋아했고 코치 일도 똑같이 즐거웠다. 시합의 열기가 최고조에 달하면서 기세와 관중석의 분위기가 상대 팀으로 넘어가면, 타임아웃을 불러야 한다는 걸 나는 금세 배웠다. 사실 훌륭한 코치들과 우승 팀들을 연구해보면 알지만, 승패의 차이는 대개 적절한 타임아웃을 부르는 시점을 아는 데 있다. 수신호를 보내든 큰소리로 외치든, 흐름을 꺾고 잠시 쉬겠다는 의사를 심판에게 확실히 알려야 한다.

마찬가지로 속에서 분노가 타오르기 시작하면 잠시 멈추어 식히라. 타임아웃을 가지면 자신도 상대방도 더 안전하게 느껴지고 자제력이 생긴다. 격한 대화가 한참 진행 중이었다 해도 상관없다. 식히지 않으면 평정을 잃으리라는 것을 당신도 안다. 그러니 멈추어 그 사람이나 상황에서 잠시 떠나라. 산책을 가든지, 일기를 쓰든지, 목욕을 하든지, 달리기를 하든지, 베개를 치든지, 눈을 감고 기도하라. 마음을 가라앉히고 감정을 정리하는 데 도움이 되는 거라면 무엇이든 좋다. 분노 ABCD를 활용하여 감정의 종류와 이유를 파악하라. 당신이 그 상황으로 복귀하거나 대화를 재개한다면, 그때는 배후를 더 잘 이해한 상태가 되어 있을 것이다.

대다수의 분노 관리 프로그램처럼 MOAB에서도 참가자들에게 분노가 점점 고조될 때에는 타임아웃을 활용할 것을 권한다. 거기서 사용하는 방법 중에 타임아웃 약정서라는 게 있는데, 목표는 참가자들로 하여금 더 건강한 반응을 약속하게 하는 것이다.

타임아웃이란,

> 물리적으로 현장을 뜨는 것이다. 상처 주는 사건이 벌어진 후가 아니라 말다툼이나 몸싸움이 벌어지기 전에 떠나는 것이다. 타임아웃을 적절히 사용하는 사람들은 화부터 내고 보는 게 아니라, 문제를 피해갈 만큼 자신이 분노를 제어할 수 있다는 것을 스스로 입증하는 것이다. 성난 사람들이 타임아웃 중에 마음을 진정시킬 수 있는 방법은 많이 있다. 타임아웃은 무책임한 행동을 막아주는 책임 있는 행동이다.[1]

타임아웃 중에는 무언가 활동을 한다든지, 분노를 부채질하지 않을 만한 사람과 대화하는 것이 중요하다. 목표는 마음을 가라앉히는 것, 내 관심사를 명확히 파악하는 것, 문제를 상대방의 관점에서 보는 것이다. "타임아웃을 가질 때 사람들은 처리해야 할 문제로 다시 돌아올 것을 미리 약속해야 한다. 그렇지 않으면 타임아웃은 문제를 피하기 위한 또 하나의 조종 수단이 되고 만다. 타임아웃을 갖는 이유는 인신공격과 방어와 격노 속에 문제를 실종시키지 않고 제대로 해결하기 위해서다. 타임아웃을 문제의 회피 수단이나 상대를 향한 무기로 사용해서는 안 된다."[2]

상대가 친구이든 룸메이트이든 가족이든 직장 동료이든, 타임아웃이라는 도구에 미리 합의할 필요가 있다. 자신이나 상대의 분노가 점점 고조되는 게 느껴지면 한쪽에서 타임아

> 타임아웃은 무책임한 행동을 막아주는 책임 있는 행동이라 할 수 있다.

웃 신호를 보낸다(두 손으로 T자 모양을 한다). 미리 합의해둔 기간(예컨대 한 시간)이 그때부터 시작된다. 이 시간의 목적은 씩씩거리거나 내 입장을 변호할 궁리를 하는 게 아니라 충분히 시간을 내서 마음을 가라앉히고 상황을 객관적인 시각으로 보는 것이다. 여기서 하나 문제될 수 있는 것은, 어떤 사람들은 문제를 무시하는 경향이 있어서 문제를 해결하기 위해 다시 돌아오지 않는다는 것이다. MOAB의 자료에는 이렇게 되어 있다. "다시 돌아가거든 상대에게 확인하라. 둘 다 그 문제를 두고 좀 더 침착하게 대화할 준비가 되어 있는지 알아보라. 준비가 됐다면 대화하라. 그렇지 않다면 둘 다 다시 대화할 뜻이 있는 시간을 구체적으로 정하라."[3] 타임아웃 약정서의 취지는 해결이지 회피가 아니다.

타임아웃 약정서(MOAB)

나나 상대의 분노가 고조되면 나는 T자 신호로 타임아웃을 알린 뒤 즉시 자리를 뜨겠다. 아무것도 손으로 치거나 발로 차지 않겠다. 문을 쾅 닫지도 않겠다. 늦어도 한 시간 안에 돌아오겠다. 산책을 하거나 모임에 가는 등 내 분노 에너지를 건설적인 방식으로 다 소모하겠다. 떠나 있는 동안 마약이나 술을 하지 않겠다. 적개심에 집중하지 않기 위해 노력하겠다.

상대 쪽에서 T자 신호를 보내고 자리를 뜨면 나도 같은 신호로 답한 뒤 어떤 상황에서든 시비 없이 상대를 보내주겠다. 상대가 없는 동안 술이나 마약을 하지 않겠다. 적개심에 집중하는 걸 피하겠다.

서명: _____   날짜: _____
서명: _____   날짜: _____

「분노의 상처(When Anger Hurts)」에서 저자들은 이렇게 말한다. "'당신이 나를 화나게 만든다'든지 '당신이 자제력을 잃고 있다'고 말하지 말라. 이런 식의 말은 필연적으로 방어적인 자세를 불러 사태를 악화시킨다. 안전하게 잠시 떨어져 마음을 식히려는 뜻과는 거리가 멀다."[4]

타임아웃을 하면 어쩔 수 없이 '말하기를 더디 하게' 된다. 자칫 해를 입힐 수 있는 말과 행동에서 잠시 벗어나기 때문이다. 타임아웃을 통해 우리는 고함을 잠재우고 말을 내뱉기 전에 저울질할 수 있다.

창의적인 타임아웃

자동차 안, 모임 중, 직장이나 식당 또는 가게 안 등 자리를 뜨는 것이 불가능하거나 바람직하지 않을 때가 있다. 이런 상황에서 할 수 있는 일은 무엇일까? 「분노 실습서(Anger Work-out Book)」의 저자는 타임아웃 전략을 창의적으로 개발할 것을 권한다. 그 목표는 어떻게든 분노가 고조되지 않도록 하는 것이다.

다음은 창의적인 타임아웃의 몇 가지 예다.

- 자동차 안에서: 자동차 라디오를 켜고 노래 세 곡을 들은 후, '대화'를 계속한다. 잠시 멈추어 기름을 넣고 차에서 내려 기지개를 켠다.
- 직장에서: 10분간 쉬었다가 다시 업무로 돌아간다.
- 식당에서: 주문부터 하고나서 대화한다. 10분간 화장실에 가서 얼굴을 씻거나 5분간 밖에 나가 바람을 쐰다.

이 모두는 분노를 중단하는 타임아웃 전략에 기초한 것이며, 현장을 벗어날 수 없는 상황에서 활용할 수 있다.[5] 반응 시간을 늦추어 실언을 피할 수 있는 방법은 그밖에도 많이 있다.

이런 내용을 실행에 옮기면 분노를 길들이는 데 도움이 된다. 1단계는 무턱대고 반응할 게 아니라 생각하며 경청하는 것이다. 2단계는 시간을 버는 것이다. 그러면 아무래도 말을 더 참을 수 있고, 분노를 처리할 수 있으며, 분노의 배후를 평가할 수 있고, 자제할 기회를 얻게 된다.

> 목표는 어떻게든 분노가 고조되지 않게 하는 것이다.

요점

"나의 행위를 조심하여 내 혀로 범죄하지 아니하리니… 내가 내 입에 재갈을 먹이리라"(시 39:1). 안에서 분노가 타오르기 시작하면 잠시 멈추어 식혀야 한다.

생각할 문제

1. 당신이 말을 참으려고 가장 애쓰는 상황은 어떤 상황인가?
2. 당신이 말을 참는 것이 가장 힘들거나 문제가 되는 상황은 언제인가? 혹은 누구와 있을 때인가?
3. 말의 중요성에 대한 하나님의 관점을 보며 새로 깨달은 바는 무엇인가?
4. 말하기 전에 당신이 생각하는 데 도움이 될 만한 구체적인 개념과 도구는 어떤 것들인가?

> **실천할 행동**

- 당신이 평소에 늘 관계를 맺는 사람들 가운데 타임아웃 약정서를 쓸 필요가 있는 대상을 최소한 한 사람 정하라.
- 당신의 상황에 맞게 타임아웃 약정서의 내용을 생각한 후 글로 작성하라.

    1. 가족, 친구, 룸메이트, 직장 동료 등 상대와 함께 그 내용을 검토하라.
    2. 책임을 위해 상대의 서명을 받으라.
    3. 힘써 실행하라. 사람들의 도움으로 진보를 확인하라. 건설적인 비판과 그때그때의 칭찬을 함께 부탁하라.

- 이번 한 주간 동안 대화 중에 당신의 분노를 자극할 만한 정보나 말이 나오거든, 반응하기 전에 속으로 천천히 열을 세라. 반응하고픈 충동을 억제하기가 처음에는 몹시 불편할 수 있지만, 반응이란 언제나 선택임을 상기하라. 나중에 더 침착하게 반응할 수 있다. 반사적으로 나오는 충동적인 반응을 단호히 거부하라.

16 3단계: 성내기

● 분노를 막는 가장 좋은 대책은
지연시키는 것이다.
_ 세네카(Seneca)

시간과의 싸움이다. 광란의 액션, 귀찮게 뒤쫓는 적들, 기적처럼 피해 가는 총알, 그의 손에 달린 지구의 운명 등 모든 것이 명탐정 제임스 본드에게 불리하게 돌아가고 있다. 성공할 가망은 턱없이 낮고 위험성은 아찔하게 높다. 재깍거리는 시계가 '0:00'에 이르면 인류의 삶은 영원히 달라질 것이다.

물론 그런 일은 없다. 제임스 본드는 언제나 막판에 이긴다. 하지만 시간과의 싸움은 매번 우리를 초조하게 한다. 불가피해 보이는 폭발을 막으려면 주인공의 엄청난 위업이 필요하다. 그런 일이 영화에 얼마나 단골로 나오든 상관없다. 디지털 타이머든 옛 서부 영화의 기다란 신관이든 그것도 상관없다. 폭발을 미연에 막기란 결코 쉽지 않다.

> 우리 안에 있는 시한폭탄의 신관을 제거하려면 대개 엄청난 위업을 이루어야 한다.

분노도 마찬가지다. 우리 안에 있는 시한폭탄의 신관을 제거하려면 대개 엄청난 위업을 이루어야 한다. 분노가 끓어올라 폭발하기 일보 직전일 때 자신을 무장 해제하려면 많은 것이 필요하다. 카운트다운이 길수록 그만큼 승산이 높다. 엄청난 위업을 이루는 것은 시간이 우리 편일 때 가능성이 훨씬 커진다.

잠언 14장 29절에 보면, "노하기를 더디 하는 자는 크게 명철하여도 마음이 조급한 자는 어리석음을 나타내느니라"고 했다. 성질이 급한 사람은 제 뜻대로 안 되면 분통이 터진다. 그들은 이렇게 생각한다. "아무도 내 목표를 막지 못한다. 비켜라." "나 대신 그 사람이 승진했다니 기가 막히는군. 그럼 나도 그냥 둘 수 없지. 아무개를 통해 그 사람의 구린 뒤를 밝혀내는 거야." 잠언의 노하기를 더디 한다는 말씀은 인내한다는 뜻이다. 이런 사람은 명철하다고 했다. 명철하지 못하게 벌컥벌컥 노하면 성질이 급해지고 미련해진다.

하나님의 분노 관리 방안 제1단계(듣기는 속히 하라)에서 우리는 수용적인 경청으로 반응했다. 제2단계(말하기는 더디 하라)에서는 중간적 반응이라 할 수 있다. 입을 꾹 다물고 시간을 버는 것이다. 이 두 단계는 주요 목표에 이르는 실제적인 도구이며, 주요 목표인 제3단계는 성내기를 더디 하는 것이다. 바로 이 3단계가 삶을 바꿔놓고 삶을 살려낸다. 그리고 분노 폭탄의 무장을 해제시킨다. 처음 두 단계로 신관이 연장되고 시간이 늘어나지만, 파괴적인 분노를 폭발 전에 멈추는 그 엄청난 위업은 이제 당신에게 달려 있다. 제한 시간이 한 순간이든 한 달이든, 주요 목표는 분노가 당신과 주변 사람들을 망쳐놓기 전에 분노를 무장 해제하는 것이다.

발단은 시시콜콜한 문제였는데 그것을 시작으로 분노가 격앙되고 싸움으로 번져 결국 이혼한 부부가 얼마나 많은가. 분노라는 폭탄의 신관을 제거하지 않아 분열되거나 결딴난 우정, 교회, 가정은 또 얼마나 많은가. 분노를 주제로 한 세상 최고의 현자 솔로몬의 옛 지혜를 들어보라.

"급한 마음으로 노를 발하지 말라 노는 우매한 자들의 품에 머무름이니라"(전 7:9).

"어리석은 자는 자기의 노를 다 드러내어도 지혜로운 자는 그것을 억제하느니라"(잠 29:11).

"미련한 자는 당장 분노를 나타내거니와 슬기로운 자는 수욕을 참느니라"(잠 12:16).

각 구절에 공통된 단어가 보이는가? 보지 못했다면 다시 읽으면서 성경이 분노를 참지 못하는 사람들과 흔히 연관시키는 단어를 찾아보라.

분노 폭탄이 터지면 스스로 바보가 된다. 분노를 제때에 무장 해제시키지 못하면 미련한 짓을 하게 된다.

반응을 숙고로 바꾼다

신약 성경에 분노로 번역된 단어는 두 개의 아주 다른 그리스어 단어에서 왔다. 하나는 투모스(thumos)로 터진다는 뜻이다. 이것은 성급하고 반사적이고 충동적인 분노다. 다른 하나인 오르게(orge)는 되새기는 적개심을 가리킨다. 이것은 누가 나를 공격하거나 저버리거나 상처를 주었을 때 속으로 품는 분노다. 암처럼 곪아 우리 속을 야금야금 먹어치우는 분노가 바로 이것이다. 전자가 다짜고짜 폭발하는 분노라면, 후자는 오래오래 질

> 분풀이를 해도 좋다고 자신에게 권한을 부여한 사람들이 너무 많다. 우리는 그 권한을 반납해야 한다

질질 끄는 분노다. 둘 다 파괴적이고 해롭다. 둘 다 시한폭탄과 같아서 어떻게든 무장 해제하지 않으면 결국 폭발하고 만다.

"성내기도 더디 하라"는 야고보의 말은 폭발하는 분노가 아니라 질질 끄는 분노를 두고 한 말이다. 그는 우리에게 반응을 바꾸고, 속도를 늦추어 숙고할 시간을 내라고 권하고 있다. 우리는 멈추어 듣고, 생각하며, 자신에게 다음과 같은 핵심적인 질문을 던져야 한다.

내 안에서 무슨 일이 벌어지고 있는가? 나는 지금 화가 났는가?
(A – 화난 것을 인정하라.)
내 진짜 감정은 무엇인가? 분노의 배후 이유는 무엇인가?
(B – 일차 감정을 추적하라.)
나는 왜 화가 났는가? 무슨 일이 있었는가?
(C – 원인을 따져보라.)
분노를 어떻게 처리할 것인가? 무엇을 해야 하는가?
(D – 최선의 처리법을 결정하라.)

분노를 늦추는 여섯 가지 방법

분노를 늦추는 한 가지 확실한 방법은 효과적인 의사소통법을 익히는 것이다. "모든 충돌 상황에는 당신이 할 일이 있다. 자신의 필요를 알리고, 상대의 관점을 이해하며, 해결을 향하여 노력하는 것이다."[1] 그 일을 잘할 수 있는 길을 몇 가지 제안한다.

1. 비난조가 아닌 말로 당신의 필요를 알리라.
2. 상대의 관점을 이해하고 인정하라.
3. 문제와 사실에 집중하라(인격을 공격하지 말라).
4. 가능한 해결책을 모색하라(협상, 타협, 협력, 번갈아가며 말함).
5. 침착함과 존중심과 객관성을 잃지 말고, 새로운 의견이나 아이디어에 늘 마음을 열어두라.
6. 대화가 격해지거든 타임아웃을 고려하라.

당신이 성내기에 더딘 사람이든 성질이 급한 사람이든, 타이머의 설정 시간이 2분이든 2년이든, 분노 폭탄의 신관을 반드시 무장 해제시켜야 한다. 중요하게 인식하고 기억해야 할 사실이 또 하나 있다. '성내기를 더디 하는' 사람도 꼭 분노 폭탄의 신관을 제거한 것이 아닐 수도 있다. 분노 폭탄은 궤양을 비롯한 각종 신체 질환의 형태로, 또는 뿌리 깊은 적개심과 원한의 형태로 폭발할 수 있다. 어느 경우든 당신은 분노 폭탄의 파괴적인 위력을 맛보게 된다. 다음 두 장에서는 이 신관을 아예 재설정하는 길, 즉 감정을 덮어 성내기를 더디 하는 인상만 주는 게 아니라, 겉으로는 물론 더 중요하게 마음 깊은 곳에서 정말로 성내기를 더디 하는 사람이 되는 길을 몇 가지 살펴볼 것이다.

> 모든 충돌 상황에는 당신이 할 일이 있다. 자신의 필요를 알리고, 상대의 관점을 이해하며, 해결을 향하여 노력하는 것이다.

요점

폭발 가능한 시점까지 남은 시간이 길수록, 우리 내면의 분노 폭탄의 신관을 제거하는 엄청난 위업을 달성할 승산도 높아진다.

생각할 문제

1. 당신은 성질이 급한 편인가 느긋한 편인가? 남들이 당신을 보고 "성질이 급하다"고 하는가?
2. 느긋해지기 위해 지금까지 당신이 해본 일은 무엇인가?
3. 대인 관계 속에서 자신의 분노를 파악하고 처리할 줄 아는 것이 왜 그렇게 중요한가? 무엇이 걸린 문제인가?

실천할 행동

- 성내기를 더디 하는 데 당신에게 가장 도움이 될 만한 방법 두 가지를 이번 장에서 찾아보라. 이번 주에 그 두 가지 방법을 연습해볼 대상을 한 사람 정하라. 이 두 가지가 습관이 되거든, 이번 장의 다른 방법들도 차례로 하나씩 더해나가라.
- 믿을 만한 친구나 가족에게, 지난 한 달 사이에 당신이 정말 화가 났던 때를 말하라. 그때 어떻게 했으면 성내기를 더디 할 수 있었을지 말해보라. 당신의 생각을 말한 후에 상대의 통찰이나 조언을 구하라.
- 이번 주 중에 45분의 시간을 떼어, 그간 당신의 분노에 영향을 입은 어떤 한 관계를 다시 생각해보라. 새로 배운 내용을 실행했을 때 나타날 수 있는 더욱 긍정적인 결과들을 상상해보고, 그런 긍정적인 결과들이 이루어질 때까지 당신의 반응을 조정하기로 결심하라. (단, 인내심을 가지라. 관계상의 변화란 늘 단번에 또는 신속히 되는 것은 아니다.)

제6부

분노를 예방하는 법

17 스트레스를 줄이라

● 네 성 안에는 평안이 있고
네 궁중에는 형통함이 있을지어다.
_ 시편 122:7

어느 날 나(베카)는 화날 때마다 그것을 머릿속에 적어보기로 했다. 내가 얼마나 자주 화가 나는지, 무슨 일로 화를 내는지, 분노를 유발하는 요인들이 무엇인지 알고 싶었다. 당신도 그렇게 해보기를 권한다. 결과는 뜻밖이었고 나를 아주 겸허하게 해주었다. 분노 감정이 얼마나 자주 표면에 떠오르는지부터가 충격이었다. 분노하는 횟수를 의식적으로 세기 전까지만 해도, 나는 분노가 내 감정의 무기고에 어쩌다 한 번씩만 오는 손님인 줄로 알았었다. 착각도 이만저만한 착각이 아니었다.

나는 분노, 좌절, 격분 등 자신의 감정에 솔직해져야 했다. 내게 분노가 스쳐갔거나 치밀어올랐을 때를 보면, 좋아하는 양말을 찾을 수 없을 때, 우유가 떨어졌을 때, 아이들이 준비하는 데 너무 오래 걸릴 때, 앞 차가 느릴 때, 약국에서 오래 기다릴 때, 가게가 월요일에 휴업할 때, 차에 기름을 넣어야 할 때, 기름 값이 비쌀 때, 가게에 줄이 길고 서비스가 느릴 때, 아이들이 (또) 바닥에 옷을 어질러놓았을 때, 컴퓨터가 (또) 꼼짝도 안 할 때 등 끝이 없었다. 하루가 아직 절반도 지나지 않았는데 그랬다! 물론 그중에는 잠깐 스쳐가는 좌절도 있었지만 본격적인 분노가 너무 많았다.

다행히 내 일상의 분노가 대부분 시시콜콜한 일 때문임을 깨닫자 또 다른 교훈이 나를 겸허하게 해주었다. 우리의 감정을 귀중한 에너지원으로 본다면 나는 분노에 너무 많은 에너지를 쏟고 있었다. 정서적 에너지를 필요 이상으로 낭비하고 있었다. 이론상으로는, 우리의 분노가 사소한 문제 때문이 아니라 고상하고 꼭 필요한 일 때문이어야 한다는 게 내 생각이다. 그러나 불행히도 내 삶은 그렇지 못했다. 내 일상에 좌절을 불러일으킨 것은 사소한 문제들이었다.

분노란 그만큼 우리의 삶에 두루 영향을 미칠 수 있다. 우리는 깊은 상처나 지속적인 고통 같은 큰 일뿐만 아니라, 일상적인 불편이나 순간적인 좌절과 같은 작은 일에도 화를 낸다. 자잘한 문제에도 영향을 받고, 깊은 상흔에도 영향을 받는다.

우리의 짜증이 깊은 분노의 문제에서 유발될 때도 있다. 원하는 물건이 다 떨어졌다는 가게 점원한테 매몰차게 반응하는 여자가 그런 경우다. 그녀는 자기한테 필요한 물건을 더 가져다놓지 않은 것에 화가 났으나, 분노의 주된 원인은 어렸을 때 자신의 필요를 채움받지 못한 원초적 고통에 있었다.

그러나 우리가 일상에서 겪는 좌절의 원인은 과거의 부정적인 경험이 아니라 자신의 생활 양식과 태도에서 비롯되는 경우가 많다. 앞 차가 느려서 화가 난 남자는 과거에 받았던 상처의 잔재가 분노를 들쑤신 게 아니라, 단순히 급히 어디를 가는 중이라서 그럴 수 있다. 분노를 야기하는 사건이 깊은 상처를 건드리든 아니면 일상의 부대낌으로 그치든, 우리는 분노를 유발하는 횟수를 줄이고 경보음이 자주 울리지 않도록 예방법을 개발할 필요가 있다.

스트레스의 극소화

나는 내가 무슨 일로 얼마나 자주 화를 내는지 유심히 살펴보면서, 분노가 너무 많고 너무 잦다는 사실을 인정하기 힘들었다. 나는 거기서 한 걸음 더 나아가, 내 일상의 분노에 기여하는 요인을 성찰해보았다. 답은 놀랄 만큼 단순했다. 스트레스였다.

> 더 많이 압박을 받거나 탈진되거나 압도당하거나 바쁠수록 그만큼 우리는 성내기 쉬워진다.

스트레스와 분노의 상관성은 내 경우에만 특별한 것이 아니다. 더 많이 압박을 받거나 탈진되거나 압도당하거나 바쁠수록 그만큼 우리는 성내기 쉬워진다. 분노의 양을 줄이는 열쇠는 스트레스를 극소화하는 능력에 있다. 스트레스를 유발하는 사건과 환경은 직장, 가정, 관계, 건강, 재정, 가족 등 다양하다. 평범한 일상생활도 스트레스를 줄 수 있다. 스트레스가 많을수록 분노가 생겨날 소지가 높아진다. 우리의 목표는 스트레스를 줄이는 것이다.

당신의 삶에서 스트레스와 분노 지수를 낮추고 싶다면, 지금부터 소개하는 스트레스와 분노를 줄이는 법을 신중히 생각하기 바란다. 이 여섯 가지 전략은 삶의 압박을 극소화하는 당신의 능력에 깊은 영향을 줄 것이다.

1. 서두름을 없애라

많은 사람의 경우, 분노는 서두를 때 촉발된다. 어디에 빨리 가거나 무언가를 빨리 하고 싶은데 사람이나 일이 길을 막는다. 우리의 할 일은 이미 정해져 있고, 누구나 어떤 이유로든 일이 늦어지는 것을 원하지 않는다. 그러나 아쉽게도 다른 사람들은 내 통제 소관이 아니다. 어떤 점원은 느리고, 어떤 운전자는 태평하며, 어떤 줄은 느리다. 어떤 길은 더 막히고, 어떤 일은 더 오래 걸리며, 어떤 사람은 더 천천히 일한다. 사람이든 장소든 사건이든 내 속도대로 진행되지 않으면 우리는 대개 화가 난다.

달라스 윌라드(Dallas Willard)는 친구에게 이런 지혜로운 충고를 건넨 적이 있다. "네 삶에서 서두름을 가차 없이 없애야 한다."[1] 우리의 정곡을 찌르는 말이다. 우리가 살고 있는 세상은 잔뜩 쟁여넣고, 후딱후딱 해치우며, 많을수록, 클수록 좋다는 세상이다. 우리는 다 하고 싶고, 다 갖고 싶어하며, 현대의 기술 덕에 웬만한 건 다 알 수 있다. 그 결과 24시간 속에 최대한 잔뜩 쑤셔넣으려고 여기저기 허둥대고 다니는 것이 우리의 삶일 때가 많다.

> "네 삶에서 서두름을 가차 없이 없애야 한다." - 달라스 윌라드

우리는 절실히 속도를 늦추어야 한다. 그렇지 않으면 칼 샌드버그(Carl Sandburg)가 말한 사람처럼 된다. "동시에 오만 군데에 있으려는 사람은 사실 아무데도 이르지 못하는 것 같다."[2]

내 분노의 원인이 다분히 나 자신의 속도에 있음을 깨달은 나는 서두르지 않기로 결심했다. 힘들었다. 특히 어린 자녀가 넷이라 날마다 할 일이 무궁무진하다보니 생각보다 훨씬 힘들었다. "빨리 신발 신어! 빨리 차에 타! 빨리 여기 있어! 빨리 가자! 빨리! 빨리! 빨리!" 마침내 한 아이가 물었다. "왜 빨리해야 돼요?" 문득 나는 그럴 이유가 없음을, 그렇게 빨리 갈 데

가 없음을 깨닫고 서글퍼졌다. 그냥 '빨리빨리' 생활 양식과 태도가 내 몸에 배어 있었던 것이다.

물론 당연히 서두를 이유가 있을 때도 있다. 다가오는 자동차를 피하는 게 얼른 떠오르는 예다. 하지만 자신이 서두르는 때를 정직하게 보면 알겠지만, 많은 경우 우리의 서두름은 자기 잘못 때문이다. 내가 시간을 잘 관리하지 않고 미리 계획하지 않아 그것을 보상해야 되기 때문이다.

몇 년 전에 우리(칩) 가족은 가족 캠프에 참석했다. 아주 좋은 시간을 함께 재미있게 보냈다. 맛있는 바비큐로 저녁 식사를 하기 전에 오후 활동으로 축제가 있었다. 각종 게임 부스와 이어달리기 등의 시합과 다양한 상품이 있었다.

특히 이어달리기 게임이 하나 생각난다. 팀별로 쭉 서서 운동장 반대편까지 뛰어가야 했다. 그리고 거기서 각자 야구방망이를 이마에 대고 제자리에서 열 바퀴를 돈 다음 최대한 빨리 자기 팀으로 돌아와야 했다. 쉬울 것 같은가? 허리를 숙이고 빙빙 돌고나면 포복절도할 상황이 벌어진다. 내 차례가 되자 나도 앞사람들과 다를 바 없었다. 뱅글뱅글 돈 후에 비스듬히 걷다가 넘어진 것이다. 다시 일어났지만 몸이 마음과 상관없이 저 혼자 딴 데로 갔다. (평소에 나는 바보처럼 망가지는 활동은 피하지만, 내가 넘어져 쓰러지는 모습을 우리 아이들이 좋아할 것 같았다. 실제로 아이들은 신이 났다). 다들 신나게 웃는 가운데 나는 가까스로 돌아올 수 있었다.

우리의 삶도 그와 같을 때가 많다. 우리는 통제력을 잃을 때까지 계속 돌고 돈다. 적은 시간 안에 너무 많은 일을 하려 한다.

당신의 삶의 속도는 어떠한가? 때로 자신이 다람쥐 쳇바퀴 돌듯 제자리 걸음을 하고 있는 것 같은가? 너무 어지러워 생각이 똑바로 안 될 정도로 계속 돌고 있는 것 같은가? 우리의 문화가 우리를 그렇게 몰아가는 것 같다. 우리는 이렇게 외치고 싶을 때가 있다. "세상아 멈추어라, 난 뛰어내리고 싶다!"

그 시합에서와 마찬가지로 우리는 너무 많이 빙빙 돌면 코방아를 찧고, 엉뚱한 방향으로 가며, 결국은 정작 엉뚱한 곳에 있게 된다. 실수를 범하고, 중요한 관계에 상처를 주며, 잘못된 결정을 내리고, 해서는 안 될 일을 하며, 훨씬 쉽게 노하게 된다.

팀 한셀(Tim Hansel)은 「나는 쉬면 죄책감이 든다(When I Relax I Feel Guilty)」에 이렇게 썼다.

> 세상은 서두름에 중독되어 있는 것 같다. 미래를 앞당기려는 광풍 같은 욕심에 잠겨 있는 것 같다. 이 시대의 가장 큰 죄 가운데 하나는 서두름이다. 일을 억지로 되게 하려는 조급한 욕심 때문에, 본의 아니게 우리에게 정말 중요한 것들을 간과해왔기 때문이다. 그러니 우리가 이 땅의 소박한 즐거움 – 얼굴에 스치는 바람, 콧속을 간질이는 향기, 발밑의 촉촉한 풀, 품에 안긴 아이 등 – 에 푹 빠질 줄 모르는 것도 별로 놀랄 일이 아니다.[3]

서두르지 않는다는 말은 속도를 늦추고, 미리 계획하며, 삶을 질주하는 게 아니라 '누린다'는 뜻이다. 독일 속담이 제대로 묻고 있다. "잘못 든 길에서 뛰어봐야 무슨 소용인가?" 쳇바퀴의 다람쥐처럼 우리도 결국 제자리걸음에 그칠 수 있다. 다음의 목록은 우리 삶이 서두름에 얼마나 영향을 입을 수 있으며, 또 서두름이 없으면 얼마나 나아질 수 있는지를 보여주는 예들이다. 당신에게 더 구체적으로 적용되는 다른 예들을 많이 떠올릴 수 있을 것이다. 서두르는 쪽에서 그 반대쪽으로 옮겨가는 일이 보기보다 힘들지만, 결과는 그럴 만한 가치가 충분하다는 것을 보여준다.

> 서두름을 없앤다는 말은 속도를 늦추고, 미리 계획하며, 삶을 질주하는 게 아니라 '누린다'는 뜻이다.

서두를 때는 길가에 피어나는 꽃을 보지 못한다.

서두를 때는 짜증나게 하는 운전자가 훨씬 많아 보인다.

서두를 때는 주변 사람들에게 친절하게 말을 건네지 않는다.

서두를 때는 시간과 에너지가 들어가는 사람과 장소와 일은 피한다.

서두를 때는 슈퍼 계산대 앞에서 내 카트에는 물건이 가득하고, 바로 뒷사람의 물건은 몇 개 안 돼도 그 사람을 못 본 척한다.

서두를 때는 심장이 두근거리고 근육이 굳어지고 생각이 급해진다.

서두를 때는 온종일 아이들을 급하게 끌고 다닌다.

서두를 때는 사람들에게 어떻게 지내느냐고 묻지 않는다.

서두를 때는 경건의 시간이 기쁨이 아니라 일이 된다.

서두를 때는 사람들에게 퉁명스러워진다.

서두를 때는 삶이 이겨야 될 싸움처럼 느껴진다.

서두를 때는 더 쉽게, 더 자주 화가 난다.

서두르지 않을 때는 음식을 더 음미하게 된다.

서두르지 않을 때는 더 많이 웃고 더 차분해진다.

서두르지 않을 때는 삶이 더 즐겁고 스트레스가 적어 보인다.

서두르지 않을 때는 다른 사람들과 그들의 근황에 대해 묻는다.

서두르지 않을 때는 기도 시간이 더 의미 있어진다.

서두르지 않을 때는 남에게 더 잘해주고 배려하며 친절해진다.

서두르지 않을 때는 더 참을성이 생기고, 상대방을 사랑하고 이해하며 용납하게 된다.

서두르지 않을 때는 더 창의적이고 자연스럽고 행복하다.

서두르지 않을 때는 웬만한 사소한 일에는 크게 신경 쓰지 않는다.

서두르지 않을 때는 화가 자주 나지 않는다.

하나님은 우리에게 그분 안에서 쉬고 모든 염려를 그분께 가져오라고 권고하신다. "너희는 가만히 있어 내가 하나님 됨을 알지어다"(시 46:10). "아무 것도 염려하지 말고 다만 모든 일에 기도와 간구로, 너희 구할 것을 감사함으로 하나님께 아뢰라 그리하면 모든 지각에 뛰어난 하나님의 평강이 그리스도 예수 안에서 너희 마음과 생각을 지키시리라"(빌 4:6-7). 그분이 이렇게 명하신다는 사실 자체가 (1) 그것이 우리 생각만큼 불가능한 일이 아니며(사실은 정반대다), (2) 우리가 구하기만 하면 그분이 도와주신다는 증거다. 이렇게 살면 우리의 삶이 몰라보게 달라질 수 있다. 우리 내면의 평안은 그분께 뿌리를 두고 있다. 다음은 오린 크레인(Orin Crain)이 쓴 기도다. 이렇게 기도해보라.

주님, 저를 늦추어주소서.
제 생각을 안정시켜주셔서 두근거리는 심장을 가라앉혀주소서.
시간을 넘어 영원을 보게 하시어 서두르는 저의 속도를 진정시켜주소서.
혼란스러운 하루 속에서 제게 영원한 산의 그 고요함을 주소서.
제 기억 속에 살고 있는 시냇물의 감미로운 노랫소리로 제 신경과 근육의 긴장을 풀어주소서.
제게 짬짬이 휴가를 누리는 기술을 가르쳐주소서. 속도를 늦추어 꽃 한 송이를 보고, 친구와 한담을 나누며, 개의 잔등을 토닥여주고, 아이에게 웃어주며, 좋은 책 몇 줄을 읽게 하소서.
주님, 저를 늦추어주소서. 제 삶의 뿌리를 영원히 가치 있는 것들 속에 깊이 내리도록 강화하여주시고, 그리하여 더 큰 사명을 향하여 자라가게 하소서.
빠른 경주자라고 늘 선착하는 것이 아니며, 삶에는 속도를 높이는 것 이상의 것들이 있음을 날마다 제게 상기시켜주소서.
우뚝 솟은 참나무를 올려다보며, 그것이 크고 강하게 자란 것은 천천히 잘

자랐기 때문임을 알게 하소서.⁴

이 시적인 기도는 우리에게 속도를 늦출 것을 권할 뿐만 아니라 우리가 삶의 속도를 늦추어야 할 분명한 징후까지 지적해준다. 바로 두근거리는 심장과 신경과 근육의 긴장이다. 우리의 몸은 스트레스를 받고 있다는 메시지를 자주 보내지만 우리는 무시하기 일쑤다. 두통, 근육의 긴장, 배탈, 기타 증상이 늘어난다면 스트레스가 있으니 속도를 늦추어야 한다는 뜻이다.

속도를 늦추기 위해, 제멋대로 빙빙 도는 삶을 면하기 위해, 당신이 해야 할 일은 무엇인가? 삶의 속도를 어떻게 늦출 수 있는지 아직 잘 모르겠다면, 나머지 다섯 가지 단계가 도움이 될 것이다.

2. 기대를 줄이라

나(베카)는 대학원에서 행정학 수업을 들었다. 교수님은 우리가 체계적으로 목표를 달성하는 데 도움이 되도록 매일, 매주 단위로 할 일을 쭉 적도록 했다. 아울러 이런 지혜로운 조언도 해주었다. "매일매일 해야 할 일에 대한 목록을 적었으면 그것을 반으로 줄여라." 그는 우리가 하려는 일이 보통 하루 안에 할 수 있는 양보다 더 많다는 것을 알고 있었다. 하루를 꽉꽉 채워놓고는 미친 듯이 서두르는 인간의 성향도 알았다. 그리고 목표한 일을 이루었을 때 더 큰 성취감과 자신감이 생긴다는 것도 그는 알았다. 때문에 처음부터 비현실적인 목표를 설정하고, 그 목표에 못 미치게 되면 패배감에 빠질 위험이 있다.

모임 전까지 시간은 한 시간밖에 없는데 할 일이 다섯 가지라면, 나는 실패와 좌절과 분노를 자초하는 꼴이다. 그럴 때는 할 일 목록을 수정하고 기대를 줄여야 한다.

어떤 사람들은 다른 사람들을 충분히 믿지 못해서 일을 잘 맡기지 못한다. 그래서 결국 자기가 다 하고 있다. 이 경우의 문제는 남들의 지나친 요구가 아니다. 내 쪽에서 일을 하나도 놓지 못하는 게 문제다. 그럴 때는 재평가해서 통제를 줄이고, 위임하고, 다른 사람들을 더 믿어야 한다.

기대를 줄이려면 거절할 줄 알아야 한다. 스트레스는 흔히 우리가 한계를 정할 줄 몰라서 생긴다. 너무 쉽게 승낙하면 결국 우리는 원치 않는 데로 다니며 원치 않는 일을 하게 된다. "안 된다"는 한 마디는 하기 어려운 말이지만, 할 줄 알아야 한다.

거절하기가 왜 어려울까? 우리 그리스도인들은 섬김의 삶, 이타적으로 베풀어야 하는 삶에 대해 많이 배웠다. 그래서 내 시간과 에너지를 요구할 때 거절하는 게 잘못처럼 느껴질 수 있다. 아울러 우리에게는 남을 기쁘게 하고 싶은 마음도 있다. 때로 그 이유는 인정받고 싶고, 거부당하는 게 두려워서이다. 우리는 남들이 나를 좋아해주기를 바라며, 그래서 불안한 마음에 요구를 수락한다. 하지만 그냥 진심으로 남을 돕고 싶어서일 때도 있다. 우리는 그리스도를 닮기 원하는데, 우리의 가장 훌륭한 모본이신 그분은 남들을 위해 말 그대로 목숨까지 버리셨다. 그러므로 그런 갈망은 선하고 경건한 것이다. 다만 균형을 잃지 말아야 한다. 예수님도 때로는 혼자 한적한 곳에서 쉬셨다. 금방 탈진되면 잘 섬길 수 없다.

거절을 잘하면 분노가 사나운 괴물로 불거질 수 없다. 때로는 내 뜻을 분명히 밝혀야 한다. 상사나 배우자나 친구나 목사나 가족에게 그들의 요구대로 할 마음이 없음을 알려야 한다. 그건 전혀 잘못된 일이 아니다. 사실, 관계에 선을 그으면 오히려 관계가 더 공고해질 수 있다. "어떤 사람들은 요구를 일삼는다. 성과가 있으니까 그런 방식이 몸에 밴 것이다. 남들의 조종이나 부담스런 방식을 탓하느라 시간 낭비할 것 없다. 대신 정확히 맺고 끊는 메시지를 어떻게 전달할 것인가에 집중하면 된다. 하고 싶지 않은 일을 거절하는 것은 당신의 책임이다."[5] 하나님은 우리에게 각자의 은사와 재능과 일정의 청지기가 될 책임을 맡기셨다. 적절하게 거절하는 것은 남에게 불손한 게 아니라 오히려 자원을 잘 관리함으로써 하나님을 영화롭게 하는 것이다.

거절할 줄 알면 할 일 목록도 짧아지고 동시에 서두름도 줄어든다. 원하지 않는 일들까지 덤으로 하며 돌아다니지 않아도 되기 때문에 삶의 속도가 느려진다. 내가 원하고 또 꼭 해야 할 일만 하면 일이 줄어든다. 남들이 내게 기대하거나, 내가 위임할 수 있고 마땅히 위임해야 하는 과중한 일들이 없어진다. 자신이 수락할 일들을 재평가하고 우선순위를 재검토하게 된다.

그게 어려운 일일까? 물론이다. 날마다 당신에게 많은 요구가 들어온다. 그중에는 당신이 좋아서 기꺼이 선뜻 하는 일들도 있다. 좋아하지는 않지만 어쨌든 꼭 해야 하는 일들도 있다. 하지만 어떤 요구에 대해서는 내 뜻을 확실히 밝히고 단호히 거절해야 한다. 당신의 시간, 에너지, 이미 맡고 있는 일들, 호불호를 고려하는 건 잘못이 아니다. 거절한다고 해서 이기적이거나 자기중심적이 되는 것도 아니다. 평소라면 수락했을 일을 피하고 나면 처음에는 약간 죄책감이 들 수 있겠지만, 당신이 책임 맡은 일들을 시간과 에너지가 허락하는 수준으로 제한하면, 결국 하나님과 가족들과 직장 동료들과 친구들을 더 잘 섬길 수 있음을 알게 된다.

다음은 거절하는 법에 대한 몇 가지 제안이다.

1. 일단 이런 답변으로 시간을 벌라. "내가 다시 연락하겠다." "우선 좀 생각해보고 싶다."
2. 지나치게 미안해하지 말라. 당신에게 죄책감이 있다는 느낌을 주지 말라. 그러면 당신을 쉽게 조종하거나 설득해서 상대가 원하는 일을 하게 만들 수 있다는 인상을 줄 수 있다.

3. 일을 거절할 때 이런 식으로 자신을 비하하지 말라. "나는 그런 일은 잘 못한다." "더 잘하는 사람에게 물어보라." 그러면 그 일을 당신도 능히 할 수 있다고 상대가 당신을 설득하려 할 수 있다.
4. 당신이 할 일과 하지 않을 일을 구체적으로 밝히라. 예를 들면, "나는 입력은 도와줄 수 있지만 작문이나 편집은 할 수 없다."[6]
5. 무엇보다 정직하라. 단지 자신이나 상대의 기분을 좋게 하기 위해 변명을 둘러대거나 진실을 왜곡하지 말라. 단순 명료하게 의사를 전달하라.

3. 실수를 인정하라

실수를 인정할 줄 아는 사람이 실수를 저지르지 않고 피할 줄 아는 사람보다 더 훌륭하다.

오랜 세월 상담을 하면서 나(베카)는 뜨거운 감자처럼 책임을 서로 떠넘기는 가정에서 자란 사람들을 수없이 보았다. 다양한 사연을 들으면서 나에게 더욱 분명해진 사실이 있다. 사람들에게 책임을 전가하기보다 좀 더 받아들일 마음만 있었다면, 많은 상처와 피해를 면할 수 있었다는 것이다.

"내가 잘못했다"는 간단한 말이 왜 그렇게 하기 힘든 것일까? 왜 우리는 잘못을 무시하고, 어리석은 짓을 망각하며, 무분별한 행위를 부정하는 것일까? 꼭 필요한 사과를 왜 불필요하게 팽개치는 것일까? 자신의 과오와 실수와 실패와 죄를 인정하고 싶지 않아서이다. 인정하면 자신의 부족한 모습을 대면하고, 약점을 생각해야 하며, 인간성을 시인해야 한다.

태초부터 우리는 책임을 받아들이기보다는 변명을 둘러대는 족속이었다. 아담과 하와가 금단의 열매를 먹었을 때, 하와는 뱀을 탓했고 아담은 하와를 탓하다 못해 감히 하나님을 탓하기까지 했다!

우리는 자신의 실수를 변호할 때가 너무 많다. 책임을 은폐하고 부정하고 축소하고 전가하는 데 너무 많은 에너지를 들인다. 모든 관계에서 그럴 수 있지만 특히 부부 관계에서 흔하게 볼 수 있다. 시간이 가면서 부부 사이에 방어적인 태도가 슬며시 스며든다. 하지만 어떤 관계이냐에 상관없이, 방어적인 태도로 소기의 목적을 이룰 수 있는 경우는 드물다. 방어적인 태도로 나가면 내 체면과 평판과 상한 자존심을 지켜주기는커녕 오히려 남을 밀어낸다. 단순히 오류를 인정하고 시인하면 에너지도 더 잘 쓸 수 있고, 남들도 내게 끌리는 경향이 있다. "미안하다, 내 불찰이다"라는 말로 전체 사태가 끝날 수 있건만, 불필요하게 많은 시간이 허비되고 있다.

자신과 자신의 행동을 변호하고 있으면 분노를 무기로 쓰기가 더 쉬워진다. 우리는 침입을 막으려고 벽을 쌓는다. 그것을 뚫으려고 나서는 사람은 거의 없다. 남들이 내 실수를 보고, 거기에 반응하고, 내 주의를 끄는 게 우리는 못마땅하다.

> 우리는 책임을 은폐하고 부정하고 축소하고 전가하는 데 너무 많은 에너지를 들인다.

저자 앨런 로이 맥기니스(Alan Loy McGinnis)는 「우정의 요소(The Friendship Factor, 크리스챤다이제스트)」에서 이렇게 말했다. "관계란 우리가 이생에서 시도하는 가장 어려운 일이므로 실수하는 것이 당연하다. 실수했을 때 사과하면 많은 불행을 면할 수 있다."[7] 단, 사과가 그저 말로만 끝나서는 안 된다. 말하기는 힘들어도 듣기에는 유익한 사과에는 이번에 잘못한 그 일을 중단하려는 진실한 마음이 뒤따라야 한다. 뉘우치는 마음이 없는 사과는 무의미하다.

자신의 부족함을 기꺼이 인정하면 동시에 겸손은 자라고 분노는 줄어든다(또한 함께 있기에 더 즐겁고 재미있는 사람이 되고, 더 존경받게 된다). 누군가 이런 말을 했다. "자신의 실수를 변호하는 일은 어느 바보라도 할 수 있지만(실제로 대부분 그런다), 지혜로운 사람은 실수를 인정하고 되풀이하지 않는다." 분노 지수를 낮추는 한 가지 확실한 방법은 자신의 부족함을 기꺼이 받아들이고 "미안하다"고 말하는 것이다.

4. 더 많이 웃으라

가족 캠프에서 이마에 야구방망이를 대고 열 바퀴를 돈 다음에 나는 똑바로 걸을 수가 없었다. 반대쪽 출발선으로 아무리 돌아가려 해도 소용없었다. 오히려 엉뚱한 방향으로 가다가 바닥에 넘어졌다. 애를 쓸수록 더 우스워졌다. 우리 아이들은 배꼽을 잡고 웃었다.

왜 그렇게 웃었을까? 똑바로 걸을 수조차 없을 정도로 통제력을 잃은 사람을 보는 게 정말 우습기 때문이다. 멈추어 자신의 정신없는 삶을 외부의 눈으로 본다면, 우리도 아마 미친 듯한 삶의 속도에 픽 웃음이 날 것이다. 바쁜 삶과 비현실적인 기대 때문에 우리는 이상하고 실없고 미련한 짓을 한다. 어쩌면 우리는 뒤로 한 걸음 물러나 자신의 삶을 객관적인 시각으로 보면서, 어리석음을 깨닫고 한바탕 파안대소를 해야 할지도 모른다.

삶이 엉뚱한 방향으로 가는 것 같고 자신이 계속 넘어질 때는, 그게 바로 우리가 꼭 해야 할 일이 아닐까 싶다. 분노 발작이 막 터지려고 할 때, 서서히 긴장이 느껴질 때, 삶이 제멋대로 빙빙 돌 때, 크게 한 번 – 자신에 대해서까지 – 껄껄 웃고나면 전체 시각을 되찾는 데 정말 도움이 된다.

분노의 가장 좋은 해독제 가운데 하나는 웃음이다. 더 많이 웃을수록 분노를 덜 느끼게 된다. 잠언 17장 22절은 우리에게 "마음의 즐거움은 양약이라도 심령의 근심은 뼈를 마르게 하느니라"고 일깨워준다. 삶에 대해 더 심각해질수록 삶의 해학적인 측면을 보기가 더 힘들어진다. 삶에 대해 더 심각해질수록 분노가 표출되기는 더 쉬워진다. 웃음이 적을수록 분노의 경험은 많아진다. 웃음이 많을수록 분노의 경험은 줄어든다. 삶과 자신을 너무 심각하게 대할 게 아니라, 오히려 웃어넘길 줄 알아야 한다.

삶을 웃어넘길 줄 안다고 해서 삶의 고통과 슬픔에 눈감는다는 뜻이 아니다. 주권자 하나님을 신뢰하기에 삶의 고통과 슬픔을 초월할 수 있다는 뜻이다. 지나치게 심각해지면 바른 시각을 잃는다. 그럴 때 우리는 더 쉽게 좌절하고, 더 자아에 몰두하며, 용납하는 마음과 인내심이 줄어든다. 걸핏하면 신경질이 난다.

> 분노의 가장 좋은 해독제 가운데 하나는 웃음이다.

어느 날 상담 중에 나는 뜻밖의 흐뭇한 광경을 보았다. 40세의 기혼 여성이 그 전주에 있었던 어떤 상황에 대한 심란한 마음을 털어놓고 있었다. 분노를 발산하면서 그녀의 태도가 변했다. 다만 대다수 사람들과 달리 그녀는 분을 쏟아낼수록 점차 얼굴에 미소가 번졌다. 마침내 그녀는 말을 멈추고 너털웃음을 지은 뒤에 이렇게 말했다. "제가 정말 별것도 아닌 일로 야단법석을 떨었네요. 저는 가끔 삶을 너무 심각하게 대할 때가 있거든요."

어느 익명의 노인이 쓴 편지를 당신도 읽어보았을지 모른다. 다음은 그 편지의 일부다.

> 내가 인생을 다시 산다면… 이번보다 더 실없어지리라. 내 경험으로는 심각하게 여길 일이 거의 없다. 더 얼빠지게 살리라.

중요한 충고다. 삶을 너무 심각하게 대하지 말라. 실없이 얼빠진 사람이 되라.

웃음은 분노를 치유해준다. 추운 영혼을 덮어주는 따뜻한 담요가 웃음이다. 웃음은 분노를 몰아내며, 삶에 정말 중요한 것이 무엇인지를 볼 수 있는 눈을 되찾아준다.

5. 자신을 잘 돌보라

수면, 운동, 영양식, 삶의 재미 등을 소홀히 여기면 분노 눈금이 (스트레스 눈금과 함께) 올라간다. 피곤이 심할수록 더 쉽게 화가 난다. 부실한 식습관은 귀중한 기력을 고갈시켜 몸과 마음을 약하게 만든다. 어떤 약과 약물은 삶에 기복이 있을 때 우리를 더 쉽게 짜증나게 만들 수 있다. 분노 관리 전문가들은 대개 참가자들에게 약물을 끊을 것을 요구한다. 약물이 분노 표현과 폭발에 대한 억제력을 낮춘다는 걸 알기 때문이다. 요컨대 우리는 건강할수록 자신과 삶을 대할 때 기분이 좋아진다. 자신에 대해 기분이 좋을수록 스트레스와 분노 경험은 줄어든다.

6. 자신의 분노 유발 요인을 파악하라

우리는 저마다 독특하다. 성격과 과거의 경험 때문에 제각기 빚어지는 모습이 다르다. 그래서 분노에 대한 반응도 각기 다르다. 나를 화나게 하는 것이 당신에게는 거슬리지 않을 수 있다. 당신을 노하게 하는 것이 나한테는 전혀 괜찮을 수 있다. 무례한 사람에게 누구나 화가 난다 해도 반응 정도는 다를 수 있다.

내성적인 사람은 자꾸 일에 방해를 받으면 외향적인 사람보다 더 쉽게 화가 난다. 스포츠 팬은 심판의 오심에 노하겠지만 스포츠 팬이 아닌 사람한테는 아무 일도 아니다. 애완동물이 있는 사람은 없는 사람보다 동물 학대에 더 쉽게 격노할 것이다. 나는 개인적인 공간을 침해당할 때 내 친구보다 더 화가 난다. 한 내담자는 운전을 험하게 하는 사람들에게 나보다 더 분개한다.

그러므로 당신의 삶에 분노를 유발하는 사람, 장소, 상황을 알아두면 도움이 된다. 당신을 자극하는 요인들을 예견할 수 있다면, 그것을 피하거나 없애거나 줄이려는 시도가 가능해진다. 물론 예측할 수 없고 피할 수 없는 상황도 많이 있지만, 잠재적인 분노 유발 요인을 미리 알고 있으면 그 여파를 줄일 수 있는 여지가 생긴다. 자신에게 언제 어떤 기분이 드는지, 그리고 무엇이 적절하고 건강하며 경건한 반응인지 알아두라.

분노를 유발시키는 요인을 알고 있으면 건강한 반응을 더 잘 개발하고 준비할 수 있으므로 그 요인이 분노에 미치는 기세와 강도를 줄일 수 있다.

요점

분노는 다분히 우리가 경험하는 스트레스의 양과 직결된다. 압박이나 스트레스를 더 많이 받거나, 탈진되거나 압도당하거나 바쁠수록 그만큼 우리는 쉽게 성낸다. 그러나 스트레스를 곧잘 유발하는 사람, 장소, 상황을 미리 알아두면 압박감을 사전에 관리할 수 있다. 과중한 짐에 눌리지 않고, 건강하고 유익한 방식으로 마음껏 제 기능을 다할 수 있다.

분노를 줄이는 생활 양식(분노 예방책) I

스트레스의 극소화

1. 서두름을 없애라.
2. 기대를 줄이라.
3. 거절할 줄 알라.
4. 실수와 부족함을 인정하라.
5. 더 많이 웃으라. 삶이나 자신을 너무 심각하게 대하지 말라.
6. 자신을 잘 돌보라.
7. 자신의 분노 유발 요인을 파악하라.

생각할 문제

1. 당신은 작은 일에 스트레스를 받고 화나는 편인가?
2. 당신의 삶이 때로 제멋대로 빙빙 도는 것 같은가? 당신은 급하게 사는가? 속도를 늦추기 위해 취할 수 있는 조치는 무엇인가?
3. 현재 당신이 책임 맡고 있는 일들 가운데 애초에 거절하지 못해서 아쉬운 일이 있는가? 그런 일을 거절해야 할 때를 알기 위해 당신이 갖추어야 할 지침과 기준은 무엇인가?

실천할 행동

- 실수를 인정하는 것에 관한 다음 질문에 답해보라.

  나는 실수를 선뜻 인정하는가?
  (그렇다/ 아니다/ 가끔)
  나는 과오를 인정하기보다 변명을 둘러대는 경향이 있는가?
  (그렇다/ 아니다/ 가끔)
  내 사과는 진실한가?
  (그렇다/ 아니다/ 가끔)
  내 사과에는 이제부터 달라지려는 진정한 노력이 뒤따르는가?
  (그렇다/ 아니다/ 가끔)
  나는 자존심 때문에 실수를 인정하지 못하는가?
  (그렇다/ 아니다/ 가끔)
  나는 잘못이 발생하면 남을 탓하는 경향이 있는가?
  (그렇다/ 아니다/ 가끔)
  내가 자랄 때 우리 집에 사과의 말이 오고갔는가?
  (그렇다/ 아니다/ 가끔)

- 당신이 분노를 느끼는 때를 모두 적어보라.

    1. 분노 유발 요인이 큰 일들인지 작은 일들인지 분석, 분류해보라.
    2. 작은 일들에 대한 스트레스(분노) 수위를 극소화할 수 있는 방법을 찾아보라.

- 하루를 급히 쫓기거나 서두르는 느낌 없이 살아보라. 그러면서 깨닫거나 보거나 느끼는 바를 쭉 적어보라.
- 다음 중 하나를 골라 당신의 삶에 웃음의 요소를 추가해보라. 그리고 일주일이 지난 후, 그 결과로 당신의 스트레스 수위가 내려갔는지 살펴보라.

    1. 코미디를 빌려다 본다.
    2. 가족이나 친구와 함께 옛 추억을 회상한다.

18 하나님께 초점을 맞추라

● 우리 마음에 하나님이 계시면
다른 것은 들어설 자리가 별로 없다.

　　　　　　　　　　병원에 누워 있는 존(John)의 몸은 근래에 받은 수술로 부들부들 떨렸다. 몇 분 전에 병문안 온 친구들과 함께 웃을 때까지만 해도 상태가 좋았다. 적어도 그의 생각에는 그랬다. 그러나 친구들이 돌아가자 통증을 참을 수가 없었다.

　다른 병실의 사라(Sarah)는 운 나쁜 사고 시점 때문에 자기 연민에 빠져 있었다. 사고 때문에 직장에서 몇 년만에 진행되는 아주 흥미로운 프로젝트에서 밀려난 것이다. 그런데 그녀의 연민은 자신에게서 새 룸메이트에게로 금세 대상이 바뀌었다. 룸메이트는 최근에 말기 암 진단을 받은 젊은 엄마였다. 아기가 생후 6개월밖에 되지 않았으니 갓 엄마가 된 그녀는 딸의 첫돌도 볼 수 없게 되었다. 문득 사라는 자신의 '무산된 기회'가 그렇게 나빠 보이지 않았다.

> 시각을 바꾸는 최선의 길은 하나님께 또렷이 초점을 맞추는 것이다.

둘 다 '변화'에 관한 이야기이지만, 변화된 건 상황이 아니라 태도다. 상황은 그대로였지만 존과 사라의 초점이 바뀌었다. 존은 친구들로 인해 잠시나마 통증을 잊을 수 있었고, 사라의 연민은 타인의 힘든 상황 앞에서 무색해졌다. 남에게 정신이 팔리자 둘 다 자신의 문제를 잊었던 것이다.

우리의 분노에도 그것이 가능하다. 우리는 초점을 바꿀 수 있다. 내 상처에 집중하는 게 아니라 다른 시각을 선택한다. 내 고통만 보는 게 아니라 다른 사람과 그들의 상황에 공감하는 마음을 기른다. 부정적인 면만 보는 게 아니라 눈을 열어 주변의 희망과 치유를 본다. 그러면 상황이 달라 보인다. 시각을 바꾸는 최선의 길은 하나님께 또렷이 초점을 맞추는 것이다.

하나님의 극대화

분노의 위력을 줄이는 최선의 길은, 우리의 삶을 향한 하나님의 영향과 개입을 극대화하는 것이다. 이거야말로 우리가 취할 수 있는 가장 중요한 분노 예방 조치다. 그러려면 하나님을 의지하고, 그분께 의존하며, 그분과 함께 시간을 보내고, 그분을 구해야 한다. 그분이 우리의 삶에서 더 많은 부분을 차지하실수록 불필요한 분노는 그만큼 파괴력을 잃는다.

당신과 하나님의 관계를 극대화할 수 있는 길을 몇 가지 살펴보자. 작은 짜증거리는 물론 깊은 상처에 대한 분노를 줄이는 데 꼭 필요한 길이라 믿는다.

1. 하나님을 가까이하라

우리의 삶에 하나님을 극대화하고 그분의 치유의 시각을 얻으려면 우선 그분과의 관계부터 바르게 되어 있어야 한다. 첫걸음은 그분을 나의 구주와 주님으로 믿고, 내 인생에 대한 그분의 정당한 역할을 인정하는 것이다. 하나님은 특별히 자신과의 관계를 위해 우리를 지으셨으나 인간은 처음부터 독립을 택했다. 그래봐야 하나님 없는 삶은 의미와 희망이 없다는 사실을 발견할 뿐이다.

하나님과의 관계가 바르게 되려면 또한 죄와 상처를 그분 앞에 내려놓아야 한다. 죄에 관해서는 우리의 불순종과 무엄함, 잘못된 행동과 악한 의도를 자백한다. 회개하고 그분의 은혜로운 용서를 받아들인다. 상처에 관해서는 내 고통을 유발한 사

> 우리가 하나님을 가까이하면 그분도 우리를 가까이하신다고 약속하셨다.

람들을 용서하게 해달라고 기도한다. 하나님은 우리에게 값 없이 베푸시는 그분의 어마어마한 용서에 대한 합당한 반응으로 우리도 남들을 용서하라고 명하신다. 그렇게 하면 우리 영혼을 칭칭 감고 있는 분노의 사슬이 끊어진다. (깊은 상흔을 없애는 것과 내 삶의 통치권을 하나님께 드리는 방법은 나중에 더 심도 있게 살펴볼 것이다.)

우리가 하나님을 가까이하면 그분도 우리를 가까이하신다고 약속하셨다. 그 결과, 삶의 깊은 상흔은 새로운 의미를 띠게 된다. 이제부터 그것을 새로운 관점에서 보게 된다. 하나님은 고난이 불가피하다고 하시지만 또한 고난을 통하여 우리를 경건하게 자라게 하실 수 있다고 확언하신다.

2. 하나님의 무조건적인 사랑과 수용을 경험하라

"여호와는… 인자(사랑)하심이 풍부하시도다… 이는 하늘이 땅에서 높음 같이 그를 경외하는 자에게 그의 인자(사랑)하심이 크심이로다… 여호와의

인자(사랑)하심은 자기를 경외하는 자에게 영원부터 영원까지 이르며"(시 103:8, 11, 17).

"보라 아버지께서 어떠한 사랑을 우리에게 베푸사 하나님의 자녀라 일컬음을 받게 하셨는가"(요일 3:1).

하나님은 우리를 사랑하신다. 당신을 무척 사랑하신다! 그분의 사랑은 무조건적이고 영원하시다. 우리는 그 깊이를 헤아리기 어렵다. 이해를 초월한다. 죄성, 교만, 자기 연민, 병적인 의존, 중독, 분노, 탐욕, 험담, 부정직함, 질투, 기타 등등의 한복판에 있는 우리를 그분은 여전히 사랑하시며 예수님의 이름으로 용서를 베푸신다.

우리 존재의 세포 하나하나에까지 하나님의 사랑이 침투하도록 내어드릴 때 분노가 머물 자리는 그만큼 줄어든다. 그 사랑이 우리의 혈관을 타고 흐르게 하면 분노는 사라지고 우리는 다른 사람을 사랑할 능력이 생긴다. 이거야말로 분노의 가장 좋은 해독제다. 세상의 온갖 불의 앞에서 화가 나느냐는 물음에 테레사(Teresa) 수녀가 한 대답이 나(베카)는 참 좋다. 그녀는 조용히 지혜롭게 답했다. "사랑에 쓸 수 있는 에너지를 왜 분노에 써야 되지요?"

3. 자신을 하나님이 지으신 그대로 받아들이라

자신을 있는 그대로 받아들이지 못할 때 분노의 깊은 상흔을 입는 경우가 많다. 우리는 몸, 머리카락, 눈, 키, 몸무게, 코, 생김새 등 외모가 다르기를 원한다. 예술, 기계, 음악, 수학, 과학 등 재주와 재능도 다르기를 원한다. 우리는 더 똑똑하고, 더 예쁘며, 더 강하고, 더 영리하며, 더 민첩한 자신을 원한다. 무언가 지금과는 다르기를 원한다. 강점과 약점까지 통틀어 하나님이 지어주신 나를 받아들이지 못하면 깊은 적개심이 쌓이기 쉽다.

우리는 나를 이렇게 만드신 하나님께 화가 날 뿐만 아니라 내가 원하는 것을 가진 사람들에게 질투로 인한 분노를 느낀다. 내 마음에 들지 않는 나 자신에게도 화가 난다. 자존감이 낮을수록 삶, 상황, 자신, 하나님, 타인에게 화날 가능성이 그만큼 커진다.

당신의 일부 깊숙한 문제의 원인이 자아에 대한 분노일 수 있음을 생각해 본 적이 있는가? 사실 자신에게 화난 사람들은 자신을 벌하는 행동을 종종 무의식중에 하게 된다. 헨드리 웨이싱어(Hendrie Weisinger)는 그것을 이렇게 표현했다.

> 분노를 어떻게 풀어야 할지 모르면, 스스로에게 분노하는 자신과 그 분노의 결과를 경험하게 된다. 스스로 외모를 나쁘게 만들고(비만), 기분을 나쁘게 만들며(우울), 파괴적인 행동을 하고(과음), 아프게 만들며(편두통), 이상한 짓을 한다(자살). 사람들이 자기에게 화가 나는 이유는 다양하다.

- 나는 내 직관에 따르지 않고 남의 충고를 들을 때 자신에게 화가 난다.
- 나는 너무 많이 먹을 때 자신에게 화가 난다.
- 나는 잘할 수 있는데도 그만큼 하지 못하는 자신에게 화가 난다.
- 나는 내 진짜 기분을 말하지 않을 때 자신에게 화가 난다.
- 나는 똑같은 실수를 자꾸 반복하는 자신에게 화가 난다.
- 나는 깜박깜박 잊어버리는 자신에게 화가 난다.
- 나는 지킬 마음이 없는 약속을 하는 자신에게 화가 난다.
- 나는 화나는 자신에게 화가 난다.[1]

나에게 부족한 무언가 때문에 혹은 내가 될 수 없는 모습 때문에 슬퍼하는 것은 괜찮다. 그러나 슬픔을 계속 남겨두는 것은 정서적으로 건강에 좋

> 당신의 일부 깊숙한 문제의 원인이 자아에 대한 분노일 수 있음을 생각해본 적이 있는가?

지 않다. 나(베카)는 중증 우울증 진단을 받은 20대 후반의 청년을 상담한 적이 있다. 우울증의 뿌리는 자신이 결코 훌륭한 운동선수가 될 수 없다는 사실을 받아들이지 못하는 데 있었다. 키가 168센티미터인 그는 늘 농구선수가 되는 꿈을 꾸었고 계획까지 세웠다. 그러나 키가 작다는 자신의 한계를 수용하고 계획을 수정하기보다 깊은 우울에 빠져 거기서 헤어나지 못했다. 자신의 키를 작게 만드신 하나님께 분노하며 그 속에서 뒹굴고 있었다.

자신의 한계와 부족함을 인정하고 수용하면 할수록 깊은 상흔과 분노를 그만큼 쉽게 없앨 수 있다.

당신은 어떤가? 지병처럼 오래된 당신의 분노 가운데 자신을 있는 그대로 받아들일 마음이 없기 때문에 생긴 분노가 있는가? 당신은 하나님 앞에서 부족함을 슬퍼하고, 실망감을 인정하며, 자신을 '그대로' 받아들여야 함을 고백할 필요가 있지 않은가? 하나님이 당신을 그렇게 지으시고 설계하신 것은 당신의 유익과 그분의 영광을 위해서다. 그분은 당신에게 한없는 사랑을 부어주시기 위해, 그분이 보시기에 당신이 얼마나 기묘한 존재인지 말씀해주시기 위해 기다리고 계신다.

> "주께서 내 내장을 지으시며 나의 모태에서 나를 만드셨나이다 내가 주께 감사하옴은 나를 지으심이 심히 기묘하심이라 주께서 하시는 일이 기이함을 내 영혼이 잘 아나이다 내가 은밀한 데서 지음을 받고 땅의 깊은 곳에서 기이하게 지음을 받은 때에 나의 형체가 주의 앞에 숨겨지지 못하였나이다 내 형질이 이루어지기 전에 주의 눈이 보셨으며 나를 위하여 정한 날이 하루도 되기 전에 주의 책에 다 기록이 되었나이다"(시 139:13-16).

4. 하나님을 신뢰하고 그분의 주관에 맡기라

많은 사람들이 분노하는 주된 요인 가운데 하나는 자신의 상황을 받아들이지 못하는 데 있다. 내 존재를 받아들이기도 힘들지만, 내 처지를 수용하는 일도 똑같이 어려울 수 있다. 흔히 분노는 삶이 지금과 달랐으면 또는 딴 인생을 살았으면 하는 욕심에서 싹트고 자란다. 우리는 다른 상사, 다른 배우자, 다른 부모, 다른 친구, 다른 집, 다른 재정 상태, 다른 과거, 다른 현재, 다른 직장 등을 원한다. 남들이 나를 더 잘 받아주고, 사랑해주며, 다르게 대해주기를 원한다.

> 하나님은 당신에게 한없는 사랑을 부어주시기 위해, 그분 보시기에 당신이 얼마나 기묘한 존재인지 말씀해주시기 위해 기다리고 계신다.

살면서 누구나 한 번쯤은 부당한 대우, 무고한 비난, 야박한 평가를 받은 적이 있다. 우리도 발가락을 밟히고, 감정에 상처를 입고, 자존심을 짓밟히고, 생각을 무시당한 적이 있다. 물론 속상하고 화가 난다. 그러나 모든 분노와 마찬가지로 이 또한 우리는 적절히 처리하고 놓아버려야 한다. 분노를 자꾸 되새길수록 분노가 우리의 거처가 되기 쉽다.

하나님은 우리에게 그분을 신뢰하라고 하신다. 그분의 도움을 힘입어 고통스러운 환경을 초월하고 분노를 극복하라고 하신다. 우리 삶이 통제 불능인 것 같을 때 내면의 성난 폭풍을 잔잔하게 하실 수 있는 분은 하나님뿐이시다. 우리는 인생 노정을 혼자 다 주관하고 싶지만 그건 불가능한 일이다. 대신 우리는 그분을 신뢰하고, 그분의 소관에 맡기며, 그분의 주권을 의지할 수 있다. 어디까지나 그분은 하나님이시다.

"거룩하신 이가 이르시되 그런즉 너희가 나를 누구에게 비교하여 나를 그와 동등하게 하겠느냐 하시니라 너희는 눈을 높이 들어 누가 이 모든 것을 창조하였나 보라 주께서는 수효대로 만상을 이끌어 내시고 그들의 모든 이름

18장. 하나님께 초점을 맞추라 227

을 부르시나니 그의 권세가 크고 그의 능력이 강하므로 하나도 빠짐이 없느니라… 너는 알지 못하였느냐 듣지 못하였느냐 영원하신 하나님 여호와, 땅끝까지 창조하신 이는 피곤하지 않으시며 곤비하지 않으시며 명철이 한이 없으시며"(사 40:25-26, 28).

하나님의 주권을 신뢰하도록, 즉 하나님을 하나님 되시게 해드리도록 권고하는 훌륭한 책들이 많이 나와 있다. 그분은 전체 그림을 보시지만 우리는 그렇지 못하다. 그분은 무엇이 우리에게 가장 좋은지 아시지만 우리는 그렇지 못하다. 그분은 우리가 감당할 수 있는 한계를 아시지만 우리는 그렇지 못하다. 그분은 우리의 생각과 감정을 우리보다 더 잘 아신다. 그분은 우리에게 활력을 주는 것과 우리를 화나게 하는 것이 무엇인지 아신다. 그분은 험한 인생길에서 언제라도 우리를 도우시고 인도하실 준비가 되어 있으시다. 이사야 말씀의 마지막 구절처럼 하나님은 피곤하거나 곤비하지 않으시고, 우리가 삶의 길을 찾도록 도와주신다.

5. 은혜를 베푸는 사람이 되라

이것은 하나님이 나(베카)에게 오랫동안 가르쳐주신 교훈이다. 사람들이 나를 보고 은혜가 많은 사람이라고 말해주었으면 좋겠지만, 아쉽게도 나는 갈 길이 멀다. 은혜를 베푸는 사람이 된다는 것은 다른 사람들의 부족함, 느림, 괴벽, 잘못된 의사소통, 통찰력 부족을 답답해하지 않는다는 뜻이다. 기대와 당위에서 비롯된 비판적인 마음을 버리고 용납과 이해로 대신한다는 뜻이다. 거기에 삶 – 나와 다른 사람의 삶 모두 – 을 바꿔놓는 힘이 있다.

은혜를 베푸는 사람은 어떤 사람일까? 비통함 대신 은혜를 준다. 사람들에게 자기다워질 수 있고 실수할 수 있는 재량을 듬뿍 준다. 실수해도 잡아

먹을 듯 덤비지 않는다. 비판하는 게 아니라 입을 다문다. 내 권리를 강행하는 게 아니라 뒤로 물러선다. 당신과 나는 남들이 내 부족함을 너그러이 대해주기를 바라면서, 정작 우리는 돌아서서 남에게 너그러움을 거둘 때가 너무 많다. 은혜를 베풀려면 공감을 느끼고 용서해야 한다. 은혜는 마땅히 받지 못할 것(하나님의 사랑과 보호)을 받는 것이고, 자비는 마땅히 받을 것(형벌과 진노)을 받지 않는 것이라는 말을 나는 많이 들었다. 은혜를 베푸는 사람은 그 두 가지를 모두 주는 것이다. 친절과 용서와 긍휼과 자비를 베푼다. 하지만 우리는 하나님이 내게 부어주신 은혜를 경험하기 전에는 은혜를 제대로 알 수 없다. 그러나 일단 경험하면 그때부터 우리의 삶이 변화되고, 주변 사람들도 나를 통해 하나님의 은혜를 경험하면서 그들의 삶도 달라진다.

스위스의 통찰력 있는 정신과 의사 폴 투르니에(Paul Tournier) 박사는 꼭 읽어볼 만한 책들을 많이 썼다. 그중 우리는 특히 「죄책감과 은혜(Guilt and Grace, IVP)」라는 책을 적극 추천한다. 그 책에서 그는 그리스도인들이 자신의 부족한 본성을 좀 더 깊이 인식하고 자신의 끈질긴 죄에 환멸을 느끼고 낙심하게 되면, 그때부터 조금씩 하나님의 은혜를 알게 된다고 말했다. "그제야 우리는 내 모든 절망과 약점과 퇴보까지 통틀어, 나를 있는 그대로 받아주는 은혜가 얼마나 큰지 좀 더 깊이 이해하게 된다."[2]

하나님은 역사 속에서 우리에게 은혜를 보이셨다. 예수님은 우리에게 은혜의 의미를 보이시려고 죄인들을 식탁에 맞아주셨고, 추방된 나환자를 만져주셨으며, 간음한 여자를 용서하셨고, 아이들을 오게 하셨으며, 용서받고 회복된 탕자 이야기를 해주셨고, 끝까지 간청한 여자 이야기를 해주셨으며, 병자들을 고쳐주셨고, 무리를 먹이셨다. 그밖에도 얼마든지 많다. 그분은 죄로 물든 니느웨를 살려주신 하나님, 간음하고 우상 숭배하는 백성을 사랑하신 하나님, 살인자들과 거짓말쟁이들을 자신의 영광을 위해 사용하신 하나님이시다. 그분의 은혜는 약자와 강자, 죄인과 정직한 자, 탕자와 신실한 자를 다 받아주신다. 이것이 우리 모두가 닮고자 힘써야 하는 은혜이다.

6. 기도의 사람이 되라

기도할수록 우리는 사랑과 긍휼로 충만해져, 파괴적인 분노가 들어설 자리가 줄어든다. 기도하면 대개 더 높은 경지로 변화된다. 문제를 높은 데서 보게 되면서 갑자기 문제가 아주 작고 시시해보인다. 기도는 우리를 하나님의 임재 속으로 들어 올려주며, 거기서 비로소 우리는 상황을 그분의 관점으로 보게 된다.

> 기도는 우리를 하나님의 임재 속으로 들어 올려주며, 거기서 비로소 우리는 상황을 그분의 관점으로 보게 된다.

내 상처에 연연해하지 않고 주변 사람들의 필요를 위해 기도하면, 그 영향력은 막강해질 수 있다. 다른 사람의 고생과 실패에 더 깊이 공감하게 된다. 분노는 독침의 위력을 잃는다. 우리를 모욕하는 자를 위하여 기도하라(눅 6:28)고 하신 하나님의 말씀에는 그러한 이유가 포함되어 있다. 우리는 자신의 상한 기분을 잊어버리고 다른 사람들의 필요에 더 집중하게 된다.

기도할 때 우리는 하나님의 마음을 느끼며 그분의 눈으로 보게 된다. 그분은 우리의 관점을 독선에서 의로 바꾸라 하신다. "무엇에든지 참되며 무엇에든지 경건하며 무엇에든지 옳으며 무엇에든지 정결하며 무엇에든지 사랑 받을 만하며 무엇에든지 칭찬 받을 만하며 무슨 덕이 있든지 무슨 기림이 있든지 이것들을 생각하라"(빌 4:8). 우리의 생각이 참되고 경건하며, 옳고 정결하며, 사랑받을 만하고 칭찬받을 만하며, 기릴 만한 것들로 가득 차 있다면 분한 생각은 밀려나고 만다.

17, 18장 요약

지금까지 말한 분노를 줄이고 예방하는 전략들은 당신의 생활 양식과 태도를 바꾸어, 당신이 화낼 만한 이유와 원인을 줄이는 데 초점을 맞추고 있다. 당신의 삶에 대한 분노의 지배력을 줄이는 열쇠는 '스트레스를 극소화하고, 하나님을 극대화'하는 것이다. 그러려면 서두름을 없애고, 기대를 줄이며, 실수를 인정하고, 더 많이 웃으며, 자신을 잘 돌보고, 자신의 분노 유발 요인을 더 잘 알아야 한다. 또한 하나님과의 관계를 바르게 하고, 그분의 풍성한 사랑을 경험하며, 자신을 그분이 지으신 그대로 받아들이고, 하나님과 그분의 주권을 신뢰하며, 은혜와 기도의 사람이 되어야 한다. 쉬워 보이는가? 그렇지 않다. 그러나 이 도전에 헌신하면 능히 변화될 수 있다. 하나님께 불가능은 없다.

요점

우리 존재의 세포 하나하나까지 하나님의 사랑이 침투하도록 내어드릴 때 분노가 머물 자리는 그만큼 줄어든다. 자신을 하나님의 시각으로 보고, 있는 그대로를 받아들이며, 그분을 신뢰할 줄 알고, 은혜와 기도의 사람이 되어갈수록, 나를 노하게 하는 것들이 점점 적어진다.

분노를 줄이는 생활 양식의 전략을 요약하면 다음과 같다.

분노를 줄이는 생활 양식(분노 예방책) I

스트레스의 극소화
1. 서두름을 없애라.
2. 기대를 줄이라.

3. 거절할 줄 알라.
4. 실수와 부족함을 인정하라.
5. 더 많이 웃으라. 삶이나 자신을 너무 심각하게 대하지 말라.
6. 자신을 잘 돌보라.
7. 자신의 분노 유발 요인을 파악하라.

분노를 줄이는 생활 양식(분노 예방책) II

하나님의 극대화

1. 하나님을 가까이하라.
2. 하나님의 무조건적인 사랑과 수용을 경험하라.
3. 자신을 하나님이 지으신 그대로 받아들이라.
4. 하나님과 그분의 주권을 신뢰하라. 그분의 주관에 맡기라.
5. 은혜를 베푸는 사람이 되라.
6. 기도의 사람이 되라.

생각할 문제

1. 새로운 시각이나 달라진 시각 때문에 당신의 성난 태도가 변화된 경험이 있는가? 있다면 그 과정에서 배운 것이 무엇인가? 없다면 이번 장에서 배운 것 중 도움이 될 만한 것은 무엇인가?
2. 당신의 인생에서 이것만은 달라졌으면 하는 부분은 무엇인가? 그것 때문에 당신이 느끼는 분노는 어느 정도인가?
3. 하나님의 사랑이 당신의 마음속에 정말 깊이 스며든다면, 그 사랑 때문에 당신 자신을 보는 눈이 어떻게 달라지겠는가? 또 그분의 주권을 참으로 이해한다면, 그 주권 때문에 당신 자신을 보는 눈이 어떻게 달라지겠는가?
4. 지금 이 시간, 하나님은 당신이 그분께 어떻게 반응하기를 원하실까? 한번

생각해보라.

실천할 행동

- '분노를 줄이는 생활 양식 Ⅰ, Ⅱ' 가운데 당신이 가장 노력해야 할 부분들과 실제로 좋아질 수 있는 방법들이 무엇인지 적어보라.
- 믿을 만한 친구나 가족에게 부탁해서 다음 상황으로 함께 역할 연기를 해보라. 상대가 당신에게 신랄하거나 모욕적이거나 빈정대는 말을 한다. 도가 지나치고 현실성이 없을수록 좋다. 그리고 그 사람을 앞에 두고 그 사람을 이해하는 말과 은혜를 베푸는 말을 연습해보라. 억지 연습처럼 보일지 모르지만, 분노를 거부하고 은혜의 말을 하는 이 단순한 행위를 시작으로 당신 안에 점차 습관이 배어들 것이다.
- 다음은 '하나님을 당신의 삶에 극대화하는' 기도다. 다음 한 주간 동안 아침마다 이렇게 기도해보라.

주님, 주님은 세계 역사상 누구보다도 많은 모욕을 당하셨으며, 그 모욕의 일부는 저한테서 왔습니다. 노하여 은혜를 거두실 권리가 누구보다도 많으신 주님이 죄인의 괴수에게까지 사랑을 아낌없이 베푸십니다. 감사합니다. 모든 것을 합력하여 선을 이루시고 제때에 제대로 공의를 행하신다는 주님의 약속을 온전히 신뢰합니다. 그런 일들을 계속 주님께 맡길 수 있도록 도와주시고, 제가 분노 대신 은혜를 후히 베푸는 사람이 되게 하소서. 저의 삶과 다른 사람들의 삶을 변화시키는 은혜의 위력을 보게 하소서. 아멘.

제7부

현명하게 화내는 법

19 분노를 표현하라

● 분노는 걸림돌이 아니라 디딤돌이 되어야 한다.

이 책의 2장에 말했듯이, 나(침)는 빨래방에서 한 여자가 자신의 어린 자녀를 건조기에 확 내리치는 걸 본 적이 있다. 내가 그 일을 목격했을 때는 신학교를 졸업한 직후였다. 나도 그 여자한테 똑같이 해주고 싶은 마음이 치밀어올랐다. 내가 보는 데서 그 엄마는 어린 딸을 건조기에 쾅 찧은 다음, 그 귀한 얼굴에 대고 악을 썼다. 홱 비틀린 그 작은 팔이 지금도 내 기억에 선하다. 나는 여자에게 말했다. "아주머니, 다시는 이 아이를 이렇게 다루지 마십시오."

나는 화가 났다. 너무 화가 나서 잠이 오지 않았다. 이런 생각이 들었다. '아마 저 아이한테는 저런 일이 앞으로 계속 일어날 거다. 틀림없다. 이건 상습적이다. 저 아이가 평생 저런 취급을 당한다면 나중에 어떤 엄마가 될까? 자기 엄마처럼 되겠지.' 자리에 누워서 잠을 못 이루고 분통을 터뜨리던 기억이 난다. 온몸에 아드레날린이 솟구쳤다. 생각이 꼬리를 물었다. '밤낮없이 날마다 저런 일을 당하고 있는 아이들이 얼마나 많을까. 하나님, 이런 일이 계속될 수는 없습니다. 나라도 어떻게 해보자. 뭔지는 모르지만 어떻게든 해보자.'

알아보니 우리 주에 아동복지국이 있었다. 그러나 실제로는 하는 일 없이 산하에 많은 위원회만 거느리고 있었다. 내가 우려를 표했더니 그들이 말했다. "우려를 느끼는 당신이 나서서 일하면 어떻겠소?"

"좋습니다, 그렇게 하지요." 나는 말했다.

"그럼 당신이 회장입니다."

나는 오래 망설이지 않고 말했다. "좋습니다." 그때부터 친구들을 끌어모아 '변화의 주역'이 되고 싶냐고 물었다. 그리고 함께 팀을 꾸렸고, 머잖아 우리는 '학대받는 아동을 위한 보호소'를 세웠다. 근처 교회들이 식량을 기부하고 임시 거처를 제공했다. 우리는 수양 부모들을 훈련하고, 분노 관리 세미나를 열었다. 주 전체가 네트워크를 이루어 협력하기 시작했다. 문제가 발생해 도움이 필요한 아이들이 생길 때마다 나는 강단에서 나누곤 했다. "남자아이와 여자아이가 각각 입을 만한 얼마얼마 사이즈의 옷가지가 필요합니다. 몇 주 동안 가 있을 곳이 필요한 어린아이도 셋이나 있습니다." 그러면 꼭 어떤 교인이 옷을 가져왔고, 어떤 가정이 "그 아이들을 우리가 맡겠습니다"라고 말하곤 했다. 우리는 다른 교회들과 팀을 이루어 변화의 주역이 되었다. 왜 그렇게 되었을까? 내가 화가 났기 때문이다. 그것도 그냥 조금이 아니라 분노가 치밀었기 때문이다.

지금까지 이 책의 대부분은 분노를 이해하고, 예방하고, 참고, 자제하는 법에 중점을 두었다. 그러나 앞서 말했듯이, 분노라고 다 나쁜 것은 아니다. 분노에는 건설적이고 긍정적인 면도 있다. 사실 성경은 우리에게 분노하라고 명한다. 분노에 관한 성경 구절들은 대부분 분노에 잠재된 위험을 조심하라고 경고하지만, 에베소서 4장 26-27절에는 분노가 용인될 뿐만 아니라 마땅히 분을 내야 한다고 되어 있다. "분을 내라 그러나 죄를 짓지 말라. 해가 지도록 분을 품지 말라. 마귀에게 틈을 주지 말라"(NRSV). 분노는 하나님의 무기고에 있는 가장 긍정적이고 효과적인 무기 가운데 하나로, 철저하고 의로운 변화를 초래한다. 신자와 교회와 사회를 변화시킨다. 어떤 때는 노하는 것이 가장 적절한 일이다. 그건 자연스러운 일이며 꼭 필요한 일이다.

> 분노는 하나님의 무기고에 있는 가장 긍정적이고 효과적인 무기의 하나로, 철저하고 의로운 변화를 초래한다.

"분을 내라"는 명령에는 세 가지 조건이 달려 있다. (1) 죄를 짓지 말라. (2) 해가 지도록 분을 품지 말라. (3) 마귀에게 틈을 주지 말라. 즉, 화를 풀라는 것이다. 이 말씀에 보면 "분을 내지 말라"고 한 게 아니라 "분을 내라"고 했다. 단, 분노가 죄로 이어지기 쉽다는 경고가 바로 뒤따라 나온다. 그래서 "분을 내라 그러나 죄를 짓지 말라"고 한 것이다. 이어 분노가 사무쳐 부글부글 끓게 두지 말고 해결하라는 명령이 나온다. 왜 그래야 할까? 그렇지 않으면 마귀에게 틈을 주기 때문이다. 분노의 동기가 옳지 못하면, 그리고 분노를 오래 끌면, '원수'에게 우리 마음속에 거할 틈을 준다는 것을 하나님은 아신다. 분노는 원한과 적개심으로 변한다. 그것이 "너희 대적 마귀가 우는 사자 같이 두루 다니며 삼킬 자를 찾"는 방법 중의 하나다(벧전 5:8).

이 말씀을 요약하면 이렇게 된다.

에베소서 4:26-27

말씀		명령과 조건
"분을 내라."		분노를 표현하라.
"그러나 죄를 짓지 말라."	그러나	분노를 적절히 표현하라.
"해가 지도록 분을 품지 말라."	그리고	분노를 해결하라.

이렇듯 하나님은 정말 우리에게 분노를 표현하라고 명하시지만 또한 조건을 덧붙이신다. 제5부에서 우리는 야고보서 1장 말씀을 통해 하나님의 분노 관리 방안을 살펴보았다. 이번에는 에베소서 4장을 통해 분노에 관한 하나님의 명령을 살펴보고자 한다.

우리에게 이 명령을 주시는 이유

명령과 조건을 더 깊이 보기 전에, 먼저 이 말씀이 기록된 시기와 이유를 알아보자. 앞의 두 구절은 우리에게 분을 내라, 죄를 짓지 않도록 조심하라, 화를 풀라고 말한다. 바울은 어떤 문맥에서 성령의 감화로 에베소 교회에 이 말을 썼을까? 이 교훈은 어떤 배경에서 어떤 내용 뒤에 나온 것일까?

에베소서 첫 석 장의 내용은 교리에 관한 것이다. 그리스도 안에서 우리가 어떤 존재인지를 말해준다. 그리고 뒤이은 석 장은 그리스도 안에서 어떻게 살아야 하는지를 말해준다. 4장 첫머리에서 "내가 너희를 권하노니… 합당하게 행하여"라는 말로 주제가 전환된다. "합당한 삶을 살라"고 옮긴 역본도 있다(KJV). 합당하고 선하고 옳은 방식으로 살라는 교훈이다. 이어 이러한 생활 양식의 목표가 나온다. "이는… 그리스도의 몸을 세우려 하심이라 우리가 다 하나님의 아들을 믿는 것과 아는 일에 하나가 되어 온전한 사람을 이루어 그리스도의 장성한 분량이 충만한 데까지 이르리니"(12-13절). 우리는 서로 세우고, 하나가 되며, 하나님의 아들을 알고, 영적으로 성숙해야 한다. 즉, 점점 예수님을 닮아가는 것이다.

예수님을 닮아가려면 이전의 삶을 그쳐야 하는데, 그러려면 철저한 변화가 필요하다. 변화는 어떻게 이루어질까? 심령이 새롭게 되어야 한다. 썩어져가는 죄의 욕심과 함께 옛 사람(이전의 생활 양식)을 벗고(버리고), 심령을 새롭게 하여 새 사람을 입는 것이다(22-24절).

이 교훈의 바로 다음 단어는 "그런즉"(25절)이다. 날마다 새로운 생활 양식대로 사는 법에 대한 실제적인 조치가 나올 거라는 예고다. 여기서부터는 그리스도를 닮아가는 삶에 대한 '방법론'을 가르쳐준다. 바울은 이렇게 쓰고 있는 셈이다. "이것을 그만두라. 저것을 시작하라. 이렇게 하라. 저렇게 하지 말라. 이 부정적인 것을 교체하라. 이 긍정적인 것을 도입하라. 심령을 새롭게 하라."

그 다음부터는 정직, 분노, 구제, 말과 태도에 관한 내용이 이어진다. 거짓말을 버리고 진실하게 말하라는 말씀이 나오고(25절), 그 다음이 우리가 지금 다루고 있는 분노에 관한 교훈이다(26-27절). 그 다음은 "도둑질하지 말고" 뭔가 유익한 일을 해서 가난한 사람에게 베풀라는 말씀이다(28절). 29절은 더러운 말은 입 밖에 내지도 말고 남을 세워주라는 가르침이다. 30절은 "하나님의 성령을 근심하게 하지 말라"고 일깨워준다. 이어 우리의 태도에 대한 명확한 지침이 나온다. "너희는 모든 악독과 노함과 분냄과 떠드는 것과 비방하는 것을 모든 악의와 함께 버리고"(31절). 여기까지는 '하지 말아야 할 일들'이고, 그 다음에는 '해야 할 일들'이 나온다. "서로 친절하게 하며 불쌍히 여기며 서로 용서하기를 하나님이 그리스도 안에서 너희를 용서하심과 같이 하라"(32절).

본문의 앞뒤 문맥과 '해야 할 일들'과 '하지 말아야 할 일들'을 도표로 정리하면 다음과 같다.

에베소서 개괄

1-3장 그리스도 안에서 우리는 어떤 존재인가
4-6장 그리스도 안에서 어떻게 살 것인가

에베소서 4장 26-27절 앞뒤의 문맥

장/절	내용	
4:1	경건하게 살라(합당하게 행하라).	
4:12-13	성숙을 힘쓰라(경건한 삶을 살라).	
4:17	경건하지 못한 삶을 그치라.	
4:22-24	경건한 삶을 사는 법: 심령을 새롭게 하라. 구습과 함께 옛 사람을 벗으라.	
4:25	그런즉: (이제부터 경건한 삶을 사는 실제적이고 구체적인 '방법론'이 나온다.)	
	해야 할 일들	**하지 말아야 할 일들**
4:25	진실을 말하라.	거짓말을 하지 말라.
4:26-27	분을 내라. 분노를 해결하지 않은 채로 두지 말라.	분노 중에 죄를 짓지 말라.
4:28	나누고, 베풀고, 선한 일을 행하라.	도둑질하지 말라.
4:29	덕을 세우고, 격려하라.	더러운(덕이 되지 않는) 말은 입 밖에 내지 말라.
4:30-32	친절하게 대하고, 긍휼을 베풀며, 용서하라.	악독과 노함과 분냄과 비방과 모든 악의를 버리라.

이 책의 초점은 분노이며, 에베소서 4장 26-27절은 그에 대한 도전과 명령이지만, 분노가 이 말씀의 핵심은 아니다. 부디 핵심을 놓치지 말라. 분노를 좀 더 자제하게 되는 것이 하나의 결과이기는 해도 26-27절의 요지가 그것만은 아니다. 단순히 정신 건강을 지키고 남들과 잘 지내는 법도 아니다. 그건 분노를 성경적으로 처리하면 따라오는 결과이다. 이 본문이 기록된 더 중요한 목적은 우리가 좀 더 의롭게 되어, 즉 개인적으로나 공동체로나 그리스도를 더욱 닮게 되어, 우리의 심령뿐 아니라 문화까지 변화시키는 사람이 되는 것이다. 우리의 삶이 개인과 공동체의 의를 성취하고 촉진하려면, 분을 내되 죄는 짓지 말아야 한다는 것이 이 두 구절의 문맥상의 의미이다.

분을 내라!

오래전 그날, 내가 빨래방에서 화가 났기 때문에 많은 아이들이 더 안전하고 행복해졌다. 많은 경우 분노는 선한 것이며 선한 결과를 낳는다. 지대한 영향을 미친 사례가 역사에 가득하다. 예컨대 윌리엄 윌버포스(William Wilberforce)가 불의한 노예 제도에 분노한 것이 발단이 되어, 노예 제도를 허용하는 영국 법이 차차 철폐되었다. 복음이 심각하게 왜곡되는 것에 분노한 마틴 루터(Martin Luther)는 결국 전체 종교개혁의 기폭제가 되었다. 안타깝게도 분노를 억누르고 억압해서, 결국 아무런 긍정적인 변화도 일어나지 않은 경우도 많이 있다.

분노를 제대로 표현하라고 도전하고 싶다. 하나님이 우리에게 그렇게 명하신다. 마땅히 노해야 할 때 노하지 않는 사람들이 너무 많다. 분노를 느껴도 표현하지 않는다. 에베소서 4장 26절에 있듯이, 분노는 괜찮은 정도가 아니라 마땅히 표현되어야 한다.

> 많은 경우 분노는 선한 것이며 선한 결과를 낳는다.

분노를 느끼거나 표현하는 것을 우리는 어쩌다 이렇게 두려워하게 되었을까? 분노를 표현했다가 듣게 될 다른 사람들의 질책이나 비난이 두려운 건지도 모른다. 자신이 통제 불능의 괴물이 될까봐 두려울 수도 있다. 두려움의 원인이 무엇이든 우리는 그것을 극복해야 한다. 그래야 마땅히 표현해야 할 때 분노를 표현할 수 있다. 그렇게 못한다면 본의 아니게 부정과 불의를 지속하는 데 일조하는 것이다.

생각을 자극하는 신학자 존 스토트(John Stott)는 이렇게 단언한다. "그리스도인들에게 허용되는 분노의 존재를 이 구절이 인정하고 있지만, 분노를 느끼거나 표현하는 그리스도인은 너무 적다. 사실 분노를 제대로 표현하지 않는 것은 하나님을 부인하고, 자신을 해치며, 악이 확산되는 것을 조장하는 것이다."[1]

요점

세간의 생각과 달리, 노하고 그것을 표현하는 것이 경건한 반응일 때가 많다. 많은 경우 우리는 덜 노할 게 아니라 더 노해야 한다. 분노는 하나님의 무기고에 있는 가장 긍정적이고 효과적인 무기의 하나로, 철저하고 의로운 변화를 초래한다. 신자와 교회뿐 아니라 사회까지 변화시킨다. 성경은 우리에게 분을 내라고 도전하고 명령하고 있다.

생각할 문제

1. 당신은 어떤 일로 화를 낸 후에 죄책감이 들었다. 그런데 알고보니 그 분노가 선하고 적절한 분노였던 적이 있는가? 그러한 분노에 따라오는 잘못된

죄책감을 당신은 지금까지 어떻게 극복해왔는가?
2. 제때에 정당한 이유로 분노를 느꼈음에도 그 분노를 표현하지 못하도록 당신을 막는 두려움과 장애물은 무엇인가?
3. 당신을 정말 화나게 하는 이슈나 상황이나 불의가 있는가? 혹시 하나님이 당신에게 그 분노를 행동으로 옮기라고 말씀하고 계시지는 않는가?

실천할 행동

- 당신이 만일 분노를 표현하는 게 잘못이라고 알고 자랐다면, 분노를 정당하고 필요한 반응으로 받아들이도록 자신을 재교육할 수 있는 가장 좋은 방법의 하나는, 다른 사람들이 분노를 어떻게 건설적으로 활용했는가를 알아보는 것이다. 이번 주 중에 다른 사람의 분노가 적절한 행동으로 이어지는 예를 하나 찾아보라. 이 진리가 머릿속에 확실히 심어지도록 마르틴 루터나 윌리엄 윌버포스나 기타 '분노 운동가'의 전기를 읽어보는 것을 계획해보라.
- 당신을 가장 화나게 하는 세상의 불의(특히 당신의 영향권 내에 있는 불의)를 찾아보라. 그 상황에 긍정적인 변화를 가져오기 위해 당신이 이번 주에 취할 수 있는 조치 하나를 정하라.
- 그 불의를 바로잡는 데 당신과 함께할 사람을 최소한 한 명 이상 찾아내라. 그 사람을 만나서 차라도 한잔 하며 행동 방안을 의논하라.

20 분노를 적절히 표현하라

● 거룩하지 못한 분노는 언제나 불행한 분노다.
_ 존 웨슬리(John Wesley)

1980년, 딸을 끔찍히 사랑했던 한 어머니가 분노했다. 사흘간 술판을 벌인 어떤 사람이 과음한 상태로 동네에서 차를 몰다가 도로에서 벗어나 열세 살 난 여자아이를 쳤다. 그리고 그 아이는 그 자리에서 목숨을 잃었다. 딸을 잃은 캔디스 라이트너(Candice Lightner)는 가슴을 찢는 비통에 잠겼고, 그 후에 분노가 찾아왔다. 정말 분노했다. 그녀가 조사해보니, 미국에서 해마다 음주 관련 사고로 죽는 사람이 월남전 전사자 전체보다 더 많았다. 그녀는 격노했다. 그래서 즉시 '음주 운전 반대 어머니회(MADD, Mothers Against Drunk Driving)'를 출범하기로 했다. 이 단체는 현재 미국 전역에 지회를 두고 있다. 이 기관의 집요한

로비로 여러 법이 바뀌었다. 다분히 MADD의 노력 덕분에 지금까지 수천 명이 목숨을 건졌다. 이 모두가 비탄에 젖은 한 성난 여자가 자신의 분노를 세상에 알렸기 때문이다.¹

> 우리의 분노는 힘과 애정과 이해심과 자제력을 갖추어야 한다.

캔디스 라이트너는 자신의 딸을 죽인 음주 운전자에게 복수를 꾀하지 않았다. 분노를 퍼부어 재산이나 사람을 파괴하지도 않았다. 분노를 속 깊이 억압한 채 비통에 빠져 허송세월하지도 않았다. 자멸하지도 않았다. 대신 그녀는 분노를 표현했다. 파괴적이 아니라 건설적인 방식으로 적절히 표출했다. 하나님이 우리에게 명하신 일이 바로 이런 것이다.

분노 자체를 표현하지 않았던 사람들에게 하나님의 이러한 명령은 상당한 도전이 된다. 앞서 말했듯이, 분을 내라는 계명에는 두 가지 조건이 따라온다. 첫 번째 조건은 의로운 반응을 요구한다. 우리는 노하되 죄를 지어서는 안 된다. 공격이 아니라 주장, 싸움이 아니라 대면, 반사 반응이 아니라 사려 깊은 반응을 해야 한다는 뜻이다. 우리의 분노는 힘과 애정과 이해심과 자제력을 갖추어야 한다.

놀랍게도 이러한 역동적인 분노 표현의 모본을 보여주는 일화가 신약성경에 많이 나온다. 그 모본은 바로 예수님이시다.² 대중문화와 할리우드 영화에서 보는 수동적이고 유하며 우수에 잠겨 있는 모습과는 거리가 멀다. 예수님은 인간 감정의 전 영역을 거리낌 없이 표현하셨지만 죄는 없으셨다. 그 감정들 중에는 아주 강한 분노 표현도 있는데, 그러한 예는 한두 번이 아니다.

분노를 적절히 표현하신 예수님

신약 성경에 예수님이 노하신 상황이 몇 번 나온다. 마가복음 3장에서 그분은 눈빛으로 노하셨다. 예수님이 회당에 들어가시니 장애인이 있었다. 본문에 보면, "사람들이… (예수께서) 그 사람을 고치시는가 주시"했다고 되어 있다(2절). 이어 예수님이 "노하심으로 그들을 둘러 보시고 그 사람에게 이르시되 네 손을 내밀라 하시니… 그 손이 회복되었더라"고 했다(5절). 종교 지도자들은 예수님이 안식일에 하시는 일을 보고는 당대의 엄격한 율법을 따르지 않는다고 그분을 비난하고 경멸했다. 이 종교인들은 자신들이 만든 온갖 규정에 사로잡힌 나머지 진리를 놓쳤다. 예수님은 그들이 멋대로 해석해놓은 율법을 따르지 않으셨다. 하나님이 주신 율법의 의도가 그게 아님을 아셨기 때문이다. 아무 날이든 선을 행하고, 치유하고, 먹이고, 사랑할 수 있는 게 참 율법이다. 그분은 종교 지도자들의 옹졸하고 율법적이고 자기 본위적이고 위선적인 천박성에 격노하셨다.

예수님은 또 말로도 노하셨다. 성경에서 가장 혹독한 말의 일부가 마태복음 23장에 나온다. 예수님은 동일한 종교 지도자 집단에게 말씀하시며 직접 그들을 '외식하는 자', '독사의 새끼', '맹인 된 인도자', '뱀'이라고 부르셨다.

"화 있을진저 외식하는 서기관들과 바리새인들이여 너희가 박하와 회향과 근채의 십일조는 드리되 율법의 더 중한 바 정의와 긍휼과 믿음은 버렸도다 그러나 이것도 행하고 저것도 버리지 말아야 할지니라 맹인 된 인도자여 하루살이는 걸러 내고 낙타는 삼키는도다 화 있을진저 외식하는 서기관들과 바리새인들이여 잔과 대접의 겉은 깨끗이 하되 그 안에는 탐욕과 방탕으로 가득하게 하는도다… 화 있을진저 외식하는 서기관들과 바리새인들이여 회칠한 무덤 같으니 겉으로는 아름답게 보이나 그 안에는 죽은 사람의 뼈와 모든 더러운 것이 가득하도다 이와 같이 너희도 겉으로는 사람에게 옳게 보이되 안으로는 외식과 불법이 가득하도다… 뱀들아 독사의 새끼들아 너희가 어떻게 지옥의 판결을 피하겠느냐"(마 23:23-25, 27-28, 33).

분노에 찬 발언이며, 기록된 말씀 중 사상 최강의 표현에 든다. 그 말이 하나님의 아들이요 '평강의 왕'이신 예수님의 입에서 나왔다. 말씀의 대상은 종교 지도자 집단인 바리새인들과 사두개인들이었다. 예수님은 그들의 표리부동과 위선과 허위와 가식을 보고 격분하셨다. 그분은 노하셨지만, 이것은 통제된 분노였다.

마가복음 11장을 보면, 예수님이 몸으로 노하셨다.

"그들이 예루살렘에 들어가니라 예수께서 성전에 들어가사 성전 안에서 매매하는 자들을 내쫓으시며 돈 바꾸는 자들의 상과 비둘기 파는 자들의 의자를 둘러 엎으시며 아무나 물건을 가지고 성전 안으로 지나다님을 허락하지 아니하시고 이에 가르쳐 이르시되 기록된 바 내 집은 만민이 기도하는 집이라 칭함을 받으리라고 하지 아니하였느냐 너희는 강도의 소굴을 만들었도다"(막 11:15-17).

예수님이 하나님의 거룩한 전에 들어가셨다. 그런데 그곳에서 사람들이 제사 용품을 터무니없는 값에 팔며 하나님의 이름을 빙자하여 불법으로 돈벌이를 하고 있었다. 그들은 예배하러 온 사람들을 탐욕스레 착취하고 있었다. 예수님은 성전이 모독당하는 것을 보고 노하셨다. 대로하셨다. 하나님의 거룩한 집을 사람들이 존중과 공경으로 대하지 않는 데 격노하셨다. 그분은 손에 채찍을 들고 성전에 들어가 물리적으로 그러나 적절하게 분노를 표출하셨다. 탁자를 엎으시고 물건을 밀쳐내시고 짐승을 쫓아내셨다.

광분이 아니었다. 그분은 사람을 잡아 휙휙 내던지는 '인크레더블 헐크'가 되신 게 아니다. 미쳐 날뛰신 것도 아니다. 그분은 몸으로 노하셨지만 여전히 자제력을 잃지 않으셨다.

예수님이 부당한 공격을 받으셨을 때 보이신 반응

이런 말씀들로 보건대, 예수님은 시대의 불의나 왜곡된 시각에 대해 무척 노하셨다. 하지만 개인적으로 공격받으셨을 때는 어떻게 반응하셨는가? 잘못된 행태에 대해서는 그분은 자제력을 잃지 않으면서도 강경하고 직선적이셨다. 하지만 개인적으로 공격받으셨을 때는 위협이나 채찍으로 반응하지 않으셨다. 그럼 어떻게 하셨는가? 가만히 계셨다. 하나님 아버지께 맡기셨다. 그분은 자신을 정당화할 필요성을 못 느끼셨다. 그분은 방어하거나, 불안해하거나, 험담하거나, 수동적으로 공격하거나, 사납게 폭발하지 않으셨다. 예수님은 상황을 하늘의 관점에서 보셨고, 하나님의 주권과 주관을 조용히 확신하는 가운데 말 없이 침착하게 반응하셨다.

누가 말했듯이, 성경에는 남의 권리를 변호하라는 말은 많지만(이사야 58장의 강경한 표현을 보라), 자신을 변호하라는 말은 한 번도 언급된 적이 없다. 그것이 예수님이 보여주신 틀이다. 남들이 잘되는 데는 열심이셨지만 자신이 잘되는 데는 관심이 없어 보이신다. 그분은 우리의 모본이시며, 우리도 정의감을 그분처럼 표현해야 한다.

> 예수님은 시대의 불의나 왜곡된 시각에 대해 무척 노하셨다.

분노의 네 번째 얼굴: 적절한 표현

> 성경에는 남의 권리를 변호하라는 말은 많지만(이사야 58장의 강경한 표현을 보라) 자신을 변호하라는 말은 한 번도 언급된 적이 없다.

분노에 예수님처럼 반응한다는 것은 굉장한 도전이다. 이 책의 4-6장에서 살펴본 대로 우리 인간들은 분노했을 때, 폭발하거나 억압하거나 조금씩 흘리는 경향이 있다. 분노에 대한 그러한 반응이 건강하지 못한 방법들이라면, 건강한 방법에는 어떤 것들이 있을까? 우리는 분노에 어떻게 반응해야 옳을까? 어떻게 하면 적절하게 - 예수님과 비슷하게 - 반응할 수 있을까?

이제 네 번째 얼굴을 넣어, 분노의 일반적인 세 가지 얼굴을 다시 한 번 복습해보자. 네 번째 얼굴의 이름은 단순히 '적절한 표현'이다.

분노에 대한 네 가지 반응

구분	억압형	폭발형	누수형	적절한 표현
화날 때 자신에게 보내는 메시지	"분노는 나쁜 거니까 화를 내거나 분노를 보이면 안 된다."	"네 잘못이다." "분노는 필요한 것이다."	"분노를 직접 표현하는 건 너무 위험하다." "분노를 보이는 것은 나쁘다."	"분노는 괜찮은 것이다. 분노를 어떻게 처리하느냐가 중요하다" (엡 4:26-27). "분노는 선한 것이 될 수 있다."
행동	억누르고, 피하고, 위장한다. 억압한다. 억제한다.	폭발하고, 군림한다. 자제력을 잃는다. 남을 통제하려 한다.	수동적으로 공격한다. 간접적으로 힘을 행사한다. 직접 은근히 비방한다.	내 주장을 밝힌다. '나'를 주어로 필요와 원함을 위협적이지 않게 말한다.

반응	성난 감정을 부인한다. 분노를 묻어두고 감춘다. 화나지 않은 척한다.	악을 쓰고 문을 쾅 닫으며, 소리 지르고 손으로 치며, 발로 차고 밀치며, 깎아내리고 적대적이 된다.	질질 끌고 지각하며 험담하고 뒷감당을 안 한다. "예"와 "아니요"를 믿을 수 없다.	직접 표현하거나 간접적으로 해소한다. 파괴적이지 않은 방식으로 분노를 표출한다.
결과	감정의 세계와 단절된다. 부정 속에 살아간다. 분노 회피에 에너지를 너무 많이 쓴다.	관계에 피해를 입고, 정서적으로 멀어진다.	의사소통 방식이 건강하지 못하고, 관계에 피해를 입는다.	건강한 관계가 회복된다. 마음을 열고 솔직한 의사소통을 한다. 정의와 의를 추구한다. 은혜와 자비를 베푼다.

분노를 적절히 표현하면 자신의 필요와 관심사를 명확히 알릴 수 있다. 우리는 비난을 퍼붓기보다 '나'를 주어로 말한다. 과도한 분노를 방향을 돌려 건강하게 해소한다. 은혜와 자비와 사랑과 용서를 베푼다. 그리고 정말 중요한 문제에 분노한다.

바른 동기, 바른 방법

아리스토텔레스(Aristoteles)가 이런 말을 했다고 한다. "화내는 건 아무나 할 수 있다. 쉬운 일이다. 그러나 바른 대상에게, 바른 정도만큼, 바른 때에, 바른 목적으로, 바른 방식으로 화내는 것은 누구나 할 수 있는 일이 아니며 쉽지 않다." 우리는 바른 이유로 분노하고 적절하게 반응하며 신속히 해결해야 한다.

적절한 분노는 동기도 옳고 방법도 옳아야 한다. 화난 이유는 옳은데 그

> 적절한 분노는 동기도 옳고 방법도 옳아야 한다.

분노를 표현하는 방식은 죄일 수 있다. 거꾸로 화난 이유는 잘못되었지만 처리는 적절할 수 있다. 예를 들어, 낙태를 반대하는 사람들은 자신들이 분노하는 이유가 정당하다고 굳게 믿는다. 그러나 일부 과격파가 낙태 시술소를 폭파하는 것은 선을 넘어선 일이다. 동기는 옳지만 방법이 잘못되었다. 사유가 '옳을' 때의 반응법은 자신의 관심사를 표현(말로 소통)하거나 또는 방향을 돌려 감정을 해소하는 것이다. 기도하거나 다른 분노 해소 활동을 하는 것도 그런 반응에 포함될 수 있다. 반대로, 잘못된 이유로 분노했을 때의 적절한 반응은 분노를 버리는 것이다.

다음 표는 동기와 방법의 역학 관계를 잘 보여준다.

동기(이유)	방법(반응)	
	적절한 반응	부적절한 반응
이유가 옳을 때	표현하거나 해소한다. 기도 또는 분노 해소 활동을 한다.	'폭발'이나 '억압'이나 '누수'로 반응한다. 해로운 행동을 한다.
이유가 옳지 못할 때	분노를 버린다.	건강하지 못한 방식으로 반응한다.

적절한 분노는 바른 이유에서 생겨난다. 이기심, 자존심, 불안감에서 생겨나는 분노가 아니다. 분노를 위협적이거나 파괴적이지 않은 방식으로 소통하거나 방향을 돌려 해소하는 것이 적절한 표현법이다.

건강하고 적절한 분노란 어떤 것인가

하나님의 관점과 방안에 담긴 지혜가 많은 심리학 연구를 통해 확증되고 있다. 다음과 같은 조항을 따를 때 우리는 건강하고 건설적인 분노를 경험한다.

1. 듣기를 속히 한다(다른 사람의 말, 자신의 일차 감정, 하나님의 음성을 듣는다).
2. 말하기를 더디 한다.
3. 성내기를 더디 한다.
4. 분노를 표현한다(억압하거나 무시하지 않는다).
5. 분노를 적절히 표현한다(바른 동기와 바른 방법으로 직접 표현하거나 방향을 돌려 해소한다).
6. 분노를 해결한다.

요점

분노를 표현하는 건 따르기에 힘든 명령이 아닐 수도 있다. 그러나 분노를 적절히 표현하는 건 그보다 훨씬 어려운 일이다. 예수님이 우리의 모본이시다. 알다시피 분노를 억압하거나 폭발하거나 누수시키는 일은 그 결과가 파괴적일 수 있다. 분노를 적절히 표현하려면 모본이신 예수님을 따라야 하고, 야고보서 1장 19-20절과 에베소서 4장 26-27절에 나오는 하나님의 분노 관리 권고와 요건을 따라야 한다.

생각할 문제

1. 당신은 예수님이 때로 분노를 거칠게 표현하셨다는 사실이 편하게 느껴지는가? 왜 그렇거나 그렇지 않은가?
2. 당신의 분노 표현이 확실하기는 했으나 부적절했던 상황을 떠올려보라. 이

번 장을 읽고 난 지금이라면 어떻게 다르게 대처하겠는가?
3. 건강한 분노의 여섯 가지 조항을 기준으로 자신을 평가해본다면, 당신이 가장 강한 부분과 가장 약한 부분은 각각 무엇인가?

실천할 행동

- 우리가 읽은 마가복음 11장 사건의 다른 버전인 요한복음 2장 13-17절을 읽고 묵상해보라.
- 이번 장에 인용된 예수님에 관한 성경 본문들에 비추어, 건강하고 의로운 분노와 파괴적이고 불의한 분노를 규정짓는 기준을 정리해보라.
- 건강한 분노의 여섯 가지 조항 중 하나를 골라, 이번 주에 당신의 삶에서 그 부분을 발전시키기 위해 어떻게 노력할 것인지 계획을 세워보라.
- 건강한 분노에 대해 당신이 배우고 있는 내용에 공감할 만한 사람은 누구인가? 이번 주에 그 사람에게 전화를 걸거나 직접 만나서 당신의 여정을 함께 나누라.

21 분노를 해결하라

● 분노가 다 죄는 아니지만 오래 지속되면
성경에 어긋나는 죄가 된다.
_ 윌리엄 페일리(William Paley)

나는 우리가 친구인 줄 알았다. 그는 약속한 시간에 나에게 전화를 걸어 어떤 상황에 대해 논의했다. 그는 무언가를 잘못 알고 있었고, 내가 어떤 식으로든 거기에 개입되어 있다고 생각했다. 나중에 알고보니, 그는 그 통화를 녹음해두었다가 어떤 그룹의 사람들에게 들려주었다. 내가 사실이 아니거나 책잡힐 만한 말을 하지 않은 것은 하나님의 은혜였다. 그가 그랬다는 말을 듣고 나는 낯빛이 하얘졌다. 수준 이상의 배신과 기만이 내게 깊은 상처를 주었다. 나는 분노를 넘어 핏기를 잃었다. 끓어오르는 분노대로 그에게 갚아주는 공상을 했다. 잠도 오지 않았다. 안절부절못했다. 먹을 때도 가슴이 쿵쿵 뛰었다. 커피만 잔뜩 마셔댔다. 나는 엉망이 되었다.

그러다가 자신을 타일렀다. "어떻게든 해결해야 된다. 나는 그리스도인이고 목사다. 이런 태도로는 이번 주에 설교하기 어렵다." 그래서 그에게 편지를 써서 내가 알게 된 내용, 그의 잘못, 그를 용서했다는 사실(용서받을 자격도 없지만)을 알리기로 했다. 적어도 그것이 내가 편지를 쓴 의도였다.

힘들어하는 내 모습을 점심 시간에 한 친한 친구가 보았다. 나는 그에게 편지 얘기를 꺼내면서, 이 편지를 보냄으로써 문제를 정리하고 일을 매듭지을 거라고 말했다. 친구는 편지를 보자고 했다. 좋은 친구니까 내게 맞장구를 쳐주고, 그 사람을 바보라고 하면서 쓴맛을 보여주라고 할 줄 알았다. 대신 그의 반응은 이랬다. "자네가 된통 당한 건 맞네. 하지만 정작 상한 건 자네의 자존심이 아닐까. 이런 반응, 교만해 보이네. 자네가 정말 걱정하는 건 하나님의 평판보다 자신의 평판인 것 같군. 자네가 정말 스트레스를 받는 것도 남들의 시선 때문인 것 같고."

친구는 내가 억울한 일을 당한 것도 인정했고, 우리의 우정도 확증해주었다. 그러면서도 내 잘못을 지적하며 도전했다. 그는 말하기를, 은근히 비난하는 숨은 메시지 없이 편지를 다시 쓸 수 있을 때까지, 그리고 내 고통에도 불구하고 상대를 진심으로 용서하고 상대의 삶에 하나님이 복 주시도록 기도할 수 있을 때까지, 편지를 가방 안에 넣어두라고 했다. 그는 또 억울한 공격을 당하고도 복수하지 않으신 예수님을 내게 부드럽게 환기시키면서 베드로전서의 말씀을 인용했다. "부당하게 고난을 받아도 하나님을 생각함으로 슬픔을 참으면 이는 아름다우나… 선을 행함으로 고난을 받고 참으면 이는 하나님 앞에 아름다우니라 이를 위하여 너희가 부르심을 받았으니 그리스도도 너희를 위하여 고난을 받으사 너희에게 본을 끼쳐 그 자취를 따라오게 하려 하셨느니라… 욕을 당하시되 맞대어 욕하지 아니하시고 고난을 당하시되 위협하지 아니하시고 오직 공의로 심판하시는 이에게 부탁하시며"(벧전 2:19-21, 23).

지혜로운 친구는 내 반응을 죄로 자백하고 회개하며 하나님께 용서를 구해야 한다고 말했다. 아! 잔해를 치우는 일은 아프지만 꼭 필요한 일이었다. 그리고 결국은 정서적인 치유에도 효과가 좋았다.

하나님은 우리에게 분노를 해결하라고 명하신다. 해결하지 않으면 분노가 곪아 불치병이 되어 우리를 파멸시킬 것을 그분은 아신다. 분노를 처리하지 않으면 분노가 우리 속을 야금야금 먹어치운다.

에베소서 말씀을 다시 한 번 살펴보자.

에베소서 4:26-27

말씀		명령과 조건
"분을 내라." "그러나 죄를 짓지 말라." "해가 지도록 분을 품지 말라."	그러나 그리고	분노를 표현하라. 분노를 적절히 표현하라. 분노를 해결하라.

해결되지 않은 분노는 신체적으로 우리를 말 그대로 파멸시킬 수 있다. 감정이 내면화되기 때문이다. 장(腸)의 이상, 근육의 긴장, 궤양, 대장염, 두통 등 여러 병이 생긴다. 더 쉽게 피곤해지고 스트레스를 받는다. 분노의 수위가 높으면 스트레스와 피로를 받아들이는 우리의 신체 기능을 떨어뜨린다.

해결되지 않은 분노는 또한 정서적으로 우리를 파멸시킬 수 있다. 속으로 곪디 곪은 상처를 계속 키우기 때문이다. 분노는 자라 쓰라린 적개심이 되고, 그 뿌리는 영혼의 땅속으로 깊이 파고든다. 정서적으로 복수를 시도할 경우 대개 부메랑이 되어 결국은 자신에게 상처를 입힌다. 가해자를 피하거나 무시하면 흔히 자신이 따돌림당한 기분이 든다. 화해보다 분노를 행동의 길잡이로 삼은 결과다.

> 해결되지 않은 분노는 신체적으로 우리를 말 그대로 파멸시킬 수 있다. 감정이 내면화되기 때문이다.

우리의 상처는 얕을 수도 있고 깊을 수도 있다. 잠시 지나가는 일일 수도 있고 불가피하게 지속되는 상황일 수도 있다. 엄격히 사건에 국한된 것일 수도 있고 괴로운 인신공격일 수도 있다. 깊이나 원인이나 결과가 무엇이든, 최대한 신속히 해결해 분노를 없애야 한다.

그러기 위해서는 어떻게 해야 할까? 어떻게 상처를 치유할 수 있을까? 그토록 위태위태하고 자칫하면 폭발할 수 있는 사람이나 사건을 어떻게 대면하고 처리할 것인가? 지금부터 분노 해결을 막는 요인을 살펴보고, 몇 가지 따라야 할 실제적인 '원칙'을 배우고, 해결의 중요성에 대한 하나님의 시각을 알아보자.

분노 해결을 막는 요인을 파악한다

분노 해결의 중요성과 하나님이 권고하시는 내용으로 넘어가기 전에, 분노가 해결되는 것을 막는 요인을 잠깐 살펴보는 게 지혜로운 순서일 것이다. 다음은 분노 해결을 막는 네 가지 주된 이유다.

1. 우리는 복수나 응징의 수단으로 분노를 고수하려 한다. 분노를 버리면 상대를 용서하고 놓아주는 것인데, 우리는 그럴 준비가 되어 있지 않거나 그럴 마음이 없다. (이 책 2장에서 제시한 우리가 '분노를 고수하는 이유', 즉 분노의 오용 방식을 참조하라.)
2. 우리는 대면하는 것을 극도로 불안해하고 두려워한다. "긁어 부스럼 만들지 말라", "무슨 수를 써서라도 평화를 지키라"가 우리의 모토다.

대개 우리가 그 평화를 얻고자 치르는 값은 대면을 회피하는 것과 내부 연소다.
3. 우리는 문제를 해결하려는 시도가 실패로 끝날 거라고 믿고 냉담해진다. 문제에 손을 대봐야 오히려 사태를 더 악화시킬 뿐이며 결국 패배감만 들 거라고 생각하는 것이다.
4. 여러 이유로 우리는 현실을 외면한 채 문제가 아예 존재하지 않는 척한다. 최선의 행동 방침은 행동하지 않는 거라고 단정한다. 문제에 부딪히는 게 아니라 문제를 외면한다. 물론 일단 보류해두는 것이 최선의 방법일 때도 있지만, 두려워서 문제를 부정하느라 무한정 보류하는 사람들도 있다.

이중 하나라도 당신에게 해당되는 사항이 있는가? 있다면 생각해봐야 할 것이 있다. 해결은 선택이 아니라 하나님의 명령이다. 하나님은 왜 해결을 명하실까? 분노가 결국 우리를, 그분과의 관계를, 대인 관계를 파멸시킬 것을 아시기 때문이다. 순종하려면 그런 장애물을 극복해야 한다.

갈등 해결

'갈등 해결'이라는 주제로 이미 나와 있는 책도 많고, 사람들을 돕는 세미나도 수두룩하다. 사람마다 강조점과 접근이 다르지만 목표는 똑같이 갈등을 해결하는 것이다.

몇 년 전에 나(베카)는 친자매와 전화로 싸운 적이 있다. 싸운 내용은 기억에 없지만 격했던 감정만은 생생히 기억난다. 전화를 끊은 뒤에 나는 상대가 어떻게 했고 뭐라고 말했는지를 몇 번이고 머릿속에 되뇌었다. 상대가 '반칙한' 부분을 다 찾아내 종이에 썼다. 편지를 써서 그녀가 얼마나 불공정하게 싸웠는지를 정중히 알려줄 작정이었다. 다행히, 편지를 보내기 전에 친한 친구에게 한번 읽어보게 했다. 나는 친구가 아주 성숙하고 객관적인 편지라고 말해주기를 바랐다. 그러나 나의 바람 대신 친구는 내가 상대를 비난하고 있는 불공정한 행위를 나도 몇 가지 범했다고 말했다. 아!

그 뒤로 나는 내가 정한 '공정한 싸움의 원칙'을 반드시 기억한다. 이것은 갈등 해결을 위한 실제적인 조치다. 이것은 논쟁이 진행 중일 때 특히 유익하다. 논쟁이 분노의 탄알을 공급받는 전면전으로 치닫지 않도록 해주기 때문이다. 아울러 이 원칙은 다시 돌아가 갈등을 해결할 때도 유익할 수 있다. 예방적이고 실제적인 필수 원칙이다.

다음은 내가 정리하고 다듬은 '공정한 싸움의 원칙'을 간략히 줄인 것이다. 이 원칙을 어기면 분노가 격해질 것이고, 이 원칙을 따르면 분노를 진정시키고 해결하는 데 도움이 될 것이다.

공정한 싸움의 원칙

의견이 다른 건 괜찮지만, 말이 안 통하는 사람이 되는 건 다른 문제다.

언쟁, 싸움, 의견 차이, 말다툼, 갈등, 불화, 논쟁, 분쟁 등 명칭을 뭐라고 붙이든, 우리는 이러한 상황에 처할 때 공정한 싸움의 원칙을 알아야 한다. 물론 이런 지침을 아는 것만으로는 부족하다. 그대로 따라야 한다.

논쟁을 하게 되거든 이렇게 하라.

1. 현재의 이슈만 다루라.
2. '항상', '절대로' 같은 말의 사용을 삼가라.
3. 자신의 동기와 심리 상태와 감정을 점검하라.
4. 화를 자제하라.

5. 상대의 입장과 감정을 이해하려고 노력하라.
6. '너'보다는 '나'로 시작하는 표현을 쓰라.
7. 이슈에 국한하고, 상대의 인격을 공격하지 말라.
8. 경청하라.
9. 마음을 열어두라.
10. 반응의 여지를 차단하는 말, 즉 상대를 덫에 빠뜨리거나 구석으로 몰거나 궁지에 가두거나 꼼짝 못하게 하는 말을 하지 말라.
11. 입증될 때까지는 무죄를 전제하라. 순서가 바뀌면 안 된다.
12. 싸울 때는 주위 환경과 주변 사람을 고려해 최대한 둘이 해결하라.
13. 과정이나 사람이 아니라 논쟁의 내용에 국한하라.
14. 싸운 뒤에, 남들에게 알려 내 편을 만들려고 하지 말라.
15. 기꺼이 타협하라.
16. 기꺼이 약점과 실수를 인정하고 "미안하다"고 말하라.

사도 바울은 디도에게 "어리석은 변론과… 분쟁과… 다툼은 피하라 이것은 무익한 것이요 헛된 것이니라"(딛 3:9)고 조언했다. 이 지혜로운 조언은 오늘 우리에게도 적용된다.

열쇠는 이것이다. 성질은 당신의 가장 귀한 재산 가운데 하나다. 성질을 잃어버리고 화내지 말라.

신속히 해결하라

"형제에게 노하는 자마다 심판을 받게 되고… 그러므로 예물을 제단에 드리려다가 거기서 네 형제에게 원망들을 만한 일이 있는 것이 생각나거든 예물을 제단 앞에 두고 먼저 가서 형제와 화목하고 그 후에 와서 예물을 드리라… 급히 사화하라"(마 5:22-25).

> 분노를 외면하면 해결 가능성도 피하는 것이다.

이 말씀에 따르면, 우리는 노하면 '심판을 받게' 된다. 심판의 기준은 그것이 적절한 분노인지 부적절한 분노인지, 독선에서 비롯된 분노인지 의로운 분노인지에 있다. 마태복음 말씀은 "급히 사화하라"는 말로 끝난다. 속히 풀라는 뜻이다. 에베소서의 명령에도 분노를 신속히 – 해 지기 전에 – 없애야 한다고 했다. 왜 그럴까? 하나님은 우리가 분노를 질질 끄는 경향이 있음을 아신다. 많은 사람이 분노를 꽁하고 품고 있거나, 대면을 피하거나, 분노에 굴하거나, 아닌 척하기를 좋아한다. 그러나 분노를 외면하면 해결 가능성도 외면하는 것이다.

이것은 상처의 깊이와 상관없이 적용된다. "어, 하지만 우리 부모님이 나한테 어떻게 했는데! 내가 얼마나 분한데! 전 배우자가 나한테 어떻게 했는데! 자식들 때문에 고생한 걸 생각하면! 상사가 나한테서 뜯어간 돈이 얼마인데!" 노하는 건 괜찮지만 분노와 친구가 되는 건 문제다. 분노란 본래 동거인으로 눌러앉는 게 아니라 잠깐 스쳐가는 사이라야 한다.

왜 분노를 해결해야 되는가

나는 아주 오랫동안 분노를 품은 적이 있다. 분노의 대상이 된 사람은 내가 납득할 수 없는 결정을 내렸고, 중요한 정보를 내게 알리지 않았으며, 당연히 내가 개입되어야 할 결정에 나를 빼놓았다. 전형적인 누수형인 나는 상대를 은근히 망쳐놓을 길을 궁리했다. 내 분노의 배후 감정은 무엇이었던가? 몇 가지만 들자면 자존심, 거부당한 기분, 자아 몰두, 질투심 등이었다! 분노는 내 속을 야금야금 먹어치우고 있었다. 그 사람을 생각만 해도 뱃속이 부글부글 끓었다. 그 문제로 기도할 마음도 없었다. 당연히 상대를 용서해야 하는데 그럴 마음이 전혀 없었기 때문이다. 마침내 내 고집스런 마음을 하나님께 열어드리자 그분은 부드럽고도 단호하게 내 죄성을 지적하시며, 점점 심하게 곪아가는 내 분노를 반드시 해결해야 함을 일깨워주셨다. 나는 울음이 터져나왔다.

그때부터 내 문제가 무엇이고 용서를 베풀어야 할 부분과 용서를 구해야 할 부분이 무엇인지 확실히 보여달라고 많은 시간을 들여 하나님께 기도했다. 드디어 그 사람을 만나러 갔을 때, 내 감정과 반응에 책임을 지며 내 관심사를 분명히 전할 수 있었다. 그 사람은 그때그때 사과도 하고 방어도 했다. 오해, 와전된 내용, 의도가 확인되고 설명되었다. 사무실에서 나올 때 내 기분이 어땠을까? 정말 좋았다! 마치 등에서 무거운 짐이 떨어져 나간 기분이었다. 내 발걸음이 다시 가벼워지고 눈빛이 살아났다. 분노의 독침이 사라졌다. 여태 하나님의 말씀에 불순종한, 그래서 분노를 없애는 데 이렇게 오래 걸린 어리석은 나 자신을 속으로 자책했다. 분노를 해결하고나니 그렇게 홀가분할 수가 없었다.

이미 말했듯이, 해결되지 않은 분노는 신체적, 정서적으로 우리에게 악영향을 미칠 수 있다. 분노를 처리하지 않으면 우리의 몸, 대인 관계, 업무 능력, 정신 건강에 부정적인 결과가 미친다. 또 알다시피 분노는 우리가 하나님 앞에 나아가는 것을 방해한다. 하지만 그 외에도 중요한 이유가 또 있다. 분노를 해결하지 않으면 사탄에게 '틈'을 주게 된다. 에베소서 4장 26-27절이 바로 그런 말씀이다. "해가 지도록 분을 품지 말고 마귀에게 틈을 주지 말라." 문제를 속히 풀지 않으면 원수에게 슬쩍 발을 들여놓을 만큼 문을 열어주는 셈이다. 약간의 틈만 있어도 들어오기가 더 쉬워진다. 분노의 파괴적인 위력에 조금이라도 문을 여는 것은, 치명적일 수도 있는 끔찍한 괴물을 불러, 그 괴물을 내 마음속에 살게 하는 것이다.

원수가 우리의 삶 속에 들어오는 가장 취약한 부위의 하나가 분노다. 분

> 분노는 마귀에게 시간을 준다.

노는 곪아서 원한과 적개심으로 변한다. "분노는 마귀에게 시간을 준다"는 말이 있다. 분노를 해결하지 않으면 우리가 성난 사람으로 굳어질 위험이 있다.

C. S. 루이스(C. S. Lewis)의 「스크루테이프의 편지(The Screwtape Letters, 홍성사)」를 읽어보았는가? 선배 사탄이 후배 견습생에게 보낸 편지를 모아놓은 아주 흥미로운 책이다. 편지에는 인간을 꾀어 경건에 힘쓰지 못하게 하는 요령이 들어 있다. 견습생은 자기 수하의 인간이 그리스도인이 되자 패배감에 빠진다. 그러자 선배는 이제 그 사람이 죄책감과 분노에 더 민감해질 것이므로 오히려 잘된 일일 수 있다고 즉각 일러준다. 그 사람은 분노를 느끼게 되면 경건보다 분노에 집중할 것이다. 사실이다. 우리는 너무 쉽게 자신의 분노에 사로잡혀 정말 중요한 문제를 놓친다. "사탄은 분노를 이용할 줄 안다… 일단 우리가 이기적인 분노를 품고 그것을 정당화하게 되면, 사탄은 우리가 증오, 복수, 용서의 거부, 폭력으로부터 멀지 않은 곳에 있음을 안다."[1]

하나님이 우리에게 잠자리에 눕기 전에 분노를 해결하라고 명하신 것은 원수의 의중을 아시기 때문이다. 원수는 우리가 사사롭고 자잘한 문제에 매달리기를 원한다. 예수 그리스도의 교회가 행여 죄, 악, 불의 때문에 노하고 분을 내게 되면, 자기한테 문제가 된다는 것을 사탄은 안다.[2]

우리가 분노를 해결하려 하는 이유는 사탄을 따돌리기 위해서만이 아니다. 마태복음 5장 말씀처럼 그것이 화해와 관계 회복의 가능성으로 연결되기 때문이다. 우리는 '가서 형제와 화목'해야 한다.

성경은 또 화를 풀지 않으면 하나님과의 관계에도 방해가 된다고 말한다. 하나님 앞으로 나아가려면 먼저 사람들에게 다가가서 관계를 회복해야 한다. 해결되지 않은 분노는 영적으로 우리의 앞길을 막는다. 막힘없는 예배를 드리려면 틀어진 것을 바로잡아야 한다. 분노를 해결하면 사탄이 들어오지 못할 뿐만 아니라, 하나님을 막힘없이 예배할 수 있는 문이 활짝 열린다. 마태복음 말씀이 일러주듯이, 일단 분노를 해결하면 우리는 하나님의 거룩한 전에 다시 갈 수 있다.

해결되지 않은 분노는 관계를 망가뜨리고, 사탄에게 발판을 내어주며, 하나님과의 교제를 방해한다.

이 명령과, 우리가 분노를 해결할 때 얻는 긍정적인 결과를 표로 간추리면 다음과 같다.

명령	결과
분노를 해결하라.	사탄이 발판을 얻지 못한다.
분노를 신속히 해결하라.	형제와 화목해진다. 막힘없는 예배로 돌아갈 수 있다

※마태복음 5:22-25, 에베소서 4:26-27

해결되지 않은 분노를 어떻게 알 수 있는가

나에게 해결되지 않은 분노가 있는지 어떻게 알 수 있는가? 누구의 이름을 듣거나 사건을 떠올리면 얼굴이 붉어지고, 혈압이 올라가며, 안절부절 못하고, 심장 박동이 빨라진다면, 당신이 이전의 상처를 계속 품고 있다는 꽤 좋은 신호다. 분노를 해결하지 않고 그냥 두면 의분이나 정당방어가 원한과 적개심으로 변한다. 머릿속에 복수의 공상이 시작될 수 있다. 몸에 병이 날 수도 있다. 결국은 관계가 깨어질 것이다. 이런 것들은 무언가 해결이 필요하다는 분명한 신호다.

단호히 결단하라

내가 아는 한 부부는 '해가 지도록 분을 품지 않기'로 작정했다. 다음은 그 남편이 쓴 글이다. "갈등을 풀고 싶지 않은 유혹이 들 때가 많았다. 하지만 우리는 억지로라도 해결했다. 나보다 아내가 이 부분에서 훨씬 나았다. 나는 복수심 때문에 힘들 때도 있었다. 예외 없이 항상 해결을 시도하기로 서로 약속한 것이 얼마나 다행인지 모른다. 말 그대로 그게 우리 부부 관계를 살렸다. 지금 우리 사이가 이만큼 돈독한 데는, 말할 것도 없이 그 결심이 큰 이유를 차지한다." 이 부부는 갈등을 피하는 게 아니라 해결하는 법을 배웠다.

> 분노를 해결하기로 마음먹으라. 이를 악물고 떡 버티고 서서 단호히 결단해야 한다.

13장에 말했듯이 우리는 하나님께 변화의 의욕을 구하고, 분노 반응을 바꾸기로 각자 결단하며, 이를 위한 구체적인 계획을 세우고, 그 계획을 단호히 실천해야 한다. 의욕, 결단, 구체적인 계획 그리고 단호한 실천이다. 그렇게 하지 않으면 똑같은 실수를 밤낮 되풀이할 수밖에 없다. 오랫동안 꼭 움켜쥐고 속에 품고 있던 감정을 이제 우리는 풀기로 작정해야 한다. 분노를 내 많은 문제의 뿌리로 인정하고, 분노가 하나님과의 관계와 경건의 추구를 얼마나 방해하는지 인식해야 한다. 분노를 해결하기로 마음먹으라. 이를 악물고 떡 버티고 서서 단호히 결단해야 한다. 그래야 우리 영혼의 원수가 쏙 들어와 우리 안에 눌러 앉지 못한다.

단호함만으로 안 될 때도 있다. 상처가 너무 깊어 대수술이 필요한 경우다. 그런 깊은 분노, 즉 흔히 회복이 어려워 보일 만큼 상처가 깊은 분노의 해결에 대해서는 다음 장에서 더 자세히 살펴볼 것이다.

요점

화날 때는 공정하게 싸우고, 분노를 곪게 두지 말라. 최대한 신속히 해결에 나서라. 고통스러울 수 있지만 보상이 크다.

생각할 문제

1. 당신의 분노를 효과적으로 해결했던 경험을 떠올려보라. 그 경험에서 얻은 만족감은 어느 정도였는가? 그 경험을 통해 당신의 해결 능력을 더 높여야겠다는 의욕이 생겼는가? 왜 그렇거나 그렇지 않은가?
2. 당신에게 해결되지 않은 분노의 문제가 있다면, 현재 당신의 관심이 가장 필요한 문제는 무엇인가? 특정한 사람이나 장소나 사건이 떠오를 때마다 당신은 불편하거나 굳어지거나 화가 치미는가? 그런 감정을 떨치기 위해 당신이 취할 수 있는 조치는 무엇인가?
3. 이 책에 나온 분노를 없애는 방법들 가운데 지금까지 당신에게 가장 도움이 된 것은 무엇인가?

실천할 행동

- 당신의 삶에 분노가 해결되지 않은 부분이 있다면 생각나는 대로 찾아보라. 각각의 상황, 관련된 사람, 장소, 사건을 놓고 기도하라.
- 그런 분노의 상처를 하나하나 해결하기 위해 어떤 실제적인 조치를 취해야 하는지 하나님께 여쭈어보라.
- 문제를 해결하기 위해 조치를 실행에 옮기기로 단호히 결단하고, 믿을 만한 친구나 멘토에게 그 내용을 나누라. 당신이 혹시 이 책에 소개된 여러 실제적인 조치, 예를 들어 일기 쓰기, 남에게 감시 부탁하기, 함께 기도하기 등에 익숙하지 않다면 지금이 시작하기 좋은 때다.

22 뿌리 깊은 분노의 해결

● 분노는 버리기 힘들다. 뿌리가 아주 깊고 원한이 만발했을 때는 특히 더하다.

분노를 해결하는 일은 쉽지 않다. 때로는 난공불락의 불가능한 일처럼 보일 수도 있다. 분노가 너무 깊어졌기 때문이다. 지금 당신 안에서 무언가가 부글부글 끓고 있는가? 당신의 마음속에 성령이 들추어내실 만한 원한이 있는가? 과거의 일이나 특정한 사람(들)이 즉시 떠오르는가? 혈압이 올라가고, 뱃속이 부글거리며, 심장이 두근거리고, 손바닥에 땀이 배는가? 걸핏하면 되살아나는 상처가 있는가? 상대가 전 배우자, 동업자, 형제나 자매, 부모인가? 직장 사람, 상사, 자녀, 장성한 자녀인가?

우리는 늘 오랜 세월 분노를 품고 살아온 사람들을 상담한다. 사고로 아

> 화낼 권리가 있다고 해서 상황이 나아지는 일은 결코 없다.

내가 죽은 남자, 수술 합병증으로 자녀를 잃은 부모, 반복해서 성폭행 피해를 입은 여자, 동업자에게 사기당한 사업가, 바람둥이 남편을 둔 여자, 부모에게 사랑과 수용을 느껴본 적이 없는 성인 자녀, 배우자가 자살한 사람 등이다. 당신도 아마 사귀기 힘든 이웃, 거부하는 친구, 학대하는 친척, 무심한 상사, 군림하는 부모에게 상처받은 적이 있을 것이다. 사건이야 무엇이었든 간에 이미 분노가 당신의 마음속에 한 식구로 눌러앉았을 수 있다. 당신이 이러한 경우라면 당장 해결해야 한다. 당신 자신을 위해서 그렇게 해야 한다.

비교적 가벼운 상처가 크게 덧난 젊은이의 예를 생각해보라. 그는 환부를 깨끗이 씻지 않았고 감염된 병균이 퍼지는 것도 무시했다. 그래서 괴저에 걸려 죽었다. 불필요한 죽음이었다. 당신과 나도 분노가 곪아 덧나게 둔다면, 영적인 삶에 비참하고 불필요한 죽음을 부를 수 있다.

당신이 심한 모욕이나 상처를 받은 피해자라면, 즉 배우자가 바람을 피웠거나, 성폭행을 당했거나, 가까운 사람이 자살했거나, 누구 때문에 큰 고생을 했다면 화나는 것은 지극히 당연한 일이다. 사실 당신은 화낼 권리가 있다. 문제는, 화낼 권리가 있다고 해서 상황이 나아지는 일은 결코 없다는 것이다. 분노를 해결하지 않고 그냥 두면 이차적인 문제로 악화될 수 있다. 그렇게 되면 남한테 당한 잘못만 해결해야 할 뿐 아니라, 내가 나한테 범한 잘못까지 해결해야 한다.

내 의지와 무관했던 일에 분노를 품는 것이 원래의 사건 위에 피해를 더 가중시킬 수 있다니, 얼핏 부당해 보일 수 있다. 하지만 삶이란 본래 그런 것이다. 그러므로 한동안은 당연히 노하고, 솔직한 감정을 자책하지 말라. 그러나 결국은 자신의 영적, 정서적 건강을 위해 반드시 분노를 해결해야 한다. 우리는 이번 장에서 그 길을 제시하려 한다.

하나님은 당신의 원한을 치유하실 수 있다. 깊은 환부처럼 그것도 깨끗이 씻고, 치료하고, 붕대로 감아주어야 한다. 당신의 마음속에 곪아 있는 해결되지 않은 깊은 분노를 해결할 때는 다음 세 부분으로 이루어진 방안을 활용하면 좋다.

1. 환부의 흙과 파편을 씻어낸다(엡 4:31).
2. 환부에 치료용 연고를 바른다(엡 4:32).
3. 환부를 붕대로 감아 보호한다(엡 5:1-2).

환부를 씻어낸다

나(칩)와 세 아들은 함께 운동을 하다가 다친 적이 많다. 찢어지고, 베이고, 긁히고, 접질리고, 뼈었다. 꿰매거나 부목을 대야 할 때도 있었다. 대개 찢어진 환부에는 흙이 묻거나 풀이 박혀 있었다. 병원 응급실에 자주 다니면서 우리는 의사와 간호사가 지독하리만치 철저하게 환부를 씻어내는 것을 보았다.

당신도 경험이 있다면 알 것이다. 환부를 깊이 파는 그들에게 "그만!" 하고 소리를 지르고 싶어진다. 다 됐나 싶으면 그들은 주사기에 식염수를 넣어 환부에 붓는다. 자녀가 그러고 있으면 "오 하나님, 도와주세요" 소리가 절로 나온다. 안절부절못하게 된다. 파편을 뽑아낼 때는 얼마나 아픈지 모른다. 그 과정을 그들은 서너 번씩 반복한다. 환부를 철저히 씻어내는 것이다. 행여 우리가 "그걸 조금만 부으면 되잖아요. 이렇게 여러 번 하지 맙시다"라고 말하면, 의사는 아마 이런 표정으로 쳐다볼 것이다. "뭐요? 당신 미쳤소? 그럼 감염된단 말이오!" 씻어내려면 파고들어가서 긁어내고, 닦고, 붓고, 소독해야 한다. 쉽지 않을 뿐더러 아프다. 철두철미한 작업이다.

> 하나님은 당신의 원한을 치유하실 수 있다. 깊은 환부처럼 그것도 깨끗이 씻고, 치료하고, 붕대로 감아 주어야 한다.

재미도 없다.

분노의 해결도 그와 같다. 역시 환부를 철저히 씻어내는 게 먼저다. 고통 없는 쉬운 과정은 아니지만, 영혼을 죽이는 감염을 퇴치하려면 꼭 해야 할 일이다. 일단 감염되면 아무리 환부를 가리거나 붕대로 감아도 분노는 여전히 그 자리에 있다. 감염은 저절로 없어지지 않는다. 그래서 우리는 해결되지 않은 분노의 뿌리로 가야 한다. 분노가 마음속 심연까지 깊이 파고들어 대수술이 필요한 경우도 많다.

환부를 씻어낸다는 것은 파편을 뽑아낸다는 뜻이다. 에베소서 4장 31절에 그 파편이 무엇인지 나온다. "너희는 모든 악독과 노함과 분냄과 떠드는 것과 비방하는 것을 모든 악의와 함께 버리고." 이런 파편이 치명적인 감염으로 이어진다는 것을 하나님은 아신다.

분노가 완치되지 않는 주된 이유는, 앞서 말했듯이 우리가 겁을 내기 때문이다. 기꺼이 고통을 감내하고, 파편이 있다는 것을 인정하며, 하나님께 깨끗이 씻어달라고 구하지 않기 때문이다. 우리는 분노에 집착하고, 남을 비방하며, 남이 잘못되기를 바라고, 화가 원한과 격노로 응어리지게 둔다. 돼지가 흙탕 속에 뒹굴듯이 우리도 분노의 파편 속에 뒹군다. 그렇다면 이러한 태도와 행동을 어떻게 없앨 것인가? 답은 자백과 회개다.

우리 모두가 알고 있듯이 분노는 쉽게 원한, 적개심, 악의로 변한다. 우리는 변명을 둘러대며 고통과 상처를 곱씹을 수 있다. 하지만 결론은 변하지 않는다. 감염과 파편을 없애고 마음을 깨끗이 씻어야 한다. 어느 시점에선가 멈추어 이렇게 말해야 한다. "하나님, 제 반응이 죄로 변한 것을 인정합니다. 회개합니다. 버리고 싶습니다. 제 삶으로 하나님을 높이고 싶습니다." 이렇게 우리는 자신의 잘못을 자백하고 힘써 돌이켜야 한다.

삶으로 실천하기

내(칩) 친구 가운데 한 명은 사역을 잘하고 있었다. 그런데 어느 날 그의 부인이 혼인 서약을 깨고 그를 버렸다. 그는 직업과 가정을 동시에 잃었다. 하나님이 주셨다고 확신했던 꿈과 소명이 물거품이 되었다. 뿐만 아니라 전 아내는 그를 자녀들에게 접근하지 못하게 했고, 치밀하게 계산된 비방으로 자녀들에게 그에 대한 반감을 심어주었다. 수개월간의 조정 기간, 그녀의 능청스러운 눈물 연기에 동정적인 재판 방식, 이후의 치밀한 기만 등으로 그녀의 작업은 거의 마무리되었다. 그의 귀한 자녀들은 더 이상 그를 잘 모르게 되었고, 그나마 아는 것도 거짓에 기초한 것이었다. 그의 삶과 모든 희망이 무너져내렸다.

친구가 원한과 절망을 극복하는 데까지는 아주 오랜 시간이 걸렸다. 하나님이 은혜로 그를 회복시켜주시고 상황을 구속하여주셨다. 하지만 그는 지금도 흉터는 남았지만 상처는 치유되었음을 수시로 자신에게 일깨워주어야 한다. 우리는 종종 미련을 버리지 못한다. "만약에 이랬더라면…"을 되뇌이며, 혹시 다른 길을 택했거나, 문제를 미리 내다보았을 경우의 훨씬 이상적인 시나리오로 그 뒤의 빈칸을 채워보는 버릇이 있다. 그 '만약에'가 사람의 영혼을 갉아먹는다. 여러 해 동안 이 친구는 억울한 상황과, 그것이 자녀들에게 입힌 피해를 생각할 때마다 분노에 휩싸이곤 했다. 마음으로는 용서해야 한다는 걸 알면서도 용서할 기분이 전혀 아니었다. 말로는 할 수 있었지만 분노나 회한이 떨쳐지지 않았다. 그 일은 많은 기도, 이해심 많은 친구들과 가족, 지혜로운 상담, 세월을 통해서만 해결되었다. 궁극적으로는, 위로하시고 회복시켜주시는 하나님의 임재를 통해서만 해결되었다.

결국 열쇠는 회개였다. 가해자의 회개가 아니라 마음속에 원한을 품고 있던 그 친구의 회개였다. 이것이 분노의 미묘한 일면이다. 분노는 피해 의

> 이것이 분노의 미묘한 일면이다. 분노는 피해 의식을 조장하며 회개를 늘 남의 일로 보게 한다.

식을 조장하며 회개를 늘 남의 일로 보게 한다. 하지만 참된 회개란 어떤 행동이나 태도로부터 의지적으로 돌이키는 것이며, 이는 분노와 원한을 품은 사람이면 누구에게나 해당된다. 그런 감정은 반드시 처리해야 한다. 자백한 뒤에 버려야 한다. 화낼 '권리'가 있는 쪽에서 먼저 손을 뗄 줄 알아야 한다.

당신은 어떤가? 분노, 격분, 원한, 악의를 품고 있어 자백하고 회개해야 할 부분이 있는가? 전 배우자가 당신을 버린 뒤로 당신의 태도는 어땠는가? 당신이 평생 이루어놓은 일을 비열하게 가로챈 동업자에 대한 태도는 어땠는가? 당신을 학대하고, 돌보지 않고, 필요를 채워주지 않은 부모에 대해서는 어떤가? 고마운 줄 모르고 부모 탓만 하는 장성한 자녀에 대한 감정은 어떤가? 당신의 성공을 방해하고 평생의 기회를 잃게 만든 직장 상사나 동료 직원에 대한 태도는 어떤가?

공평한 일인가? 아니다. 옳은 일인가? 아니다. 아무 일도 없었다는 듯이 살아야 할까? 천만의 말씀이다.

그러나 환부를 씻어내는 유일한 길은 모든 파편을 없애고 하나님께 이렇게 아뢰는 것이다. "비록 제가 당한 일이 잘못된 일이며, 그 일로 인해 정말 상처받고 화가 났지만, 저는 바르게 예수님처럼 반응하겠습니다."

이미 당한 일을 바꿀 수는 없지만 내 반응은 바꿀 수 있다. 그렇지 않다면 우리는 용서하지 않는 마음과 상처의 악순환 속에서 살아가게 된다. 화병과 두통과 심리적인 긴장이 찾아오고 근육이 굳어진다. 분노의 공상에 빠져 그 속에서 살게 된다. 잠도 잘 못 잔다. 그러는 사이에, 나를 해친 사람들은 잠도 잘 자고, 휴가를 즐기고, 다른 사람을 사귀며 삶을 이어간다. 내 분노는 그들을 갉아먹는 게 아니라 나를 야금야금 먹어치울 뿐이다. 자백하고 회개하지 않으면 분노가 내 원한의 잔칫상에서 포식하며 즐기게 된다.

이렇게 기도하라. "주 예수 그리스도여, 지금까지 분노가 제 속에서 곪아가고 있었지만, 모른척 그냥 두었음을 주님 앞에 자백합니다. 저를 용서하여주시고, 주님을 욕되게 하는 이런 행위를 버리게 도와주소서. 주님은 이미 저를 한없이 용서해주셨습니다. 저도 남들을 용서하게 해주시고, 지금까지 남에게 품었던 적의를 모두 버리게 하소서."

> 이미 당한 일을 바꿀 수는 없지만 내 반응은 바꿀 수 있다.

환부를 치료한다

지병처럼 오래된 분노를 없애는 두 번째 단계는 환부를 치료하는 것이다. 에베소서 4장 32절 말씀은 우리에게 "서로 친절하게 하며 불쌍히 여기며 서로 용서하기를 하나님이 그리스도 안에서 너희를 용서하심과 같이 하라"고 명한다. 우선 버릴 것부터 말씀하신 뒤에 이번에는 더할 것을 말씀하신다. 바로 예수님이 베푸신 친절과 긍휼과 용서다. 그것이 환부를 치료하는 방법이라고 하나님은 말씀하신다. 용서의 항생제를 바르는 것이다. 그러면 상처가 잘 낫는다. 용서는 명령이자 선택이다.

용서의 비유

예수님은 용서를 힘들어하는 사람들을 돕고자 이야기 하나를 들려주셨다(마 18:23-35). 하나님의 용서를 설명하시다가 들려주신 비유인데, 요즘식으로 설명하자면 이렇게 될 것이다. 어떤 사람이 남에게 2백억 정도의 빚을 졌다. 채권자 앞에 잡혀온 채무자는 눈물로 호소했다. "제발 제 빚을 탕감(용서)해주십시오." 채권자는 불쌍한 마음에 놀랍게도 이렇게 반응했다. "당신의 빚을 탕감해주겠소."

채무자는 돌아오는 길에 자신에게 돈을 빌려간 사람을 만났다. 자기의 부채액에 비하면 아주 미미한 액수인 2만 원 정도였다. 빌려간 사람이 그에게 간청했다. "제발 제 빚을 탕감해주십시오." 자신에게 자비를 베푼 사람과는 달리 그의 반응은 이랬다. "어림없는 소리. 감옥에나 가시지." 거액의 부채가 탕감된 사연을 알고 있던 사람들이 보기가 민망하여 빚을 탕감해준 사람에게 가서 말했다. "사장님, 믿을 수 없는 일이 벌어졌습니다. 방금 사장님이 2백억 원을 탕감해준 그 자가 글쎄, 자기한테 2만 원을 빚진 사람을 감옥에 보냈습니다."

그러자 그가 말했다. "그를 다시 이리 불러오시오. 이야기를 좀 해야 되겠소." 이어 성경에 이렇게 나와 있다. "내가 너를 불쌍히 여김과 같이 너도 네 동료를 불쌍히 여김이 마땅하지 아니하냐 하고 주인이 노하여 그 빚을 다 갚도록 그를 옥졸들에게 넘기니라." 예수님은 이런 숙연한 요점으로 비유를 마무리하신다. "너희가 각각 마음으로부터 형제를 용서하지 아니하면 나의 하늘 아버지께서도 너희에게 이와 같이 하시리라."

우리 삶의 모든 죄, 즉 하나님의 뜻을 어긴 태도와 행동을 다 꼽는다면, 우리 모두가 하나님께 적어도 2백억 원의 빚을 졌다고 해도 과언이 아닐 것이다. 그런데 예수님이 십자가에서 우리의 빚을 갚아주셨고, 하나님은 우리가 용서되었다고 선포하신다. 그러므로 짜증나는 전화가 걸려오거나 사기를 당하거나 마음에 상처를 받았을 때, 우리도 용서해야 한다. 이용당했거나 심기가 상했어도 용서해야 한다.

용서하기

하나님은 이미 우리를 한없이 용서해주셨다! 그런데 우리가 어찌 감히 돌아서서 남에게 자비와 용서를 베풀지 않는단 말인가. 우리는 복수하거나 맞붙거나 비난해서는 안 된다. 입씨름하거나 싸우거나 부정해서도 안 된다. 씩씩거리거나 꽁해 있거나 반목해서도 안 된다. 대신 용서해야 한다.

용서하지 않는 결과는 혹독하다. 우리는 분노의 노예가 된다. 윌 로저스(Will Rogers)는 "상대에게 노를 품는 건 그 사람에게 내 삶을 지배할 힘을 내어주는 것인데, 나는 누구에게도 그렇게 하지 않겠다"라고 말했다. 분노는 정서적인 힘을 고갈시킨다. 분노는 기쁨과 평안을 앗아간다.

용서하지 않을 때 나타날 수 있는 문제는 그렇다 치고, 그렇다면 용서의 유익은 무엇인가? 「용서와 인간(To Forgive is Human)」이라는 심층 연구서에 이런 말이 나온다. "용서는 평안, 행복, 건강, 화해 등 좋은 결과를 낳는다… 용서하는 사람들은 대체로 심리적인 문제도 적은 것으로 나타났다… 연구 결과가 뒷받침해주듯이, 용서에는 몸과 마음과 영혼을 치유하는 힘이 있다." 저자들은 "용서하는 생활 양식이 분노의 감소와 관련 있다는 것이 상관성 연구를 통해 드러났다"[1]고 결론지었다.

용서란 가해자(들)를 향한 복수심을 상처와 함께 내려놓겠다는 선택이다. 하나님께나 다른 사람들에게나 심지어 내 묵상 중에도 그 일을 다시 꺼내지 않겠다는 의지적인 선택이다. 용서란 이렇게 말하는 것이다. "나는 더 이상 그 사람을 구속하지 않을 것이며, 부채를 이유로 그를 닦달하거나 괴롭히지 않을 것이다. 가해자에게 해를 입히지 않기로 선택한다." 이렇듯 용서는 감정이 아니라 선택이다. 일상생활 속에서의 용서란 가해자나 다른 사람에게 그 일을 다시 언급하지 않는다는 뜻이다. 아무리 좋은 기회가 오더라도 전화로나, 대화 중에나, 편지로나, 커피를 마시며 나누는 환담 중에나, 기타 어떤 경우에도 말이다. 생각이 떠오를 때마다 내 속에서 처리하는 것이다.

> "상대에게 노를 품는 건 그 사람에게 내 삶을 지배할 힘을 내어주는 것인데, 나는 누구에게도 그렇게 하지 않겠다." – 윌 로저스

> 용서란 가해자(들)를 향한 복수심을 상처와 함께 내려놓겠다는 선택이다.

이렇듯 용서는 믿음을 바탕으로 하는 의지적인 행위다. 상한 감정은 바로 없어지지 않을 수도 있지만, 그럼에도 우리는 용서를 작정한다. 우리가 충실해야 할 대상은 감정이 아니라 믿음임을 잊어서는 안 된다. 괴로운 감정이 도지면 이렇게 기도하라. "하나님, 그 고통이 다시 느껴집니다. 하지만 용서에 더딘 제 마음을 자백하고 회개하며, 용서의 결단을 재차 확인합니다." 우리의 경험으로 보건대, 이 결단을 성경책의 여백이나 일기장에 쓰고 날짜를 적어두면 도움이 된다. 우리는 주님께 이렇게 고백해야 한다. "계속해서 이 일을 주님께 내려놓고 싶습니다." 처음에는 하루에도 15-20번씩 그러기를 반복해야 할 수 있지만, 포기하거나 굴하지 않으면 결국 당신은 용서할 수 있게 된다. 나는 분노가 되살아나면 마치 강경한 재판장이 공포하고 선고하듯이, 명령조로 이렇게 외친다. "이미 용서된 일이다!"

> 우리가 충실해야 할 대상은 감정이 아니라 믿음임을 잊어서는 안 된다.

기도한다

어떻게 용서할 것인가? 내게 그토록 깊은 상처를 입힌 사람을 용서하는 과정을 어디서부터 시작할 것인가? 기도로 시작한다. 우리는 하나님을 바라보며 그분께 용서할 마음을 달라고 구해야 한다. 친구와 함께 점심을 먹은 뒤에 나는 차에서 내려 사무실로 올라가 문을 닫고는 이렇게 말했다. "하나님, 이 사람을 용서하고 싶지 않습니다. 그가 대가를 치렀으면 좋겠습니다." 그러다 이렇게 덧붙였다. "하지만 하나님, 제 안에 기꺼이 용서하려는 마음을 주시겠습니까? 주님이 제게 해주신 일을 생각할 때 저는 분노를 품고 용서하지 않을 권리가 전혀 없습니다. 도와주십시오."

기도하라. 하나님께 자원하는 마음을 달라고 구하라. 용서하려는 마음, 초강력 접착제처럼 들러붙어 있는 분노를 놓으려는 마음을 구하라. 용서라는 단어는 문자적으로 '놓는다'는 뜻이다. 당신의 복수심을 놓게 해달라고 하나님께 기도하라.

공감을 기른다

또 하나 유익한 방법은 상대의 생각과 동기와 감정을 이해하려고 노력하는 것이다. 앞서 말한 용서 연구자들은 우리에게 공감하는 마음을 기를 것을 권한다.[2] 공감이란 내게 피해를 입힌 사람의 입장과 처지와 기분을 이해하는 마음이다. 우리는 상대방의 입장이 되어 상황을 그들의 관점에서 보고, 그들의 각도에서 심사숙고하며, 그들이 겪고 있었던 일을 보려고 해야 한다.

누군가 당신을 무례하게 대해 분개하고 있었는데(속으로든 겉으로든), 나중에 알고보니 상대가 그날 오후에 배우자한테 버림을 받았다거나, 그 전날 파산 신청을 했다거나, 사랑하는 사람이 교통사고를 당한 사람이었던 경험이 있는가? 문득, 상대의 무례한 행동에 대한 당신의 생각이 달라진다. 그런 사정이 그 행동의 정당한 구실은 될 수 없겠지만 설명은 된다. 그리고 상처의 쓰라림도 강도가 약해진다. 상대방에게 공감하면 용서가 더 쉬워진다.

공감을 기르는 일은 용서를 향한 여정에 꼭 필요하다. "공감은 우리 마음의 굳은 땅을 개간하는 쟁기다. 공감에 따라오는 온유와 긍휼의 씨앗이 싹트고 자라, 결국 철천지원수가 증오심을 버릴 때도 있다."[3] 연구 결과에서 보듯이, 내게 고통을 준 가해자에게 공감할 수 있다면 그만큼 용서의 역량도 커진다.[4]

공감은 가해자의 생각과 기분과 상황을 이해하려는 노력일 뿐만 아니라 나 자신의 죄성을, 내게도 가해자가 될 가능성과 성향이 있음을 인식하는 것이기도 하다. 내게 상처를 준 사람과 마찬가지로 나도 남에게 깊은 고통과 상처를 줄 수 있다. 나 자신의 끔찍한 행위, 실패한 관계, 악의적인 실수를 인식하면, 시각이 넓어져 가해자의 인간적인 모습에 공감을 느낄 수 있다.

앞서 말한 내 친구도 자기를 버리고 간 배우자의 입장 – 과거의 관계, 유년 시절의 환경, 여러 문제, 압박감, 감정 – 을 보기 시작하자, 그의 마음과 생각을 움켜쥐고 있던 부정적인 감정이 점차 약해졌다. 알고보니 그녀는 역기능적인 대인 관계를 배우며 자랐고, 내 친구도 그녀에게 아픔을 주는 말과 행동을 했었다. 그는 그녀의 상황 처리 방식에는 여전히 수긍하지 않았지만, 그래도 그런 행동의 배후 감정은 이해하게 되었다. 상대의 시각과 필요와 상처가 느껴질 정도로 충분히 오랫동안 상대의 입장이 되어보면, 점차 이해가 깊어져 격노 대신 긍휼이 싹틀 수 있다.

공감하려면 자신에게 몇 가지 중요한 질문을 던져야 한다. 상대는 왜 이런 식으로 행동했을까? 그때 어떤 상황이었을까? 상대의 그런 행동에 영향을 미친 가치관이나 신념이나 필요가 있다면 무엇일까? 과거의 부정적인 경험은 현재의 행동에 어떻게 기여했을까? 그밖에 상대의 행위에 영향을 준 문제나 고민(건강 문제, 장애, 무력한 상태 등)은 무엇일까? 시간을 내서 이런 질문에 답하면 우리의 분노가 다분히 녹는다.

화해한다

용서를 베풀고 경험하기 위해 우리가 세 번째로 해야 할 일은 화해를 힘쓰는 것이다. 화해와 관련하여 하나님은 우리에게 10리라도 가라고, 내게 상처나 피해를 입힌 사람들과의 관계를 가능한 한 힘써 회복하라고 명하신다.

깨어진 관계를 회복하려면 때로 내 안전지대에서 나와야 한다. 부딪혀 분명히 소통해야 하고, 반응의 권리를 버려야 한다. 관계가 영 전과 같지 않거나 깊이의 수위가 다를 수 있지만, 그래도 가시 돋쳐 있거나 살벌하지는 않을 것이다. 전 배우자들이

> 깨어진 관계를 회복하려면 때로 내 안전지대에서 나와야 한다.

흔히 처하게 되는 관계처럼, 가장 싸우기 쉽고 삐걱거리는 관계에서조차 회복은 가능하다. 회복이란 늘 상대에게 동의하거나 상대가 행한 일을 받아들인다는 뜻이 아니다. 그럼에도 불구하고 과거의 갈등을 넘어서려고 성의 있게 노력하면 독한 기운이 빠져나갈 수 있다.

화해하려면 상대를 직접 대면해거나 전화를 걸거나 편지를 써야 한다(12장 분노 ABCD에서 다루었다). 앞 장에서 나와의 통화를 몰래 녹음한 사람에 대해 말했다. 그때 나(칩)는 그에게 쓴 편지를 1년도 넘게 가방에 가지고 다니다가, 결국은 우체통이 아니라 책상 옆의 쓰레기통에 넣기로 했다. 하지만 편지를 쓴 덕분에 마음을 털어낼 수 있었고 하나님께 맡길 수 있었다. 상대를 용서했음을 알리는 편지를 쓰라. 단, 진정한 용서의 감정으로 보낼 수 있을 때까지 가지고 있으라.

당신은 혹 전화를 해야 할지도 모른다. 용서에 대해 연구하던 중 하나님은 내게 용서하지 않은 마음이 있음을 지적하셨다. 여러 해 전에 나는 한 친구에게 깊은 배신감을 느꼈다. 그 뒤로 연락은 끊겼지만 내 분노는 그대로였다. 내가 보기에 그는 내 인생의 극심한 정서적 고통의 원인이었다. 나는 그 친구가 용서를 구해오기를 바랐다. 그런데 하루는 기도하는데 하나님이 나더러 그에게 용서를 구하라고 하셨다.

처음에는 하나님이 잘 모르시는 줄 알았다. 나는 하나님의 도움으로 가해자를 용서하고 싶었다. 그런데 그분은 내가 그렇게 긴 세월 동안 상대를 향해 분노와 적의와 적개심을 품은 데 대해 상대의 용서를 구해야 한다고 하셨다. 용서할 마음이 없다고 하나님께 고백하자 그분은 내 뻔뻔스런 죄

22장. 뿌리 깊은 분노의 해결 283

성을 보여주셨다. 예수님의 비유에 나오는 그 채무자처럼, 나는 어쩌면 더 큰 죄를 짓고 있었다. 내 평생에 그렇게 걸기 힘든 전화는 많지 않았지만 결과는 놀라웠다. 더 이상 나는 그의 이름을 들어도 움찔하지 않는다. 내 기억이 그 시절을 다시 기억해내도 더 이상 긴장하고 경직되며 조마조마해지지 않는다. 나는 용서받았다. 용서했다. 나는 자유하다.

하나님이 명하시면 상대를 직접 대면해야 할 수도 있다. 10리라도 가서, 자격 없어 보이는 사람에게 용서를 베풀기란 심히 어려운 일이다. 이런 생각이 들 수 있다. "그건 아니지. 난 그렇게는 못해!" 하지만 이것은 하지 않아도 되는 호사를 누릴 수 있는 일이 아니다. 여태 그 일이 머릿속에 떠오른다면, 여태 그것이 당신의 속을 갉아먹고 있다면, 여태 관계가 소원하게 느껴진다면, 그렇다면 아직 처리되지 않은 것이다. 때로 하나님은 우리가 직접 얼굴을 맞대기를 원하신다. 우리는 자제력을 잃지 않은 상태에서 사랑으로 분명히 말해야 한다. "나는 다만 너에게 알려주고 싶다. 너는 모르고 있을지 모르지만, 그 일이 있었을 때 또는 네가 그렇게 말했을 때 나는 정말 기분이 상했다. 아울러 내가 너를 용서했다는 것도 알려주고 싶다."

앞에서 여러 번 살펴보았듯이, 상황을 당신 혼자 해결하는 게 최선일 때도 있다. 편지를 쓰거나 전화를 걸거나 가해자와 직접 대화하는 것이 오히려 한쪽이나 양쪽 모두의 상한 감정을 더 악화시킬 수 있다. 만일 당신의 감정이 격화된다면, 당신이 준비되지 않았거나 이 직면의 결과에 대해 무언의 기대를 품고 있다는 뜻이다. 만일 상대가 폭발하거나 마음을 닫거나 남을 탓하거나 변명한다면, 상대 쪽에서 준비되지 않았거나 그가 무언의 기대를 품고 있다는 뜻이다. 이럴 때는 그냥 두는 게 낫다.

당신의 직장이나 다른 관계가 위태로울 때도 그 사람을 상대하지 않는 게 최선이다. 당신은 이 일로 인해 직장까지 잃을 준비가 되어 있지 않을 수 있다. 혼자 해결하고 손을 떼라. "하나님, 하나님의 손에 내려놓습니다.

제가 할 수 있는 일은 다 했습니다. 화해를 외면하는 게 아닙니다. 지금은 그 사람을 직접 상대하는 것이 옳지 않아 보일 뿐입니다."

용서가 아닌 것

용서에 대해 말할 때는 무엇이 용서이고 무엇이 용서가 아닌지를 이해하는 것이 중요하다. 용서의 의미에 대하여 착각과 막연한 생각에 빠지기가 너무 쉽다. 스티븐 아터번(Stephen Arterburn)과 데이빗 스툽(David Stoop)은 「영성 회복을 위한 일곱 가지 열쇠(Seven Keys to Spiritual Renewal, 프리셉트)」라는 책에 용서가 아닌 것을 이렇게 정리했다.

> 용서는 행동을 묵과하는 것이 아니다.
> 용서는 있었던 일을 잊는 것이 아니다.
> 용서는 상대에 대한 신뢰를 회복하는 것이 아니다.
> 용서는 화해를 승낙하는 것이 아니다.
> 용서는 상대에게 호의를 베푸는 것이 아니다.
> 용서는 쉬운 것이 아니다.[5]

용서는 과거를 과거로 두려는 시도이며, 이전의 잘못을 자꾸 거론하지 않겠다는 약속이다. 용서한다고 모든 관계가 완전히 만족스러워지는 것은 아니겠지만, 용서에는 최악의 관계에 잠재되어 있는 폭발성까지도 중화시키는 엄청난 힘이 있다. 그리고 용서의 결과로, 한때 분노와 증오가 군림하던 자리에 초자연적인 능력으로 긍휼이 임하는 일도 놀랍도록 자주 발생한다.

환부를 붕대로 감는다

고통스러운 씻음과 용서의 치료에 이어 마지막 단계는 환부를 붕대로 감는 것이다. 이 말은 무슨 뜻인가? 에베소서 5장 1-2절에 보면 "너희는 하나님을 본받는 자가 되고 그리스도께서 너희를 사랑하신 것 같이 너희도 사랑 가운데서 행하라 그는 우리를 위하여 자신을 버리사"라고 했다.

지금까지 이 일이 힘들고 어렵다고 생각했다면 조심하라. 이번 단계에서 탈락자가 많이 나온다. 과거를 뒤로 떨치려면 자백하고 회개하며(환부를 씻어낸다), 용서하고 화해를 힘써야 하지만(환부를 치료한다), 또한 주께서 명하신 대로 내게 잘못한 사람들을 사랑하고 축복해야 한다(환부를 붕대로 감는다). '하나님을 본받는 자'는 예수님을 모본으로 삼아 사랑 가운데 행한다. 예수님이 우리를 무조건 사랑하시고 자비로 용서하신 것처럼 우리도 똑같이 해야 한다.

우리의 분노 처리 능력이야말로 개인의 의, 공동체의 의, 문화의 변화를 위한 하나님의 무기고에 있는 가장 강력한 무기 가운데 하나다. 우리가 평생 할 일 중에 원수 – 실제 원수이든 내 기분상의 원수이든 – 를 은혜와 자비로 대하는 것만큼 혁명적이거나, 사랑을 베풀거나, 그리스도를 닮아가는 일은 없다. 상대가 그런 대우를 받을 자격이 없을지 모르지만, 그건 우리도 마찬가지다. 하나님이 그리스도 안에서 우리를 용서하시고 화해하신 것처럼 우리도 용서하고 화해해야 한다.

우리는 자백과 회개의 차원을 벗어나고, 용서를 베푸는 차원을 벗어나며, 화해를 시도하는 차원을 벗어난다. 고통을 하나님의 방식대로 진정으로 뒤로 떨쳐내려면 나에게 해를 입힌 사람들을 축복해야 한다. "너희 원수를 사랑하며 너희를 미워하는 자를 선대하며 너희를 저주하는 자를 위하여 축복하며 너희를 모욕하는 자를 위하여 기도하라"(눅 6:27-28). 미움은 다툼을 부르지만 사랑은 용서를 낳는다(잠 10:12).

나는 성만찬을 할 때마다 나에게 잘못한 사람들을 기도로 올려드린다. 그리스도가 내게 해주신 과분한 일을 기억한다. 내가 2년이 넘도록 성만찬 때마다 기도한 한 사람이 있다. "하나님, 그를 축복합니다. 그에게 힘을 주시고, 결혼 생활을 풍성하게 해주시고, 삶에 좋은 일들이 있게 해주십시오." 처음 1년 동안은 "그리고 그가 자기 행실의 잘못을 깨닫게 해주십시오"라는 말을 늘 덧붙였다. 그러다 내 동기가 불순함을 깨달았다.

이 성경 본문의 전체 권고는 다음과 같다.

"그러나 너희 듣는 자에게 내가 이르노니 너희 원수를 사랑하며 너희를 미워하는 자를 선대하며 너희를 저주하는 자를 위하여 축복하며 너희를 모욕하는 자를 위하여 기도하라 너의 이 뺨을 치는 자에게 저 뺨도 돌려대며 네 겉옷을 빼앗는 자에게 속옷도 거절하지 말라 네게 구하는 자에게 주며 네 것을 가져가는 자에게 다시 달라 하지 말며 남에게 대접을 받고자 하는 대로 너희도 남을 대접하라 너희가 만일 너희를 사랑하는 자만을 사랑하면 칭찬 받을 것이 무엇이냐 죄인들도 사랑하는 자는 사랑하느니라 너희가 만일 선대하는 자만을 선대하면 칭찬 받을 것이 무엇이냐 죄인들도 이렇게 하느니라 너희가 받기를 바라고 사람들에게 꾸어 주면 칭찬 받을 것이 무엇이냐 죄인들도 그만큼 받고자 하여 죄인에게 꾸어 주느니라 오직 너희는 원수를 사랑하고 선대하며 아무 것도 바라지 말고 꾸어 주라 그리하면 너희 상이 클 것이요 또 지극히 높으신 이의 아들이 되리니 그는 은혜를 모르는 자와 악한 자에게도 인자하시니라 너희 아버지의 자비로우심 같이 너희도 자비로운 자가 되라 비판하지 말라 그리하면 너희가 비판을 받지 않을 것이요 정죄하지 말라 그리하면 너희가 정죄를 받지 않을 것이요 용서하라 그리하면 너희가 용서를 받을 것이요"(눅 6:27-37).

우리는 세상에 영향을 미칠 수 있다. 악과 불의에 대해 분노할 때 우리는 가정과 도시와 나라를 변화시킬 수 있다. 하지만 밖에 나가 그렇게 할 수 있으려면 먼저 우리 자신의 상처가 치유되어야 한다. 그래도 살아가는 과정에서 또 상처를 받을 것이고, 계속해서 더 많은 치유가 필요할 수도 있다.

로마서 12장 16-21절은 우리에게 이렇게 명한다.

- "서로 마음을 같이하며… 할 수 있거든 너희로서는 모든 사람과 더불어 화목하라."
- "내 사랑하는 자들아 너희가 친히 원수를 갚지 말고 하나님의 진노하심에 맡기라 기록되었으되 원수 갚는 것이 내게 있으니 내가 갚으리라고 주께서 말씀하시니라 네 원수가 주리거든 먹이고 목마르거든 마시게 하라 그리함으로 네가 숯불을 그 머리에 쌓아 놓으리라."
- "악에게 지지 말고 선으로 악을 이기라."

힘닿는 한 우리는 서로 조화롭고 화목하게 살아야 한다. 분노를 품거나 원수를 갚거나 악한 뜻으로 복수해서는 안 된다. 복수심이 들겠지만 그렇다고 상처받은 대로 갚아주어서는 안 된다. 정말 상처를 붕대로 감고 훌훌 털었는지 확인할 수 있는 좋은 시험이 있다. 나는 가해자를 돕고, 섬기며, 그에게 필요한 것을 줄 수 있는가("네 원수가 주리거든 먹이고 목마르거든 마시게 하라")? 분노의 공상과 복수심을 버릴 수 있는가? 내가 원하는 때에 내 방식대로가 아니라, 하나님의 때에 그분의 방식대로 해결하시도록 그분께 넘겨드릴 수 있는가? 가해자가 잘되기를 기도할 수 있는가? 그 사람의 삶과 사역과 가정이 복받기를 원한다고, 하나님의 은혜로 말미암아 마음으로부터 말할 수 있는가? 더는 냉혹한 마음이 없다고 진심으로 말할 수 있는가? 치유는 힘들고 시간이 걸리는 일이다. 그러나 환부를 씻어내고 치료하고 붕대로 감는 고통은 그 뒤에 누릴 영광스러운 자유와 하나님께 드릴 수 있는 예배와 섬김에 비하면 아무것도 아니다.

요점

다음은 깊은 상처를 치유하기 위해 우리가 해야 할 일을 유용하게 간추린 것이다.

뿌리 깊은 분노를 해결하는 법

단계	성경 구절	명령	구체적인 조치
씻어낸다.	에베소서 4:31	원한과 분노와 비방과 악의를 버리라.	자백하고 회개한다. 그리스도의 본을 따른다. 즉, 복수하지 않고, 공의로 심판하시는 분께 자신을 맡긴다(벧전 2:19-21, 23).
치료한다.	에베소서 4:32	친절과 긍휼을 베풀라.	다음과 같이 용서한다. 1. 기도한다. 2. 공감을 기른다. 3. 화해를 힘쓴다.
붕대로 감는다.	에베소서 5:1-2	그리스도를 본받으라.	"사랑 가운데서 행하라." "너희 원수를 사랑하며 너희를 미워하는 자를 선대하며 너희를 저주하는 자를 위하여 축복하며 너희를 모욕하는 자를 위하여 기도하라"(눅 6:27-28).

생각할 문제

1. 당신이 분노를 느끼는 사람을 생각해보라. 그 사람을 용서하지 못하게 막는 두려움이나 장애물은 무엇인가? 지금까지 그런 두려움과 장애물을 떨치기 어려웠던 이유는 무엇인가?

2. 이제 이 책을 다 마쳤다. 당신의 삶에서 발생되는 분노 문제에 효과적으로 대처할 수 있는 생활 양식을 시작하는 데 가장 도움이 될 만한 그 다음 조치는 무엇인가?

3. 분노 해결의 이러한 원리들이 당신의 삶에 필수적인 부분이 되기 위해 꼭 필요한 친구나 소그룹이나 과정(예컨대 일기 쓰기, 분노 ABCD 연습 등)은 무엇인가? 또는 누구인가?

실천할 행동

다음은 당신에게 주어진 세 가지 아주 큰 과제다. 시간과 용기가 필요할 것이다. 그대로 실천하려면 이 책의 여러 부분을 복습해야 할 것이다. 낙심하지 말라. 당신이 순종의 걸음을 내딛는다고 해서 남들도 똑같이 하리라고 단정하지도 말라. 분노 문제는 마음속 깊이까지 닿아 있으며, 하나님이 당신의 삶과 관계에 더없이 의미 있는 일을 행하시는 도약대가 될 것이다. 그래서 우리는, 다음의 문제에 답할 때 친구나 멘토나 뜻이 맞는 소그룹 앞에서 할 것을 간곡히 권한다.

- 지금까지 당신에게 상처를 입힌 사람들을 쭉 적어보고, 언제 어떻게 상처를 입었는지 말해보라.
- 지금까지 당신이 상처를 입힌 사람들을 쭉 적어보고, 언제 어떻게 상처를 입혔는지 말해보라.
- 그 두 목록을 놓고 기도하라. 자백하고, 회개하며, 용서하고, 사랑하게 해달라고 하나님께 도움을 구하라.

23 분노의 더 높은 목적

● 분을 내되 죄를 짓지 않는 사람은
죄 외의 것에는 분을 내지 않는다.
_ 토머스 세커(Thomas Secker)

옛날이야기 '거지와 왕자'를 보면, 왕족 생활에 싫증난 왕자와 왕궁에 사는 것이 꿈인 거지가 나온다. 왕자는 왕궁 담 너머를 보며 바깥 시가지의 삶은 어떨지 궁금해한다. 거지는 왕궁 문을 들여다보며 그 안에 살았으면 좋겠다고 생각한다. 어느 날 둘은 우연히 만났고 아주 많이 닮은 서로의 모습에 깜짝 놀란다. 둘은 서로 자리를 바꾸기로 한다.

어느 날 왕자 행세를 하는 거지에게 하인이 견과를 내온다. 견과를 깨기 위해 그 거지는 왕궁에 잘 보관되어 있는 어떤 도구를 찾아다 쓴다. 금으로 만든 그 묵직한 도구가 사실은 왕의 공식 인장임을 그는 알 턱이 없다. 왕은 그것 없이는 공무를 수행할 수 없다. 견과를 내올 때마다 거지는 인장이 지닌 본래의 더 높은 목적을 모른 채, 그것으로 견과를 깬다. 왕궁 관리들은 아마 왕자가 미친 줄 알았을 것이다.

분노에 있어서도 우리는 그와 똑같은 방식으로 반응하고 사용하는 경향이 있다. 분노는 하나님이 주신 감정으로 본래 더 높고 더 큰 목적을 위해 사용하도록 되어 있으나, 우리는 흔히 그것을 다른 이유로 사용한다.

이 책의 대부분은 파괴적인 분노를 참고 자제하는 법을 배우는 데 중점을 두었다. 우리는 듣기는 속히 하고, 말하기는 더디 하며, 성내기도 더디 해야 한다는 내용을 읽었다. 분노의 여러 다른 얼굴도 배웠다. 다들 수긍하다시피, 분노를 효과적으로 처리할 줄 알면 대인 관계와 삶이 향상된다. 성경에는 분노 처리법에 대한 놀랍도록 유익한 조언과 명령이 나온다.

성질을 다스릴 줄 알면 정서적으로 더 건강해진다. 하지만 유익은 그것만이 아니다. 우리는 또한 나 개인의 건강보다 더 큰 유익을 위해 분노해야 할 사명이 있다.

분노의 더 큰 유익

만약에 우리 각자에게 일정량의 분노 연료가 할당된다면, 그 가운데 거의 백 퍼센트가 '견과를 깨는' 데, 즉 상한 자존심과 좌절과 불안 때문에 화내는 데 소비될 것이다. 하지만 하나님이 우리에게 분노를 주신 것은 그분의 공무에 쓰게 하시기 위함이다. "가난한 자와 고아를 위하여 판단하며 곤란한 자와 빈궁한 자에게 공의를 베풀지며 가난한 자와 궁핍한 자를 구원하여 악인들의 손에서 건질지니라"(시 82:3-4). 우리는 인간 학대, 지구 자원의 불균형, 인종 학살, 전쟁, 종교적 박해 등 세상의 불의 때문에 노할 때가 얼마나 되는가? 분노를 계기로 우리는 부당하고 불의하게 취급당하는 사람들을 위해 행동에 나설 수 있다. 성경은 우리에게 이렇게 명한다. "너는 말 못하는 자와 모든 고독한 자의 송사를 위하여 입을 열지니라 너는 입을 열어 공의로 재판하여 곤고한 자와 궁핍한 자를 신원할지니라"(잠 31:8-9).

이 책은 다분히 우리의 분노를 처리하는 법에 중점을 두었지만, 외부 현실을 향한 하나님이 주시는 분노도 우리는 경험하고 표현할 줄 알아야 한다. 불의, 인종 차별, 음주 운전, 희롱, 낙태, 학대, 성폭행, 강간, 편파성, 엘리트 주의, 살인, 인신매매, 마약 남용, 포르노, 환경 파괴, 성적인 착취는 하나님을 노하시게 하는 것들 중 일부에 지나지 않는다.

당신이 자원하여 행동에 나설 만큼 화난 적이 마지막으로 언제인가? 편지를 쓰거나, 사람을 대면하거나, 목소리를 내거나, 분연히 일어난 적이 마지막으로 언제인가? 무언가를 위해 행동한 것이 마지막으로 언제인가? "부당한 일이다! 무언가 조치가 필요하다!"라고 반응한 적이 마지막으로 언제인가?

우리 중 99퍼센트는 마땅히 화내야 할 일에 화내지 않는다. 자신이 억울한 일을 당하지 않는 한 무심하게 수수방관한다. 뉴스에서 살인, 학대, 우상 숭배, 탐욕, 인종 학살 등 온갖 사건이 보도되어도 대부분 아무렇지도 않게 듣는다. 마찬가지로 신문을 볼 때도 우리는 넘쳐나는 악, 비참한 사건, 불의에 대한 기사보다 주식 시장, 새로 나온 영화, 파격 세일 따위에 더 흥분한다. 그러한 일들이 불행한 사건이라는 생각은 들지만, 행동을 자아낼 만큼 깊이 와닿지는 않는다. 우리는 악과 불의에 압도되어 무감각해진 것일까?

하나님은 우리가 분노를 주로 '나' 위주의 이유로 사용하는 차원에서, 본래의 목적대로 사용하는 차원으로 넘어가기를 원하신다. 그분을 노하시게 하는 것들에 우리도 분노하기를 원하신다. 이것이 분노의 더 높은 사명이다. 하나님이 주도하시는 건설적인 분노를 기르면, 하나님의 마음과 그분을 슬프고 화나게 하는 것들을 더 잘 알게 된다. 그제야 우리는 그분의 사랑, 인내, 은혜, 자비의 깊이를 조금이나마 헤아리게 된다.

변화에 대한 헌신

칩이 잡초를 뽑던 이야기가 기억나는가? 어렸을 때 그는 잔디도 깎고 정원의 잡초도 뽑았다. 처음에는 쉬운 길을 택했다. 전지가위로 위만 잘라내고 얼른 일을 마쳤다. 하지만 잡초가 금방 도로 자라서 전부 다시 잘라야 했다. 그러나 기꺼이 손에 흙을 묻혀가며 땅을 깊이 팠을 때는 잡초를 통째로 뽑아낼 수 있었고, 그 잡초를 다시 깎을 필요가 없었다.

분노도 마찬가지다. 분노를 유발하는 배후 문제를 직면해야 한다. 정서적, 영적으로 손톱에 흙을 묻혀가며 혹 고통스러울 수도 있는 것들을 뽑아내야 한다. 그러기 위해서는 용기와 힘과 은혜가 필요하다. 성령을 통하여 하나님은 그러한 문제를 단호히 처리하기 원하신다.

분노에 대한 하나님의 조언과 교훈은 시대를 초월한다. 분노 관리에 대한 현재와 과거의 여러 접근은 우리 인류에 대한 하나님의 지혜와 지식을 확증해준다. 하나님은 또 우리가 언제 어떻게 화내야 하는지도 알려주신다. 악에 대한 그분의 의분에 우리도 동참하라고 도전하신다. 그러므로 이것을 변화에 대한 헌신의 도전으로 받아들이라. 옛 습관과 습성을 고치고, 말의 내용과 방식을 바꾸며, 필요를 분명히 소통하고, 악에 맞서 담대히 말하며, 불의에 저항하기로 헌신하라. 변화는 힘들 수 있지만 하나님이 곁에서 도와주실 것이다.

● 부록: 우리를 향한 하나님의 분노에 바르게 반응하기

하나님의 분노에는 또 다른 차원이 하나 더 있다. 성경은 흔히 이것을 '하나님의 진노'라고 표현한다. 하나님은 노하신다! 불의와 악에도 노하시지만 우리 개개인의 죄에도 노하신다. 다른 사람들에게 상처를 주는 우리의 행위에 노하신다.

그런데 하나님은 그 분노를 예수 그리스도, 즉 완전한 하나님이자 완전한 인간이신 그분께 대신 쏟으심으로 자신의 분노를 해결하셨다. 로마서 3장에 그 사실이 이렇게 요약되어 있다. "의인은 없나니 하나도 없으며…모든 사람이 죄를 범하였으매 하나님의 영광에 이르지 못하더니 그리스도 예수 안에 있는 속량으로 말미암아 하나님의 은혜로 값 없이 의롭다 하심을 얻은 자 되었느니라"(롬 3:10, 23-24). 얼마나 기쁜 소식인가! 예수님 때문에 우리는 용서받을 수 있다.

하나님은 우리의 파괴적인 분노를 치유해주기 원하시지만, 그보다 더 중요하게 우리 자신을 치유해주기 원하신다. 분노를 다스리는 것도 중요하지만 우리 삶의 통치권을 하나님께 내어드리는 것이 더 중요함을 그분은 아신다. 그분이 없으면 우리 삶은 통제 불능이 되고 만다. 그분은 우리를 지으셨고, 사랑하시며, 우리에게 가장 좋은 것이 무엇인지 아신다. 당신이 아직 하나님께 당신의 상처를 치유해주시고 죄를 용서해달라고 구한 적이 없다면, 다음과 같이 기도하기를 바란다.

> 사랑의 하나님, 그동안 하나님을 노하시게 하는 일들을 해서 죄송합니다. 저를 용서하여 주십시오. 저를 사랑하시기에 하나님의 의로운 분노를 저 대신 그리스도께 쏟으셨음을 믿습니다. 하나님께로 회복되고 싶습니다. 부디 제 삶 속에 오셔서 저를 하나님이 본래 뜻하신 사람이 되게 해주십시오. 아멘.

이 기도는, 이러한 기도를 처음 드리는 사람들(또는 자신의 인생에 대한 하나님의 역할을 재확인하는 사람들)이 분노를 바르게 이해하는 데 도움을 줄 것이다. 또한 평생 지속될 변화를 향한 가장 크고 중요한 걸음이 될 것이다.

●주

2장. 우리의 분노를 이해하기

1. Lorrainne Bilodeau, 「The Anger Workbook」(Center City, MN: Hazelden, 1992), 95.
2. Tim Jackson, 「When Anger Burns」(Grand Rapids: RBC Ministries, 1994).

3장. 우리가 분노에 다양하게 반응하는 이유

1. 「American Demographics」, 1998년 2월.
2. Bilodeau, 「The Anger Workbook」, 19.
3. 헤리엇 러너(Harriet Lerner), 「무엇이 여성을 분노하게 하는가(The Dance of Anger, 이화여자대학교 출판부)」
4. Bilodeau, 「The Anger Workbook」, 10.

6장. 누수형
1. George Sala의 말로 알려져 있다.

9장. 필요를 채움받지 못할 때 오는 상처
1. 요셉의 생애는 창세기 37-50장에, 형들이 분노한 사건은 37장에 나온다.
2. Bilodeau, 「The Anger Workbook」, 69.

10장. 기대가 꺾일 때 오는 좌절
1. Matthew McKay, Peter Rogers, and Judith McKay, 「When Anger Hurts」 (Oakland, CA: New Harbinger Publications, Inc., 1989), 80-81.
2. Hendrie Weisinger, 「Anger Work-out Book」 (New York: Quill, 1985), 108.

12장. 분노 ABCD
1. Bilodeau, 「The Anger Workbook」, 10.

13장. 분노는 선택이다
1. McKay, Rogers, and McKay, 「When Anger Hurts」, 18.

15장. 2단계: 말하기
1. Claudia Black, 「Anger: A Blueprint for Twelve Structured Sessions」 (MAC Publishing, 1996), 1-2.
2. 같은 책.
3. 같은 책.

4. McKay, Rogers, and McKay, 「When Anger Hurts」, 132.

5. Weisinger, 「Anger Work-out Book」, 46.

16장. 3단계: 성내기

1. McKay, Rogers, and McKay, 「When Anger Hurts」, 149.

17장. 스트레스를 줄이라

1. John Ortberg, "Ruthlessly Eliminate Hurry," 「Leadership Journal」, 2002년 7월.

2. Carl Sandburg, "Anywhere and Everywhere People," 「Complete Poems」(New York: Harcourt, 1950).

3. Tim Hansel, 「When I Relax I Feel Guilty」(Colorado Springs: David C. Cook, 1979), 84-85.

4. 같은 책, 9.

5. McKay, Rogers, and McKay, 「When Anger Hurts」, 69.

6. 같은 책, 197-98.

7. 「우정의 요소(The Friendship Factor, 크리스챤다이제스트사)」

18장. 하나님께 초점을 맞추라

1. Weisinger, 「Anger Work-out Book」, 202-4.

2. 「죄책감과 은혜(Guilt and Grace, IVP)」

19장. 분노를 표현하라

1. 「에베소서 강해: 하나님의 새로운 사회(The Message of Ephesians, IVP)」

20장. 분노를 적절히 표현하라

1. MADD 웹 사이트 www.madd.org.
2. 「터프가이 예수(Jesus Mean and wild, 예수전도단)」예수님의 성격 가운데 거친 예수님의 모습을 탐색하며, 그분이 지니신 의외의 모습을 많이 보여주는 책이다.

21장. 분노를 해결하라

1. Tim Jackson, 「When Anger Burns」.
2. 「막힌 담을 부수는 선제공격 기도(Vilolent Prayer, 규장)」이 주제를 다룬 책으로, 사탄이 발판을 닦은 곳마다 하나님 나라가 임하도록 신자들에게 공격적으로 기도할 것을 촉구하고 있다.

22장. 뿌리 깊은 분노의 해결

1. Michael E. McCullough, Steven J. Sandage, and Everett L. Worthington, 「To Forgive Is Human: How to Put Your Past in the Past」(Downers Grove, IL: InterVarsity Press, 1997), 190, 191, 196, 197.
2. 같은 책.
3. 같은 책, 223.
4. 같은 책, 141.
5. 「영성 회복을 위한 일곱 가지 열쇠(Seven Keys to Spiritual Renewal, 프리셉트)」

분노 컨트롤

1쇄 인쇄	2011년 5월 25일
4쇄 발행	2020년 1월 20일

지은이	칩 잉그램, 베카 존슨
옮긴이	윤종석
펴낸이	고종율

펴낸곳	주)도서출판 디모데〈파이디온 선교회 출판 사역 기관〉
등록	2005년 6월 16일 제 319 – 2005 – 24호
주소	서울특별시 서초구 서초대로 141-25(방배동, 세일빌딩 8층)
전화	마케팅실 070) 4018-4141
팩스	마케팅실 031) 902-7795
홈페이지	www.timothybook.com

값 13,000원
ISBN 978-89-388-1526-2 03230
Copyright ⓒ 주)도서출판 디모데 2011 〈Printed in Korea〉